Hankofer
Prüfungsklassiker
Wirtschafts- und Sozialkunde für
Kaufleute für Büromanagement

Zusätzliche digitale Inhalte für Sie!

Zu diesem Buch stehen Ihnen kostenlos folgende digitale Inhalte zur Verfügung:

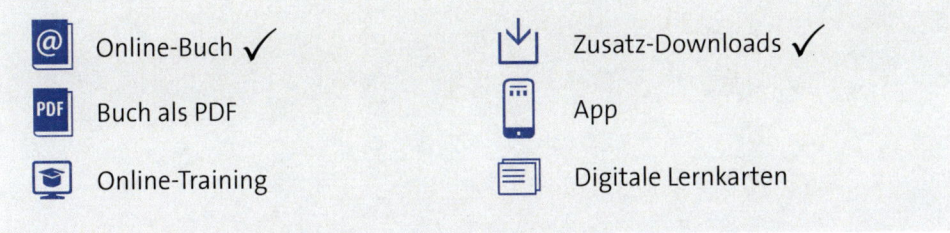

Schalten Sie sich das Buch inklusive Mehrwert direkt frei.

Scannen Sie den QR-Code **oder** rufen Sie die Seite **www.kiehl.de** auf. Geben Sie den Freischaltcode ein und folgen Sie dem Anmeldedialog. Fertig!

Ihr Freischaltcode

HVGZ-KAZE-BXGN-OJEO-SBLK-F

Prüfungsklassiker Wirtschafts- und Sozialkunde für Kaufleute für Büromanagement

Mehr als 200 Prüfungsaufgaben mit Lösungen

Von
Sina Dorothea Hankofer

2., erweiterte Auflage

ISBN: 978-3-470-**10552**-9 · 2., erweiterte Auflage 2022

© NWB Verlag GmbH & Co. KG, Herne 2020
www.kiehl.de

Kiehl ist eine Marke des NWB Verlags

Alle Rechte vorbehalten.
Das Werk und seine Teile sind urheberrechtlich geschützt. Jede Nutzung in anderen als den gesetzlich zugelassenen Fällen bedarf der vorherigen schriftlichen Einwilligung des Verlages. Hinweis zu § 52a UrhG: Weder das Werk noch seine Teile dürfen ohne eine solche Einwilligung eingescannt und in ein Netzwerk eingestellt werden. Dies gilt auch für Intranets von Schulen und sonstigen Bildungseinrichtungen.

Satz: publish4you, Roßleben-Wiehe
Druck: Druckerei Hachenburg PMS GmbH, Hachenburg

 Scannen Sie den QR-Code oder besuchen Sie **Climate-Partner.com/16605-2106-1001** und erfahren Sie mehr zu unseren klimaneutralen Druckprodukten.

Vorwort

Mit den Prüfungsklassikern erhalten angehende Kaufleute für Büromanagement Übungsaufgaben, die orientiert an der Prüfungsordnung eine gezielte Vorbereitung auf die Abschlussprüfung ermöglichen. Die Prüfung im Fach Wirtschafts- und Sozialkunde gehört zum **Teil II der Abschlussprüfung** und setzt sich aus den fünf Lerngebieten

- Stellung, Rechtsform und Organisationsstruktur
- Produkt- und Dienstleistungsangebot
- Berufsbildung
- Sicherheit und Gesundheitsschutz bei der Arbeit
- Umweltschutz

zusammen, nach denen die Kapitel strukturiert sind. So kann während der Prüfungsvorbereitung ein Themengebiet einzeln gewählt und umfassend erarbeitet werden. Die Gesamtaufgabenzahl der einzelnen Kapitel dieses Buches orientiert sich an der Gewichtung der Aufgabenanteile in der Prüfung. Durch die in sich geschlossenen Aufgabenstellungen ist es möglich, einzelne Aufgaben auszuwählen und zu vertiefen. Hierdurch kann die Prüfungsvorbereitung den individuellen Lernbedürfnissen angepasst werden.

Die Fragen und dargestellten Situationen orientieren sich in ihrem Aufbau an echten Prüfungsfragen mit vorgegebenen Antwortmöglichkeiten.

Durch Aufgaben, in denen für die Prüfung notwendiges Wissen abgefragt wird, werden die Grundlagen der Wirtschafts- und Sozialkunde verdeutlicht. Die praxisbezogenen Aufgaben vertiefen das vorhandene Wissen und fördern die Transferleistung. Anhand der Lösungsangaben wird ersichtlich, worauf ein Prüfling bei Fragestellungen und deren Beantwortung besonders achten sollte. Ergänzt werden die Lösungen durch viele nützliche Tipps und Erklärungen, die das Behalten schwieriger Sachverhalte erleichtern.

Abschließend gibt Ihnen dieses Buch noch einige Ratschläge für den Tag der Prüfung mit auf den Weg.

VORWORT

In dieser Auflage finden Sie zum Thema passende **Beiträge aus unserer Zeitschrift „Die Kaufleute für Büromanagement"** sowie **Übungsaufgaben für Ihre Prüfungsvorbereitung**. Rätselspaß ist ebenfalls inklusive! Schauen Sie doch mal vorbei:

Achtung: das Online-Material wird bei Bedarf aktualisiert. Also schauen Sie öfter mal vorbei!

Ich wünsche Ihnen eine erfolgreiche Prüfungsvorbereitung und gutes Gelingen für die Prüfung!

Sina Hankofer
Meppen, im März 2022

Benutzungshinweise

Diese Symbole erleichtern Ihnen die Arbeit mit diesem Buch:

 TIPP

Hier finden Sie nützliche Hinweise zum Thema.

 MERKE

Das X macht auf wichtige Merksätze oder Definitionen aufmerksam.

 ACHTUNG

Das Ausrufezeichen steht für Beachtenswertes, wie z. B. Fehler, die immer wieder vorkommen, typische Stolpersteine oder wichtige Ausnahmen.

 INFO

Hier erhalten Sie nützliche Zusatz- und Hintergrundinformationen zum Thema.

 RECHTSGRUNDLAGEN

Das Paragrafenzeichen verweist auf rechtliche Grundlagen, wie z. B. Gesetzestexte.

 MEDIEN

Das Maus-Symbol weist Sie auf andere Medien hin. Sie finden hier Hinweise z. B. auf Download-Möglichkeiten von Zusatzmaterialien, auf Audio-Medien oder auf die Website von Kiehl.

Aus Gründen der Praktikabilität und besseren Lesbarkeit wird darauf verzichtet, jeweils männliche und weibliche Personenbezeichnungen zu verwenden. So können z. B. Mitarbeiter, Arbeitnehmer, Vorgesetzte grundsätzlich sowohl männliche als auch weibliche Personen sein.

Feedbackhinweis

Kein Produkt ist so gut, dass es nicht noch verbessert werden könnte. Ihre Meinung ist uns wichtig. Was gefällt Ihnen gut? Was können wir in Ihren Augen verbessern? Bitte schreiben Sie einfach eine E-Mail an: **feedback@kiehl.de**

INHALTSVERZEICHNIS

Vorwort 5
Benutzungshinweise 7
Beschreibung des Unternehmens 15

1. Stellung, Rechtsform und Organisationsstruktur 17

Aufgabe 1: Betriebliche Ziele 17
Aufgabe 2: Ökologische Ziele 17
Aufgabe 3: Soziale Ziele 18
Aufgabe 4: Bedeutung sozialer und ökologischer Ziele 18
Aufgabe 5: Ökonomische Ziele 19
Aufgabe 6: Sachziele 19
Aufgabe 7: Zielkonflikte 20
Aufgabe 8: Indifferente Ziele (Zielneutralität) 20
Aufgabe 9: Konkurrierende Ziele (Zielkonflikt) 21
Aufgabe 10: Komplementäre Ziele (Zielharmonie) 22
Aufgabe 11: Aufgabenfelder des Betriebs 23
Aufgabe 12: Faktoren zur Leistungserstellung 24
Aufgabe 13: Betriebswirtschaftliche Produktionsfaktoren 25
Aufgabe 14: Werkstoffe 25
Aufgabe 15: Betriebsmittel 26
Aufgabe 16: Dispositive Arbeit 26
Aufgabe 17: Stellung des Betriebs 27
Aufgabe 18: Abgrenzung des Betriebs zu anderen Wirtschaftszweigen 27
Aufgabe 19: Erweiterter Wirtschaftskreislauf 28
Aufgabe 20: Rechtsform des Ausbildungsbetriebs 28
Aufgabe 21: Handelsregister 29
Aufgabe 22: Unternehmensformen 29
Aufgabe 23: Einzelunternehmung 30
Aufgabe 24: Personengesellschaft 30
Aufgabe 25: Kapitalgesellschaft 30
Aufgabe 26: Auswirkung der Rechtsform bei Aufträgen 30
Aufgabe 27: Regelungen zur Vertretung 31
Aufgabe 28: Regelungen zur Haftung 32
Aufgabe 29: Regelungen zur Gewinnverteilung 32
Aufgabe 30: Geschäftsführung bei der Einzelunternehmung 33
Aufgabe 31: Geschäftsführung bei der GmbH 33
Aufgabe 32: Haftung bei der Einzelunternehmung 34
Aufgabe 33: Haftung bei der GmbH 34
Aufgabe 34: Gewinnverteilung bei der Einzelunternehmung 34
Aufgabe 35: Gewinnverteilung bei der GmbH 35

INHALTSVERZEICHNIS

Aufgabe 36: Gewinnverteilung vornehmen	35
Aufgabe 37: Investition und Finanzierung	36
Aufgabe 38: Finanzierungsarten	36
Aufgabe 39: Finanzierungsarten unterscheiden	37
Aufgabe 40: Innenfinanzierung	37
Aufgabe 41: Selbstfinanzierung, Fremdfinanzierung	37
Aufgabe 42: Außenfinanzierung	38
Aufgabe 43: Fremdfinanzierung	38
Aufgabe 44: Kreditfinanzierung	38
Aufgabe 45: Lieferantenkredit	39
Aufgabe 46: Kontokorrentkredit	39
Aufgabe 47: Kreditzinsen berechnen	40
Aufgabe 48: Darlehen	40
Aufgabe 49: Selbstfinanzierung	40
Aufgabe 50: Beteiligungsfinanzierung	41
Aufgabe 51: Leasing	41
Aufgabe 52: Factoring	42
Aufgabe 53: Optimale Finanzierungsart finden	42
Aufgabe 54: Mittelherkunft und Mittelverwendung	42
Aufgabe 55: Sicherheiten im Kreditgeschäft	43
Aufgabe 56: Vor- und Nachteile von Kreditsicherungen	44
Aufgabe 57: Eigentumsvorbehalt	44
Aufgabe 58: Selbstschuldnerische Bürgschaft	45
Aufgabe 59: Grundschuld, Lombardkredit, Sicherungsübereignung	45
Aufgabe 60: Aufgaben und Ziele betrieblicher Organisation	46
Aufgabe 61: Organisationsanlässe	46
Aufgabe 62: Aufbauorganisation	47
Aufgabe 63: Ablauforganisation	47
Aufgabe 64: Ausführende Stelle, Instanz und Stabsstelle	48
Aufgabe 65: Organisation, Disposition und Improvisation	48
Aufgabe 66: Vollmachten	49
Aufgabe 67: Leitungssysteme	50
Aufgabe 68: Linienorganisation	53
Aufgabe 69: Vor- und Nachteile der Linienorganisation	53
Aufgabe 70: Einliniensystem	53
Aufgabe 71: Vor- und Nachteile des Einliniensystems	54
Aufgabe 72: Mehrliniensystem	54
Aufgabe 73: Vor- und Nachteile des Mehrliniensystems	56
Aufgabe 74: Stablinienorganisation	56
Aufgabe 75: Spartenorganisation	57

Aufgabe 76: Organigramm 58
Aufgabe 77: Projektorganisation 59
Aufgabe 78: Projektverlauf 59
Aufgabe 79: Arbeits- und Geschäftsprozesse 60
Aufgabe 80: Ablaufdiagramm interpretieren 60
Aufgabe 81: Ablaufplanung, Pufferzeiten 61
Aufgabe 82: Ereignisgesteuerte Prozesskette interpretieren 63
Aufgabe 83: Job Enlargement 64
Aufgabe 84: Job Enrichment 64
Aufgabe 85: Projektarbeit 65
Aufgabe 86: Telearbeit 65
Aufgabe 87: Job Rotation 66

2. Produkt- und Dienstleistungsangebot 67
Aufgabe 1: Unterscheidung von Sach- und Dienstleistungsbetrieb 67
Aufgabe 2: Leistungsspektrum und Spezialisierung des Ausbildungsbetriebs 67
Aufgabe 3: Wirtschaftssektoren 68
Aufgabe 4: Urproduktion und Weiterverarbeitung 69
Aufgabe 5: Güterverteilung und sonstige Dienstleistungen 69
Aufgabe 6: Primärer Sektor 69
Aufgabe 7: Sekundärer Sektor 70
Aufgabe 8: Tertiärer Sektor 70
Aufgabe 9: Markt: Angebot und Nachfrage 70
Aufgabe 10: Konjunkturlagen berücksichtigen 71
Aufgabe 11: Konjunkturverlauf 71
Aufgabe 12: Konjunkturzyklus 72
Aufgabe 13: Marktpreisbildung 73
Aufgabe 14: Angebotsüberhang und Nachfrageüberhang 73
Aufgabe 15: Hochpreisstrategie 74
Aufgabe 16: Niedrigpreisstrategie 75
Aufgabe 17: Gleichgewichtspreis 75
Aufgabe 18: Käufermarkt 76
Aufgabe 19: Verkäufermarkt 76
Aufgabe 20: Absatzpolitische Ziele 77
Aufgabe 21: Monopol 77
Aufgabe 22: Oligopol 78
Aufgabe 23: Polypol 78
Aufgabe 24: Angebotsmonopol 78
Aufgabe 25: Angebotsoligopol 79
Aufgabe 26: Angebotspolypol 79

Aufgabe 27: Nachfrageoligopol	79
Aufgabe 28: Markt- und Wettbewerbssituation	80
Aufgabe 29: Auswirkung der konjunkturellen Lage auf Kundenverhalten	80
Aufgabe 30: Expansion/Aufschwung	81
Aufgabe 31: Stagnation/Stillstand	81
Aufgabe 32: Boom/Höchststand	81
Aufgabe 33: Depression/Tiefstand	82
Aufgabe 34: Rezession/Abschwung	82

3. Berufsbildung 83

Aufgabe 1: Ausbildungsvertrag	83
Aufgabe 2: Berufsausbildungsvertrag vorbereiten	83
Aufgabe 3: Beginn der Ausbildung	84
Aufgabe 4: Dauer der Ausbildung	84
Aufgabe 5: Rechte des Auszubildenden	85
Aufgabe 6: Pflichten des Auszubildenden	86
Aufgabe 7: Rechte des Ausbildenden	86
Aufgabe 8: Pflichten des Ausbildenden	87
Aufgabe 9: Tägliche Ausbildungszeit	87
Aufgabe 10: Ausbildungsvergütung	88
Aufgabe 11: Urlaubsanspruch ermitteln	88
Aufgabe 12: Dauer der Probezeit	89
Aufgabe 13: Kündigungsmöglichkeiten während der Probezeit	89
Aufgabe 14: Kündigungsmöglichkeiten nach der Probezeit	90
Aufgabe 15: Verkürzung der Ausbildungsdauer	91
Aufgabe 16: Aufgaben der zuständigen Stelle	92
Aufgabe 17: Beteiligte im dualen Berufsausbildungssystem	92
Aufgabe 18: Aufgaben des Ausbildungsbetriebs	93
Aufgabe 19: Aufgaben der Berufsschule	93
Aufgabe 20: Situationsabhängige Zuständigkeiten	94
Aufgabe 21: Wahlqualifikation festlegen	94
Aufgabe 22: Wahlqualifikation wechseln	95
Aufgabe 23: Betrieblicher Ausbildungsplan	95
Aufgabe 24: Ausbildungsordnung	95
Aufgabe 25: Ausbildungsrahmenplan	96
Aufgabe 26: Ausbildungsziele	96
Aufgabe 27: Sachliche und zeitliche Gliederung der Ausbildung	97
Aufgabe 28: Besuch der Berufsschule	98
Aufgabe 29: Jugend- und Auszubildendenvertretung (JAV)	98
Aufgabe 30: Bildung und Aufgaben einer JAV	99

INHALTSVERZEICHNIS

Aufgabe 31: Wählbarkeit zur JAV 100
Aufgabe 32: Wahlberechtigung zur JAV 100
Aufgabe 33: Ruhepausen einhalten 100
Aufgabe 34: Arbeitszeitvorgaben einhalten 102
Aufgabe 35: Ärztliche Untersuchungen 103
Aufgabe 36: Fortbildungsmöglichkeiten 104
Aufgabe 37: Personalförderung 105
Aufgabe 38: Traineeprogramme 106
Aufgabe 39: Coaching 106
Aufgabe 40: Mentoring 106
Aufgabe 41: Fortbildungsmaßnahmen vorschlagen 107
Aufgabe 42: Berufsbildungsgesetz 108
Aufgabe 43: Jugendarbeitsschutzgesetz 109
Aufgabe 44: Betriebsverfassungsgesetz 109
Aufgabe 45: Tarifvertragsgesetz 110
Aufgabe 46: Sozialgesetzbuch – Bundesausbildungsförderungsgesetz 110

4. Sicherheit und Gesundheitsschutz bei der Arbeit 111

Aufgabe 1: Gesundheitsförderung am Arbeitsplatz 111
Aufgabe 2: Gefährdungen am Arbeitsplatz feststellen 111
Aufgabe 3: Gefährdungen am Arbeitsplatz vermeiden 112
Aufgabe 4: Arbeitsschutzhinweise 113
Aufgabe 5: Gefahrenzeichen 113
Aufgabe 6: Sicherheitszeichen 114
Aufgabe 7: Rettungszeichen 116
Aufgabe 8: Warnzeichen 116
Aufgabe 9: Verbotszeichen 117
Aufgabe 10: Berufsbezogene Arbeitsschutzbestimmungen 118
Aufgabe 11: Arbeitsschutzmaßnahmen 118
Aufgabe 12: Flucht- und Rettungswege 119
Aufgabe 13: Kennzeichnung von Flucht- und Rettungswegen 119
Aufgabe 14: Aushangpflichtige Gesetzestexte 120
Aufgabe 15: Berufsbezogene Unfallverhütungsvorschriften 120
Aufgabe 16: Planung einer Mitarbeiterschulung zur Unfallverhütung 121
Aufgabe 17: Melden von Unfällen 122
Aufgabe 18: Freihalten von Rettungswegen 122
Aufgabe 19: Vorbeugender Brandschutz 123
Aufgabe 20: Feuerlöscherprüfung 123
Aufgabe 21: Handeln im Brandfall 124
Aufgabe 22: Maßnahmen zur Brandbekämpfung 125

INHALTSVERZEICHNIS

5. Umweltschutz 127
Aufgabe 1: Betriebsbedingte Umweltbelastungen 127
Aufgabe 2: Umsetzung von Umweltschutzmaßnahmen in der Praxis 127
Aufgabe 3: Ursachen von Umweltbelastungen 129
Aufgabe 4: Regelungen des Umweltschutzes 129
Aufgabe 5: Kreislaufwirtschaftsgesetz 130
Aufgabe 6: Verpackungsverordnung 131
Aufgabe 7: Umweltzeichen 133
Aufgabe 8: Entsorgungszeichen 133
Aufgabe 9: Nachhaltige Energie- und Materialverwendung 134
Aufgabe 10: Energieverbrauch reduzieren 135
Aufgabe 11: Produktionsverfahren umweltschonend gestalten 135
Aufgabe 12: Energiebilanz/Energieeffizienz von Maschinen bewerten 136
Aufgabe 13: Mehrfachnutzung von Transportbehältnissen 136
Aufgabe 14: Nachwachsende Rohstoffe 137
Aufgabe 15: Umweltgerechter Materialeinsatz 137
Aufgabe 16: Entsorgungsmaßnahmen 138
Aufgabe 17: Vermeidung von Abfall 138
Aufgabe 18: Recycling von Abfällen 139
Aufgabe 19: Trennung von Abfällen 139
Aufgabe 20: Abfalltrennung einhalten 140
Aufgabe 21: Wiederverwendung 141
Aufgabe 22: Wiederverwertung 141
Aufgabe 23: Weiterverwendung 141
Aufgabe 24: Prinzipien des Umweltschutzes 142
Aufgabe 25: Vorsorgeprinzip 142
Aufgabe 26: Verursacherprinzip 143
Aufgabe 27: Kooperationsprinzip 144
Aufgabe 28: Gemeinlastprinzip 144
Aufgabe 29: Zukunftsprinzip 145
Aufgabe 30: Grundsatz der Nachhaltigkeit 145
Aufgabe 31: Prinzip der Eigenverantwortlichkeit 145
Aufgabe 32: Prinzip des grenzüberschreitenden Umweltschutzes 146

Lösungen 147
Stichwortverzeichnis 231

Beschreibung des Unternehmens

Firma	Spielend Lernen GmbH
Unternehmenszweck	Fertigung und Vertrieb von Spielwaren und Lernspielzeugen für Vorschulkinder, Grundschüler und Schüler
Gründung	01.01.1985
Unternehmenssitz	Ahornallee 90 44339 Dortmund
Telefon	0231 80392-0
Fax	0231 80392-20
E-Mail	info@spielendlernen-dortmund.de
Bankverbindungen	Nordost Bank IBAN: DE22100200301186439504 BIC: NORODE21DOR Südwest Bank IBAN: DE22240243153334286890 BIC: SUWEDE22DOR
Geschäftsführer **Personalleiter** **Einkaufsleiterin mit Prokura**	Fabian Fröhlich Florian König Lana Welke
Mitarbeiter und Mitarbeiterinnen	250 Beschäftigte ► 120 männliche ► 130 weibliche davon: 10 Auszubildende ► 5 Bürokaufleute ► 3 Fachlageristen ► 2 gewerblich-technische Berufe
Geschäftsjahr	01.01. bis 31.12.
Fertigungsprogramm (Auszug)	► Mal- und Lerntafeln ► Rechenspiele ► Lernkarten ► Farbenpuzzles, Geopuzzles ► Bilderlexika ► Bunt- und Bleistifte ► Wortschatz- und Buchstabierspiele

Handelswaren	▸ Lerncomputer ▸ Bücher mit elektronischen Zeigestiften ▸ Schulbücher ▸ CD-Player ▸ Hörspiele ▸ Schultaschen, Tornister, Schultüten, Rucksäcke
Dienstleistungen	▸ Zusammenstellung benötigter Schulbücher ▸ Beratungen ▸ Planung und Umsetzung neuer Produkte
Fertigungsverfahren	Serienfertigung
Rohstoffe	Holz, Kunststoffe, Metalle
Hilfsstoffe	Schrauben, Nieten, Kleber u. a.
Betriebsstoffe	Energie

1. Stellung, Rechtsform und Organisationsstruktur

Situation zu Aufgabe 1 bis 5:
Fabian Fröhlich, der Geschäftsführer der Spielend Lernen GmbH, lädt alle Abteilungsleiter des Unternehmens zu einer Besprechung ein. Während dieser soll das Leitbild des Betriebs überarbeitet werden. Ökonomische Ziele sollen weiterhin an erster Stelle stehen, für die Zukunft soll sich das Unternehmen jedoch auch soziale und ökologische Ziele setzen. Gemeinsam mit den Mitarbeitern wird ein neues Leitbild für die Spielend Lernen GmbH erarbeitet und begleitend neue soziale und ökologische Ziele vereinbart.

Aufgabe 1: Betriebliche Ziele

Betriebliche Ziele oder auch Unternehmensziele können verschiedenen Bereichen zugeordnet werden. Die Spielend Lernen GmbH verfolgt sowohl ökonomische, ökologische als auch soziale Ziele. Ordnen Sie die nachfolgenden Ziele den drei Bereichen zu.

Bereiche:

- Ökonomische Ziele
- Ökologische Ziele
- Soziale Ziele.

1. Weiterbildung ermöglichen, Zahlung von Urlaubs- und Weihnachtsgeld
2. Erhöhung des Marktanteils, Gewinnmaximierung
3. Umsetzung von Recycling-Maßnahmen, ressourcenschonender Einsatz von Materialien.

Lösung s. Seite 149

Aufgabe 2: Ökologische Ziele

In der vorangegangenen Besprechung wurden gemeinsam mit Mitarbeitern und Geschäftsführung ökologische Ziele entwickelt, die die Spielend Lernen GmbH nach und nach umsetzt. Geben Sie an, bei welcher Maßnahme es sich nicht um ein ökologisches Ziel handelt.

1. Die Diesel-Fahrzeuge der Außendienstmitarbeiter werden durch Elektro-Autos ersetzt.
2. Veraltete Computer werden gegen neue, energiesparende Geräte eingetauscht.
3. Im Lager der Spielend Lernen GmbH wird ab sofort nur noch bei zerbrechlichen Produkten Füllmaterial eingesetzt.
4. Sämtliche Kopiergeräte in Einzel- und Gemeinschaftsbüros werden abgeschafft und durch ein zentrales Gerät ersetzt.
5. Die Spielend Lernen GmbH bezieht ihr Verpackungsmaterial künftig von einem günstigeren Lieferanten.

Lösung s. Seite 150

Aufgabe 3: Soziale Ziele

In der Vergangenheit hat sich die Spielend Lernen GmbH bereits oft und langfristig sozial engagiert, das spiegelt sich u. a. innerbetrieblich auch in der hohen Mitarbeiterzufriedenheit und den guten Arbeitsbedingungen des Betriebs wider. Fabian Fröhlich möchte das positive Image der Spielend Lernen GmbH weiter nach außen tragen, indem er ein soziales Ziel festlegt und dieses mithilfe seiner Mitarbeiter umsetzt.

Welches der aufgelisteten Unternehmensziele empfehlen Sie ihm?

1. Der Jahresumsatz der Spielend Lernen GmbH soll mithilfe der Mitarbeiter innerhalb der nächsten zwei Jahre um insgesamt 40 % gesteigert werden.
2. Die Qualität des Sortiments soll gesteigert werden, insbesondere sollen die Tornister, Schultaschen, Schultüten und Rucksäcke ab sofort häufigeren Qualitätskontrollen unterzogen werden.
3. Mit den Lieferanten der Spielend Lernen GmbH werden Langzeit-Kontingent-Verträge geschlossen, um den Kunden durchgehende Lieferbereitschaft zu signalisieren.
4. Die Spielend Lernen GmbH unterstützt ein Projekt zur Strukturförderung, um die regionale Wettbewerbsfähigkeit zu stärken und langjährig Arbeitsuchende als Arbeitnehmer einzugliedern.
5. Der Gewinn des Unternehmens soll langfristig gesteigert werden, um Fabian Fröhlich von einem erhöhten Geschäftsführer-Einkommen ein Ferienhaus in Spanien zu ermöglichen.

Lösung s. Seite 150

Aufgabe 4: Bedeutung sozialer und ökologischer Ziele

Fabian Fröhlich, Geschäftsführer der Spielend Lernen GmbH, hat nicht nur die Wirtschaftlichkeit seines Unternehmens im Blick. Auch soziale und ökologische Aspekte sind ihm bei der Führung seines Unternehmens wichtig.

Beurteilen Sie, ob neben ökonomischen Zielen auch soziale und ökologische Ziele in Unternehmen vereinbart und angestrebt werden sollten.

1. Neben ökonomischen Zielen sollten auch ökologische und soziale Ziele nach außen kommuniziert werden, damit die Spielend Lernen GmbH einen guten Ruf aufbaut. Umgesetzt werden müssen diese Ziele jedoch nicht.
2. Neben ökonomischen Zielen sollten auch ökologische und soziale Ziele vereinbart und angestrebt werden, um die Spielend Lernen GmbH nachhaltig und langfristig erfolgreich zu führen.
3. Neben den ökonomischen Zielen sollten ökologische und soziale Ziele nicht berücksichtigt werden, da die Wirtschaftlichkeit eines jeden Unternehmens immer im Vordergrund steht.
4. Die Spielend Lernen GmbH ist nur für die Erreichung ökonomischer Ziele zuständig, für die Erreichung ökologischer Ziele ist das Bundesumweltamt zuständig, für die Erreichung sozialer Ziele die Agentur für Arbeit und das Sozialamt.

5. Die Spielend Lernen GmbH sollte ökonomische und soziale Ziele vereinbaren, indem möglichst viele Mitarbeiter zu möglichst geringen Löhnen/Gehältern eingestellt werden, so bringt das Unternehmen viele Menschen in ein Arbeitsverhältnis.

Lösung s. Seite 150

Aufgabe 5: Ökonomische Ziele

Julian Meyer hat gerade erst seine Ausbildung bei der Spielend Lernen GmbH begonnen. Während der Frühstückspause bittet er Sie, ihm zu erklären, welche Ziele unter „ökonomischen Zielen" verstanden werden.

a) Bitte beantworten Sie seine Frage.
   1. Steigerung von Absatz und Umsatz, Gewinnerzielung, Produktivität, Erhöhung des Marktanteils
   2. Recycling, Nachhaltigkeit, Umweltschutzmaßnahmen, Vermeidung von Abfall
   3. Sicherung von Arbeitsplätzen, Strukturförderung, Ausbau sozialer Leistungen
   4. Zahlung von Urlaubs- und Weihnachtsgeld, Jubiläumsgeschenke, Pensionen
   5. Bauen von Sportanlagen für die Mitarbeiter der Spielend Lernen GmbH.

b) Bitte ordnen Sie den betrieblichen Zielen mögliche Maßnahmen zu.

   Ziele:
   - **Ökonomische Ziele**
   - **Ökologische Ziele**
   - **Soziale Ziele.**

   Mögliche Maßnahmen:
   1. Steigerung von Absatz und Umsatz, Gewinnerzielung, Produktivität, Erhöhung des Marktanteils
   2. Recycling, Nachhaltigkeit, Umweltschutzmaßnahmen, Vermeidung von Abfall
   3. Sicherung von Arbeitsplätzen, Strukturförderung, Ausbau sozialer Leistungen

Lösung s. Seite 150

Aufgabe 6: Sachziele

Die neu vereinbarten Ziele der Spielend Lernen GmbH sollen als Sachziele konkretisiert werden. Prüfen Sie, welches Ziel diese Eigenschaft noch nicht aufweist.

1. Bis zum 01.01. des Folgejahres soll der anfallende Abfall in der Produktion um mindestens 20 % reduziert werden.
2. Innerhalb der nächsten fünf Jahre sollen jährlich drei Ausbildungsplätze mehr zur Verfügung gestellt werden.
3. Den Großkunden sollen Lieferungen binnen 24 Stunden zugestellt werden. Die Umsetzung soll möglichst ab sofort erfolgen und die Ergebnisse hierzu nach sechs Monaten ausgewertet werden.

4. Das Unternehmen setzt Maßnahmen zum Umweltschutz um.
5. Ab Juni sollen pro Monat 2.000 Stück Rechenspiele und 3.000 Stück Lernkarten hergestellt werden.

Lösung s. Seite 151

Aufgabe 7: Zielkonflikte

Gemeinsam mit den Abteilungsleitern wurden einige Ziele aufgestellt, die die Spielend Lernen GmbH in den kommenden drei Jahren umsetzen möchte. Bei welchen Zielen entsteht möglicherweise ein Zielkonflikt?

1. Die Spielend Lernen GmbH möchte ihren Mitarbeitern künftig sowohl Urlaubs- als auch Weihnachtsgeld zahlen.
2. Die Spielend Lernen GmbH möchte in Zukunft mehr Wert auf nachhaltig hergestellte Produkte legen und die Umweltverträglichkeit ihrer Produkte prüfen.
3. Die Spielend Lernen GmbH möchte die sozialen Leistungen für ihre Mitarbeiter ausbauen und eine höhere Vergütung als üblich zahlen.
4. Die Spielend Lernen GmbH möchte künftig sowohl Arbeitsplätze sichern als auch Personalkosten sparen.
5. Die Spielend Lernen GmbH möchte künftig sowohl die Produktivität als auch die Rentabilität des Unternehmens erhöhen.

Lösung s. Seite 151

Situation zu Aufgabe 8 bis 10:
In Unternehmen gibt es viele verschiedene Mitarbeiter, Bereiche und Abteilungen, die sowohl unterschiedliche als auch gemeinsame Ziele verfolgen können. So auch in der Spielend Lernen GmbH.

Aufgabe 8: Indifferente Ziele (Zielneutralität)

a) Welche Erklärung beschreibt indifferente Ziele?
  1. Indifferente Ziele sind Ziele, deren Erreichen sich positiv auf weitere Ziele auswirkt.
  2. Indifferente Ziele sind Ziele, deren Erreichen sich negativ auf weitere Ziele auswirkt.
  3. Indifferente Ziele sind Ziele, die von einem zweiten Ziel unabhängig sind und daher weder positive noch negative Auswirkungen auf andere Ziele haben.
  4. Indifferente Ziele sind alle Ziele, die monetäre Aspekte im Unternehmen berücksichtigen, also Umsatzziele, Rentabilitätsziele, finanzielle Ziele.
  5. Indifferente Ziele sind alle Ziele, die die nicht monetären Aspekte im Unternehmen berücksichtigen, also Marktstellungsziele, Prestige- und Imageziele.

b) Welche zwei Situationen beschreiben indifferente Ziele in der Spielend Lernen GmbH?
1. Die Verkaufsabteilung hat sich zum Ziel gesetzt, den Umsatz im kommenden Geschäftsjahr um 10 % zu steigern. Die Spielend Lernen GmbH hat sich zum Ziel gesetzt, den Aufenthalts- und Pausenraum für die Mitarbeiter zu renovieren.
2. Die Verkaufsabteilung hat sich zum Ziel gesetzt, den Umsatz im kommenden Geschäftsjahr um 10 % zu steigern. Die Spielend Lernen GmbH hat sich zum Ziel gesetzt, die Fahrzeuge der Außendienstmitarbeiter im Verkauf zu verringern.
3. Die Spielend Lernen GmbH hat sich zum Ziel gesetzt, die Fahrzeuge der Außendienstmitarbeiter im Verkauf zu verringern. Die Mitarbeiter der Verkaufsabteilung sowie die Verkäufer im Außendienst haben sich das Ziel gesetzt, aus Gründen des Umweltschutzes öfter öffentliche Verkehrsmittel statt ihrer Dienstfahrzeuge zu nutzen.
4. Die Spielend Lernen GmbH hat sich zum Ziel gesetzt, all ihren Mitarbeitern und Auszubildenden höhere Gehälter zu zahlen als üblich. Die Auszubildende Vera Schmidt spart für ihr erstes eigenes Auto mit dem Ziel, es sich am Ende des Jahres anschaffen zu können.
5. Die Mitarbeiter der Buchhaltung haben vereinbart, im kommenden Geschäftsjahr Mahnläufe täglich statt wöchentlich durchzuführen mit dem Ziel, schnellere Zahlungseingänge säumiger Kunden zu erhalten. Unter den Mitarbeitern im Lager wurde das Ziel gesetzt, keinen Platz zum Ende eines Arbeitstages mehr unaufgeräumt zu verlassen.

Lösung s. Seite 152

Aufgabe 9: Konkurrierende Ziele (Zielkonflikt)
a) Welche Erklärung beschreibt konkurrierende Ziele?
1. Konkurrierende Ziele sind Ziele, deren Erreichen sich positiv auf weitere Ziele auswirkt.
2. Konkurrierende Ziele sind Ziele, deren Erreichen sich negativ auf weitere Ziele auswirkt.
3. Konkurrierende Ziele sind Ziele, die von einem zweiten Ziel unabhängig sind und daher weder positive noch negative Auswirkungen auf andere Ziele haben.
4. Konkurrierende Ziele sind alle Ziele, die monetäre Aspekte im Unternehmen berücksichtigen, also Umsatzziele, Rentabilitätsziele, finanzielle Ziele.
5. Konkurrierende Ziele sind alle Ziele, die die nicht monetären Aspekte im Unternehmen berücksichtigen, also Marktstellungsziele, Prestige- und Imageziele.

b) Welche Situation beschreibt konkurrierende Ziele in der Spielend Lernen GmbH?
   1. Die Verkaufsabteilung hat sich zum Ziel gesetzt, den Umsatz im kommenden Geschäftsjahr um 10 % zu steigern. Die Spielend Lernen GmbH hat sich zum Ziel gesetzt, den Aufenthalts- und Pausenraum für die Mitarbeiter zu renovieren.
   2. Die Verkaufsabteilung hat sich zum Ziel gesetzt, den Umsatz im kommenden Geschäftsjahr um 10 % zu steigern. Die Spielend Lernen GmbH hat sich zum Ziel gesetzt, die Fahrzeuge der Außendienstmitarbeiter im Verkauf zu verringern.
   3. Die Spielend Lernen GmbH hat sich zum Ziel gesetzt, die Fahrzeuge der Außendienstmitarbeiter im Verkauf zu verringern. Die Mitarbeiter der Verkaufsabteilung sowie die Verkäufer im Außendienst haben sich das Ziel gesetzt, aus Gründen des Umweltschutzes öfter öffentliche Verkehrsmittel statt ihrer Dienstfahrzeuge zu nutzen.
   4. Die Spielend Lernen GmbH hat sich zum Ziel gesetzt, all ihren Mitarbeitern und Auszubildenden höhere Gehälter zu zahlen als üblich. Die Auszubildende Vera Schmidt spart für ihr erstes eigenes Auto mit dem Ziel, es sich am Ende des Jahres anschaffen zu können.
   5. Die Mitarbeiter der Buchhaltung haben vereinbart, im kommenden Geschäftsjahr Mahnläufe täglich statt wöchentlich durchzuführen mit dem Ziel, schnellere Zahlungseingänge säumiger Kunden zu erhalten. Unter den Mitarbeitern im Lager wurde das Ziel gesetzt, keinen Platz zum Ende eines Arbeitstages mehr unaufgeräumt zu verlassen.

Lösung s. Seite 152

Aufgabe 10: Komplementäre Ziele (Zielharmonie)

a) Welche Erklärung beschreibt komplementäre Ziele?
   1. Komplementäre Ziele sind Ziele, deren Erreichen sich positiv auf weitere Ziele auswirkt.
   2. Komplementäre Ziele sind Ziele, deren Erreichen sich negativ auf weitere Ziele auswirkt.
   3. Komplementäre Ziele sind Ziele, die von einem zweiten Ziel unabhängig sind und daher weder positive noch negative Auswirkungen auf andere Ziele haben.
   4. Komplementäre Ziele sind alle Ziele, die monetäre Aspekte im Unternehmen berücksichtigen, also Umsatzziele, Rentabilitätsziele, finanzielle Ziele.
   5. Komplementäre Ziele sind alle Ziele, die die nicht monetären Aspekte im Unternehmen berücksichtigen, also Marktstellungsziele, Prestige- und Imageziele.

b) Welche zwei Situationen beschreiben komplementäre Ziele in der Spielend Lernen GmbH?

1. Die Verkaufsabteilung hat sich zum Ziel gesetzt, den Umsatz im kommenden Geschäftsjahr um 10 % zu steigern. Die Spielend Lernen GmbH hat sich zum Ziel gesetzt, den Aufenthalts- und Pausenraum für die Mitarbeiter zu renovieren.
2. Die Verkaufsabteilung hat sich zum Ziel gesetzt, den Umsatz im kommenden Geschäftsjahr um 10 % zu steigern. Die Spielend Lernen GmbH hat sich zum Ziel gesetzt, die Fahrzeuge der Außendienstmitarbeiter im Verkauf zu verringern.
3. Die Spielend Lernen GmbH hat sich zum Ziel gesetzt, die Fahrzeuge der Außendienstmitarbeiter im Verkauf zu verringern. Die Mitarbeiter der Verkaufsabteilung sowie die Verkäufer im Außendienst haben sich das Ziel gesetzt, aus Gründen des Umweltschutzes öfter öffentliche Verkehrsmittel statt ihrer Dienstfahrzeuge zu nutzen.
4. Die Spielend Lernen GmbH hat sich zum Ziel gesetzt, all ihren Mitarbeitern und Auszubildenden höhere Gehälter zu zahlen als üblich. Geschäftsführer Fabian Fröhlich und Personalleiter Florian König haben sich zum Ziel gesetzt, die Mitarbeiterzufriedenheit in ihrem Unternehmen im kommenden Jahr zu steigern.
5. Die Mitarbeiter der Buchhaltung haben vereinbart, im kommenden Geschäftsjahr Mahnläufe täglich statt wöchentlich durchzuführen mit dem Ziel, schnellere Zahlungseingänge säumiger Kunden zu erhalten. Unter den Mitarbeitern im Lager wurde das Ziel gesetzt, keinen Platz zum Ende eines Arbeitstages mehr unaufgeräumt zu verlassen.

Lösung s. Seite 152

Aufgabe 11: Aufgabenfelder des Betriebs

In Unternehmen gibt es verschiedene betriebliche Funktionen und Bereiche. Die Aufgaben in der Spielend Lernen GmbH sind ebenfalls untergliedert.

a) Ordnen Sie die Tätigkeiten jeweils einem betrieblichen Bereich zu:

Leitung/Finanzen/Produktion/Verwaltung

1. Geschäftsführer Fabian Fröhlich beantragt und erhält ein Darlehen für den geplanten Anbau einer weiteren Produktionshalle.
2. Die Auszubildende Vanessa Davidson bereitet eine Mitarbeiterschulung zum Thema „Soziale Aufgaben der Spielend Lernen GmbH" vor.
3. Maria Gräwer überprüft die Qualität des neu hergestellten Produkts sowie die Durchführung der festgelegten Arbeitsschritte unter qualitativen Gesichtspunkten.
4. Geschäftsführer Fabian Fröhlich und Personalleiter Florian König besetzen die freien, obersten Führungsstellen mit passenden Bewerbern.

b) Ordnen Sie die Tätigkeiten jeweils einem betrieblichen Bereich zu:

Beschaffung/Lagerung/Verkauf

1. Heinrich Weiß nimmt eine Warensendung entgegen, die er anschließend auf Vollständigkeit und Richtigkeit überprüft.
2. Auszubildender Michael Schmidt sucht im Internet nach Bezugsquellen für Büromaterial.
3. Mitarbeiter Christian Bauer erkundet die Marktchancen für ein neu am Markt einzuführendes Produkt.

Lösung s. Seite 153

Aufgabe 12: Faktoren zur Leistungserstellung

Wie jeder Betrieb muss auch die Spielend Lernen GmbH über betriebliche Leistungsfaktoren verfügen, um als konkurrenzfähiges, funktionierendes Unternehmen am Markt existieren zu können.

Bitte ordnen Sie den Leistungsfaktoren jeweils eine Situation zu:

1. **Leistungsfaktor Arbeitskraft**
2. **Leistungsfaktor Dienstleistungen**
3. **Leistungsfaktor Werkstoffe**
4. **Leistungsfaktor Betriebsmittel.**

Situationen:

a) Die Schulbuchbestellung eines Kunden wird zusammengestellt und um einige Schulhefte ergänzt.
b) Ein Mitarbeiter der Spielend Lernen GmbH arbeitet täglich in der Produktion der Spielend Lernen GmbH.
c) Die Spielend Lernen GmbH nutzt eine Produktionsmaschine zur Herstellung eigener Produkte in Serienfertigung.
d) Die Spielend Lernen GmbH kauft und verarbeitet Holz und Kunststoffe sowie Schrauben, Nieten und Kleber in ihren Produkten.

Lösung s. Seite 153

Aufgabe 13: Betriebswirtschaftliche Produktionsfaktoren

Bitte ordnen Sie die betriebswirtschaftlichen Produktionsfaktoren den beiden Gruppen zu:

Elementarfaktoren/dispositiver Faktor

1. Sämtliche Werkstoffe, die für die Produktion benötigt werden, werden den Mitarbeitern in der Spielend Lernen GmbH bereitgestellt.
2. Um eigene Produkte herstellen zu können, benötigt die Spielend Lernen GmbH eine eigene Produktionsmaschine, die sich in einer speziell hergerichteten Produktionshalle befinden muss.
3. Die Unternehmensleitung strukturiert und gestaltet die Abläufe innerhalb der Spielend Lernen GmbH.
4. Marietta Müller sortiert am Fließband den Produktionsausschuss.
5. Fabian Fröhlich übernimmt Führungsaufgaben und die Verantwortung der Unternehmensführung.

Lösung s. Seite 153

Aufgabe 14: Werkstoffe

Die Spielend Lernen GmbH vertreibt nicht nur Spielwaren und Lernspielzeuge, einige Produkte werden im Unternehmen auch selbst hergestellt (siehe Auszug). Für die Produktion werden regelmäßig Werkstoffe benötigt.

Fertigungsprogramm (Auszug)	▸ Mal- und Lerntafeln ▸ Rechenspiele ▸ Lernkarten ▸ Farbenpuzzles, Geopuzzles ▸ Bilderlexika ▸ Bunt- und Bleistifte ▸ Wortschatz- und Buchstabierspiele
Fertigungsverfahren	Serienfertigung
Rohstoffe	Holz, Kunststoffe, Metalle
Hilfsstoffe	Schrauben, Nieten, Kleber u. a.
Betriebsstoffe	Energie

Welche zwei Aussagen zu den Werkstoffen in der Spielend Lernen GmbH sind nicht korrekt?

1. Der Begriff „Werkstoffe" umfasst Roh-, Hilfs- und Betriebsstoffe.
2. Rohstoffe stellen jeweils den Hauptbestandteil der Produkte der Spielend Lernen GmbH dar.

3. Werkstoffe sind solche Stoffe, die mit der Fertigung eines Produkts nicht in Verbindung stehen. Werkstoffe finden sich nur auf Werkhöfen und werden für Fachwerkhäuser benötigt.
4. Betriebsstoffe finden sich nicht im fertiggestellten Produkt wieder.
5. Bei Werkstoffen handelt es sich nur um Materialien aus Holz/Pflanzen.

Lösung s. Seite 154

Aufgabe 15: Betriebsmittel

Die Spielend Lernen GmbH vertreibt nicht nur Spielwaren und Lernspielzeuge, sie ist auch Hersteller und benötigt zur Herstellung ihrer Produkte Betriebsmittel.

Welche Aussage zu den Betriebsmitteln in der Spielend Lernen GmbH trifft zu?

1. Zu den Betriebsmitteln in der Spielend Lernen GmbH zählen alle Roh-, Hilfs- und Betriebsstoffe, die für die Produktion benötigt werden.
2. Die Betriebsmittel sind solche Mittel, die der Spielend Lernen GmbH zu Finanzierungszwecken zur Verfügung stehen bzw. die diese zu Finanzierungszwecken benötigt.
3. Zu den Betriebsmitteln in der Spielend Lernen GmbH zählen die Produktionsmaschine sowie die Produktionshalle und weitere Anlagen.
4. Zu den Betriebsmitteln in der Spielend Lernen GmbH zählen nur Produktions- und andere Maschinen, nicht jedoch die Produktionshalle oder weitere Gebäude.
5. Betriebsmittel sind Werkstoffe, die für die Produktion verbraucht werden, ohne dabei zu einem Bestandteil des Produkts zu werden. In der Spielend Lernen GmbH gilt Energie als Betriebsmittel.

Lösung s. Seite 154

Aufgabe 16: Dispositive Arbeit

Die Spielend Lernen GmbH hat über 250 Beschäftigte, darunter männliche und weibliche, ausgelernte und noch in Ausbildung befindliche Beschäftigte. Die Mitarbeiter und Mitarbeiterinnen der Spielend Lernen GmbH sind dabei in den unterschiedlichsten Bereichen tätig, in der Buchhaltung, im Verkauf oder Einkauf, im Lager, in der Produktion, in der Geschäftsführung, in der Personalabteilung.

Welche zwei der Beschäftigten führen dispositive Arbeit aus?

1. Florian König plant als Personalleiter den Personalbedarf, organisiert (neues) Personal und dessen Einsatz, entscheidet über einzustellende Auszubildende und kontrolliert laufend, ob der Spielend Lernen GmbH genügend qualifiziertes Personal zur Verfügung steht.
2. Vanessa Davidson erarbeitet als Auszubildende zur Kauffrau für Büromanagement Angebote, die sie im nächsten Schritt den potenziellen Kunden übermittelt.

3. Michael Niermann betreut die Laufkundschaft in den Verkaufsräumen der Spielend Lernen GmbH. Dabei organisiert er fehlende Produkte, wenn sie vom Kunden nachgefragt, jedoch nicht mehr vor Ort/im Lager verfügbar sind.
4. Lana Welke, Einkaufsleiterin der Spielend Lernen GmbH mit Prokura, bespricht einmal jährlich mit den Mitarbeitern der Einkaufsabteilung die Zielplanung für das kommende Geschäftsjahr. Dabei vergleicht sie Ist- und Soll-Zustand, legt Ziele fest, kontrolliert deren Erreichung und organisiert alle wichtigen Faktoren zur Erreichung der Ziele, koordiniert bspw. notwendige Fortbildungsmaßnahmen.
5. Robert Heinrichs organisiert eine neue Waage für das Lager, um Konfektionierungsarbeiten besser planen und schneller durchführen zu können.

Lösung s. Seite 155

Aufgabe 17: Stellung des Betriebs

Um die Stellung der Spielend Lernen GmbH beurteilen zu können, müssen Sie verschiedene Aspekte einer näheren Betrachtung unterziehen. Welchen Aspekt können Sie außer Acht lassen?

1. Zielsetzung des Unternehmens
2. Geschäftsfelder der Spielend Lernen GmbH
3. Aufgabenfelder der Spielend Lernen GmbH
4. Höhe der Einkommen der Geschäftsführung
5. Stellung der Spielend Lernen GmbH am Markt
6. Bedeutung des Unternehmens in der Region.

Lösung s. Seite 155

Aufgabe 18: Abgrenzung des Betriebs zu anderen Wirtschaftszweigen

Der Unternehmenszweck der Spielend Lernen GmbH besteht u. a. in dem Vertrieb von Spielwaren und Lernspielzeugen für Vorschulkinder, Grundschulkinder und Schüler.

Bitte ordnen Sie die Spielend Lernen GmbH einem der nachfolgenden Wirtschaftszweige zu:

1. Erziehung und Unterricht
2. Information und Kommunikation
3. Handel
4. Öffentliche Verwaltung, Verteidigung, Sozialversicherung
5. Land- und Forstwirtschaft.

Lösung s. Seite 155

Aufgabe 19: Erweiterter Wirtschaftskreislauf

Welche zwei Aussagen über den erweiterten Wirtschaftskreislauf sind zutreffend?

1. Der erweiterte Wirtschaftskreislauf enthält zwei Sektoren: Unternehmen und Haushalte.
2. Der erweiterte Wirtschaftskreislauf enthält vier Sektoren: Unternehmen, Haushalte, Banken, Staat.
3. Im erweiterten Wirtschaftskreislauf investieren die Unternehmen in Banken und Kreditinstitute.
4. Anhand des erweiterten Wirtschaftskreislaufs kann der Güter- und Geldfluss dargestellt werden.
5. Steuerzahlungen sind im erweiterten Wirtschaftskreislauf nicht zu berücksichtigen.

Lösung s. Seite 156

Aufgabe 20: Rechtsform des Ausbildungsbetriebs

Vanessa Davidson, Auszubildende der Spielend Lernen GmbH, hat in den vergangenen zwei Wochen in der Berufsschule gefehlt. Sie berichten ihr, dass die Rechtsformen von Unternehmen Thema waren und eine Aufgabe darin bestand, die Rechtsform des eigenen Ausbildungsunternehmens und die damit verbundenen Sachverhalte vorzustellen.

a) Vanessa überlegt und nennt Ihnen einige Punkte. Welche Aussage trifft nicht zu?
   1. Die Spielend Lernen GmbH ist eine Gesellschaft mit beschränkter Haftung.
   2. Für die Spielend Lernen GmbH besteht Buchführungspflicht.
   3. Für die Rechtsform der GmbH wurde ein gesetzliches Stammkapital von 30.000 € festgelegt.
   4. Die Spielend Lernen GmbH ist als GmbH im Handelsregister B eingetragen.
   5. Für die Spielend Lernen GmbH besteht grundsätzlich die Pflicht, ihren Kunden Umsatzsteuer in Rechnung zu stellen.

b) Vanessa möchte außerdem wissen, welche Formvorschriften bei der Entscheidung für die Rechtsform der GmbH eingehalten werden müssen. Geben Sie an, welcher Punkt nicht zutrifft.
   1. Für die Spielend Lernen GmbH war bei Gründung ein schriftlicher Gesellschaftsvertrag zwingend erforderlich.
   2. Der Mindestinhalt für den Gesellschaftsvertrag ist gesetzlich geregelt.
   3. Die Spielend Lernen GmbH musste ihren Gesellschaftsvertrag notariell beurkunden lassen.
   4. Für die Gründung der Spielend Lernen GmbH genügte ein Gesellschaftsvertrag ohne notarielle Beurkundung.
   5. Die Spielend Lernen GmbH musste die gesetzlichen Mindestinhalte für den Gesellschaftsvertrag bei Gründung berücksichtigen.

Lösung s. Seite 156

1. Stellung, Rechtsform und Organisationsstruktur | Aufgaben

Aufgabe 21: Handelsregister

Die Spielend Lernen GmbH ist im Handelsregister in Abteilung B eingetragen. Vanessa Davidson, Ihre Mitauszubildende, möchte mehr zur Eintragung ins Handelsregister wissen. Sie informiert sich im Internet und notiert sich die wichtigsten Punkte. Bei welcher Information ist ihr ein Fehler unterlaufen?

1. Das Handelsregister ist ein öffentliches Register, das aus drei Abteilungen besteht: Abteilung A (HRA), Abteilung B (HRB) und Abteilung C (HRC).
2. Eintragungen in das Handelsregister können deklaratorisch oder konstitutiv sein.
3. Das Handelsregister besteht aus zwei Abteilungen: Abteilung A (HRA) und Abteilung B (HRB).
4. Das Handelsregister ist ein öffentliches Register, in dem alle Kaufleute unter ihrer Firma verzeichnet sind. Hierfür wird eine Handelsregisternummer zugeteilt.
5. Das Handelsregister wird von den Gerichten elektronisch geführt.

Lösung s. Seite 156

Situation zu Aufgabe 22 bis 30:
Florian König, der Personalleiter der Spielend Lernen GmbH, überlegt, sich mit einem eigenen Unternehmen selbstständig zu machen. Er träumt schon lange davon, aus dem Ruhrgebiet an die Nordsee zu ziehen und dort zu leben und zu arbeiten.

Aufgabe 22: Unternehmensformen

Florian König überlegt, welche Unternehmensformen für seine geplante Selbstständigkeit infrage kommen. Er recherchiert und notiert sich Details. Welche Information sollte er noch einmal nachlesen?

1. Als Kaufmann oder Kleingewerbetreibender eines Einzelunternehmens benötigt Florian König kein festes Kapital. Eine Mindesteinlage ist nicht vorgeschrieben.
2. Zur Gründung einer GbR benötigt Florian König mindestens einen Geschäftspartner.
3. Für die Gründung einer GmbH benötigt Florian König 25.000 € als Stammkapital, mindestens 12.500 € müssen bei der Gründung auf das Geschäftskonto eingezahlt werden.
4. Als Inhaber eines Einzelunternehmens hat Florian König die alleinige Entscheidungsbefugnis.
5. Für die Gründung einer GbR benötigt Florian König keine weiteren Personen, er muss jedoch 25.000 € Stammkapital nachweisen.

Lösung s. Seite 157

Aufgabe 23: Einzelunternehmung

Welche zwei Vorteile hat die Gründung einer Einzelunternehmung für Florian König?
1. Florian König hat die alleinige Entscheidungsbefugnis.
2. Florian König entscheidet immer gemeinsam mit einer weiteren Person und ist so besser vor Fehlentscheidungen geschützt.
3. Florian König haftet nur mit dem Geschäftsvermögen.
4. Florian König muss keine vorgeschriebene Mindesteinlage erbringen.
5. Florian König muss das erforderliche Stammkapital von 25.000 € bei Gründung nicht sofort, sondern nur zur Hälfte einzahlen.

Lösung s. Seite 158

Aufgabe 24: Personengesellschaft

Bei welchen zwei Gesellschaften handelt es sich nicht um Personengesellschaften?
1. Gesellschaft mit beschränkter Haftung (GmbH)
2. Offene Handelsgesellschaft (OHG)
3. Gesellschaft bürgerlichen Rechts (GbR)
4. Kommanditgesellschaft (KG)
5. Kommanditgesellschaft auf Aktien (KGaA).

Lösung s. Seite 158

Aufgabe 25: Kapitalgesellschaft

Bei welchen zwei Gesellschaften handelt es sich nicht um eine Kapitalgesellschaft?
1. Kommanditgesellschaft (KG)
2. Kommanditgesellschaft auf Aktien (KGaA)
3. Gesellschaft bürgerlichen Rechts (GbR)
4. Aktiengesellschaft (AG)
5. Gesellschaft mit beschränkter Haftung (GmbH).

Lösung s. Seite 158

Aufgabe 26: Auswirkung der Rechtsform bei Aufträgen

Die Spielend Lernen GmbH hat einen Großauftrag von der Lernpuzzle GmbH erhalten. Jetzt ist die Lernpuzzle GmbH in wirtschaftliche Schieflage geraten. Sie ist zahlungsunfähig und kann ihre Schulden bei der Spielend Lernen GmbH nicht ausgleichen.

a) Inwiefern hat die Unternehmensform der Lernpuzzle GmbH Einfluss auf diese Situation?

1. Bei einer Insolvenz der Lernpuzzle GmbH haftet der Einzelunternehmer voll mit seinem Privatvermögen.
2. Bei einer Insolvenz der Lernpuzzle GmbH ist die Haftung auf die Kapitaleinlage beschränkt.
3. Bei einer Insolvenz der Lernpuzzle GmbH findet keine Haftung statt, da bei einer GmbH kein Mindestkapital erbracht werden muss, mit dem später gehaftet werden kann.
4. Bei einer Insolvenz der Lernpuzzle GmbH haftet der Unternehmer mit seinem gesamten Privatvermögen, Kommanditisten nur mit ihrer Einlage.
5. Bei einer Insolvenz der Lernpuzzle GmbH ist die Haftung auf die Aktionäre beschränkt.

b) Wie kann die Spielend Lernen GmbH am ehesten sicherstellen, nicht mit Zahlungsausfällen ihrer Kunden konfrontiert zu werden?
1. Vor der Annahme eines Großauftrags kann die Spielend Lernen GmbH die Bonität ihres Kunden prüfen.
2. Vor der Annahme eines Großauftrags sollte die Spielend Lernen GmbH ihrem Kunden einen Bonitätsnachweis aushändigen.
3. Die Annahme von Großaufträgen sollte nur mit mündlicher Bestätigung erfolgen.
4. Die Abwicklung von Großaufträgen sollte nur mit Bestandskunden durchgeführt werden.
5. Die Annahme von Großaufträgen sollte nur mit schriftlicher Bestätigung erfolgen.

Lösung s. Seite 158

Aufgabe 27: Regelungen zur Vertretung

a) Welche Regelung zur Vertretung bei den unterschiedlichen Unternehmensformen ist nicht korrekt?
1. In einer Einzelunternehmung hat der Inhaber die alleinige Entscheidungsbefugnis und vertritt die Unternehmung allein.
2. Die Aktiengesellschaft wird durch den Vorstand vertreten, Prokuristen steht Vertretung innerhalb des geregelten Umfangs zu.
3. In einer Kommanditgesellschaft hat der Einzelkaufmann die alleinige Entscheidungs- und Vertretungsbefugnis.
4. Die Gesellschaft mit beschränkter Haftung wird durch einen oder mehrere Geschäftsführer vertreten.
5. Bei der Offenen Handelsgesellschaft hat jeder Gesellschafter eine Einzelgeschäftsführung und Einzelvertretungsvollmacht.

b) Lana Welke ist in der Spielend Lernen GmbH als Einkaufsleiterin tätig, schon vor einigen Jahren wurde ihr außerdem Prokura erteilt.

Welche Handlung darf Lana Welke als Prokuristin vornehmen?

1. Lana Welke darf ihre Prokura auf eine Vertrauensperson übertragen.
2. Lana Welke darf einen Teil des Betriebsgeländes der Spielend Lernen GmbH veräußern.
3. Lana Welke darf den Jahresabschluss der Spielend Lernen GmbH unterzeichnen.
4. Lana Welke darf bei finanziellen Schwierigkeiten für die Spielend Lernen GmbH Insolvenz anmelden.
5. Lana Welke darf Arbeitsverträge mit neuen Mitarbeitern schließen.

Lösung s. Seite 159

Aufgabe 28: Regelungen zur Haftung

Welche Regelung zur Haftung bei den unterschiedlichen Unternehmensformen ist nicht korrekt?

1. Der Einzelunternehmer haftet ausschließlich mit seiner Stammeinlage i. H. v. 25.000 €.
2. Bei der OHG haften die Gesellschaft und auch die Gesellschafter mit ihrem Privatvermögen für Gesellschaftsschulden.
3. Die KG hat persönlich haftende Gesellschafter (Komplementäre), die Kommanditisten haften in Höhe ihrer Einlage.
4. Die AG haftet nur mit dem Gesellschaftsvermögen, ggf. haftet der Vorstand persönlich.
5. Bei der GbR haften die Gesellschafter auch mit ihrem Privatvermögen sowie die Gesellschaft selbst.

Lösung s. Seite 159

Aufgabe 29: Regelungen zur Gewinnverteilung

Die Spielend Lernen GmbH handelt seit ihrer Gründung in der Rechtsform einer Gesellschaft mit beschränkter Haftung. Wie ist die gesetzliche Regelung zur Gewinnverteilung in einer GmbH?

1. In einer GmbH findet keine Gewinnverteilung statt.
2. Jeder Gesellschafter wird zu gleichen Teilen am Gewinn beteiligt.
3. Die Gewinnverteilung erfolgt nach der Summe der Gründer.
4. Der Gewinn wird nach dem Verhältnis der Geschäftsanteile verteilt.
5. Gewinne werden zu 2 % ausgezahlt, der restliche Gewinn wird einbehalten.

Lösung s. Seite 159

Situation zu Aufgabe 30 bis 36:
Gemeinsam mit zwei weiteren Auszubildenden der Spielend Lernen GmbH diskutieren Sie über mögliche Rechtsformen von Unternehmen. Sie sprechen über die Vor- und Nachteile der GmbH gegenüber anderen Rechtsformen. Es kommt die Überlegung auf, insbesondere die Möglichkeiten der Geschäftsführung, Fragen der Haftung sowie die Verteilung von Gewinnen zu vergleichen.

Aufgabe 30: Geschäftsführung bei der Einzelunternehmung

Geben Sie an, welche Aussage zur Geschäftsführung bei der Einzelunternehmung korrekt ist.

1. Die Einzelunternehmung hat grundsätzlich mindestens drei persönlich haftende Gesellschafter, Prokuristen dürfen bestellt werden.
2. Bei der Einzelunternehmung hat der Inhaber die alleinige Entscheidungsbefugnis.
3. Eine Einzelunternehmung muss einen Vorstand und einen Aufsichtsrat haben und eine Hauptversammlung für die Aktionäre durchführen.
4. Bei der Einzelunternehmung muss der Inhaber mindestens zwei Prokuristen bestellen.
5. Eine Einzelunternehmung besteht aus einem oder mehreren Geschäftsführern sowie Kommanditisten, Prokuristen können bestellt werden.

Lösung s. Seite 159

Aufgabe 31: Geschäftsführung bei der GmbH

Geben Sie an, welche Aussage zur Geschäftsführung bei der GmbH korrekt ist.

1. Die GmbH kann einen oder mehrere Geschäftsführer haben, Prokuristen dürfen bestellt werden.
2. Bei der GmbH hat grundsätzlich immer der Inhaber die alleinige Entscheidungsbefugnis.
3. Eine GmbH muss einen Vorstand und einen Aufsichtsrat haben und eine Hauptversammlung für die Aktionäre durchführen.
4. Eine GmbH darf nur einen einzigen Geschäftsführer haben, es dürfen jedoch Prokuristen bestellt werden.
5. Eine GmbH besteht aus einem oder mehreren Geschäftsführern, Prokuristen dürfen nicht bestellt werden.

Lösung s. Seite 160

Aufgabe 32: Haftung bei der Einzelunternehmung

Geben Sie an, welche Aussage zur Haftung bei der Einzelunternehmung korrekt ist.

1. Bei der Einzelunternehmung gilt unbeschränkte Haftung, die auch das Privatvermögen mit einbezieht.
2. Die Einzelunternehmung haftet nur mit dem vorhandenen Gesellschaftsvermögen.
3. Die Einzelunternehmung haftet nur mit dem vorhandenen Gesellschaftsvermögen, die Haftungsbeschränkung tritt jedoch erst mit der Eintragung ins Handelsregister ein.
4. Bei der Einzelunternehmung gilt unbeschränkte Haftung mit Geschäfts- und Privatvermögen, aus der sich der Unternehmer jedoch durch eine Einmalzahlung i. H. v. 75.000 € „freikaufen" kann.
5. Die Einzelunternehmung hat persönlich haftende Gesellschafter, Kommanditisten haften nur in Höhe ihrer Einlage.

Lösung s. Seite 160

Aufgabe 33: Haftung bei der GmbH

Geben Sie an, welche Aussage zur Haftung bei der GmbH korrekt ist.

1. Bei der GmbH gelten die gleichen Regelungen zur Haftung wie bei der Einzelunternehmung.
2. Bei der GmbH haftet der Staat, die GmbH selbst haftet grundsätzlich nicht.
3. Die GmbH haftet nur mit dem Gesellschaftsvermögen, die Haftungsbeschränkung tritt jedoch erst mit der Eintragung ins Handelsregister ein.
4. Bei der GmbH gilt unbeschränkte Haftung mit Geschäfts- und Privatvermögen, aus der sich der Unternehmer jedoch durch eine Einmalzahlung i. H. v. 75.000 € „freikaufen" kann.
5. Die GmbH hat persönlich unbeschränkt haftende Gesellschafter, Kommanditisten haften in Höhe ihrer Einlage.

Lösung s. Seite 160

Aufgabe 34: Gewinnverteilung bei der Einzelunternehmung

Geben Sie an, welche Aussage zur Gewinnverteilung bei der Einzelunternehmung korrekt ist.

1. Bei der Einzelunternehmung erhält der Einzelunternehmer 4 % der Kapitaleinlage, der restliche Gewinn wird nach Köpfen verteilt.
2. In einer Einzelunternehmung werden keine Gewinne ausgeschüttet.
3. Bei der Einzelunternehmung fallen sämtliche Gewinne an den Einzelkaufmann.
4. In einer Einzelunternehmung werden die Gewinnanteile pro Aktie verteilt.

5. Bei der Einzelunternehmung erhält der Einzelunternehmer 2 % der Kapitaleinlage, der restliche Gewinn wird zu gleichen Teilen unter den Mitarbeitern ausgeschüttet.

Lösung s. Seite 161

Aufgabe 35: Gewinnverteilung bei der GmbH

Geben Sie an, welche Aussage zur Gewinnverteilung bei einer GmbH korrekt ist.
1. Bei der GmbH wird der Gewinn nach Köpfen verteilt.
2. In der GmbH werden die Gewinne nach dem Verhältnis der Geschäftsanteile verteilt.
3. Bei der GmbH werden die Gewinnanteile pro Aktie verteilt.
4. In der GmbH erhält jeder Gesellschafter 4 % auf seinen Kapitalanteil, der restliche Gewinn wird in angemessenem Verhältnis der Anteile verteilt.
5. In der GmbH erhält jeder Gesellschafter 2 % auf seinen Kapitalanteil, der restliche Gewinn wird in angemessenem Verhältnis der Anteile verteilt.

Lösung s. Seite 161

Aufgabe 36: Gewinnverteilung vornehmen

Geschäftsführer Fabian Fröhlich und Einkaufsleiterin Lana Welke halten zu gleichen Teilen Geschäftsanteile der Spielend Lernen GmbH und sind neben ihren operativen Aufgaben auch Gesellschafter des Unternehmens. Im letzten Geschäftsjahr konnte ein Gewinn von 50.000 € verbucht werden.

Wie wird der Gewinn verteilt?
1. Fabian Fröhlich und Lana Welke erhalten jeweils 4 % auf ihre Kapitalanteile.
2. Da Fabian Fröhlich und Lana Welke gleich viele Geschäftsanteile der Spielend Lernen GmbH besitzen, wird nach dem Verhältnis der Geschäftsanteile der Gewinn je zur Hälfte verteilt.
3. Da Fabian Fröhlich und Lana Welke gleich viele Geschäftsanteile der Spielend Lernen GmbH besitzen, werden jeweils 25 % auf den jeweiligen Kapitalanteil ausgegeben.
4. Fabian Fröhlich und Lana Welke erhalten jeweils 25 % auf ihren jeweiligen Kapitalanteil, der restliche Gewinn verbleibt als Barrücklage in der Spielend Lernen GmbH.
5. Fabian Fröhlich und Lana Welke erhalten jeweils 4 % auf ihre Kapitalanteile, der restliche Gewinn verbleibt als Investitionsrücklage in der Spielend Lernen GmbH.

Lösung s. Seite 161

Aufgabe 37: Investition und Finanzierung

Die Spielend Lernen GmbH möchte im kommenden Geschäftsjahr ihre Räumlichkeiten vergrößern. Daher soll das Nachbargrundstück gekauft und darauf ein Anbau errichtet werden. Für dieses Vorhaben benötigt die Spielend Lernen GmbH Kapital.

Welche zwei Aussagen sind zutreffend?

1. Bei der Beschaffung des Kapitals für die Spielend Lernen GmbH handelt es sich um die Finanzierung.
2. Bei der Beschaffung des Kapitals für die Spielend Lernen GmbH handelt es sich um eine Investition.
3. Die Verwendung des beschafften Kapitals durch die Spielend Lernen GmbH ist die Finanzierung.
4. Die Verwendung des beschafften Kapitals durch die Spielend Lernen GmbH ist eine Investition.
5. Die Beschaffung des Kapitals durch die Spielend Lernen GmbH ist sowohl Finanzierung als auch eine Investition.

Lösung s. Seite 161

Aufgabe 38: Finanzierungsarten

Da es sich um einen hohen Geldbetrag handelt, möchte Fabian Fröhlich den Grundstückskauf und den Anbau der neuen Räumlichkeiten durch Fremdfinanzierung realisieren.

In welchem Fall handelt es sich um Fremdfinanzierung?

1. Die Spielend Lernen GmbH entlässt einige Mitarbeiter, um durch die eingesparten Gehälter den Betrag für Grundstückskauf und Anbau zur Verfügung zu haben.
2. Die Spielend Lernen GmbH erhält ein Darlehen von der Nordost Bank.
3. Fabian Fröhlich verzichtet einige Monate auf sein Geschäftsführergehalt, damit die Spielend Lernen GmbH ihr Vorhaben realisieren kann.
4. Die Mitarbeiter werden motiviert, ihre Verkaufszahlen zu steigern. Durch höhere Umsätze können höhere Gewinne generiert werden, sodass die Kunden den Grundstückskauf und den Anbau finanzieren.
5. Das Rückstellungskapital der Spielend Lernen GmbH wird genutzt, um den Grundstückskauf und den Anbau zu finanzieren.

Lösung s. Seite 162

Aufgabe 39: Finanzierungsarten unterscheiden

Martin Schmidt, Auszubildender der Spielend Lernen GmbH, bittet Sie, mit ihm zu lernen. Er möchte die Unterschiede der einzelnen Finanzierungsarten durchgehen. An welcher Stelle müssen Sie ihn korrigieren?

1. Bei der Innenfinanzierung ist die Herkunft des Geldes (Kapitalherkunft) entscheidend.
2. Zur Fremdfinanzierung zählen z. B. Bankdarlehen oder Anleihen.
3. Bei der Außenfinanzierung ist die Herkunft des Geldes (Kapitalherkunft) entscheidend.
4. Eine Finanzierung aus eigenen Mitteln bedeutet Eigenfinanzierung.
5. Bei der Außenfinanzierung werden nur Sachgüter ohne Verbindung zum Unternehmen (außerhalb des Betriebs) finanziert.

Lösung s. Seite 162

Aufgabe 40: Innenfinanzierung

Zur Produktion eines neuartigen Lesespiels soll eine neue Maschine angeschafft werden. Geschäftsführer Fabian Fröhlich beschließt, das Kapital für den Kauf der Maschine durch eine Innenfinanzierung bereitzustellen.

Wobei handelt es sich um eine Innenfinanzierung?

1. Finanzierung durch ein Bankdarlehen
2. Finanzierung durch Inanspruchnahme des Kontokorrentkredits
3. Finanzierung durch Beteiligungen
4. Finanzierung durch externe Geldgeber
5. Finanzierung aus Rückstellungen.

Lösung s. Seite 162

Aufgabe 41: Selbstfinanzierung, Fremdfinanzierung

Zur Produktion eines neuartigen Lesespiels soll eine neue Maschine angeschafft werden.

Ordnen Sie bitte den Finanzierungsarten eine Situationsbeschreibung zu:

Selbstfinanzierung/Fremdfinanzierung

1. Die Spielend Lernen GmbH erhält von der Nordost Bank ein Darlehen.
2. Die Spielend Lernen GmbH nutzt einen Teil des erwirtschafteten Gewinns, um die Maschine anschaffen zu können.

Lösung s. Seite 162

Aufgabe 42: Außenfinanzierung

Zur Produktion eines neuartigen Lesespiels soll eine neue Maschine angeschafft werden. Geschäftsführer Fabian Fröhlich beschließt, das Kapital für den Kauf der Maschine durch eine Außenfinanzierung bereitzustellen.

Welche Möglichkeit entspricht einer Außenfinanzierung?
1. Finanzierung aus Rückstellungen
2. Beteiligungsfinanzierung
3. Selbstfinanzierung
4. Finanzierung durch Rationalisierungsmaßnahmen
5. Vermögensumschichtung.

Lösung s. Seite 162

Aufgabe 43: Fremdfinanzierung

Zur Produktion eines neuartigen Lesespiels soll eine neue Maschine angeschafft werden. Geschäftsführer Fabian Fröhlich beschließt, das Kapital für den Kauf der Maschine durch eine Fremdfinanzierung zu beschaffen.

Welches ist ein Vorteil der Fremdfinanzierung für die Spielend Lernen GmbH?
1. Durch die erhöhte Liquidität kann die Spielend Lernen GmbH die Maschine zeitnah anschaffen.
2. Je mehr Fremdkapital die Spielend Lernen GmbH aufnimmt, desto geringer wird das Risiko, Zinsen und Tilgung nicht mehr bedienen zu können.
3. Durch die erhöhte Liquidität aufgrund der Fremdfinanzierung können die Gehälter der Mitarbeiter erhöht werden, die mit der neuen Maschine arbeiten.
4. Je mehr Fremdkapital die Spielend Lernen GmbH aufnimmt, desto weniger Sicherheiten werden vom Fremdkapitalgeber verlangt.
5. Durch die erhöhte Liquidität steigen die monatlichen Verbindlichkeiten der Spielend Lernen GmbH, da Darlehensraten zurückgezahlt werden müssen.

Lösung s. Seite 163

Aufgabe 44: Kreditfinanzierung

Die Spielend Lernen GmbH überlegt, die Anschaffung einer neuen Produktionsmaschine durch einen Kredit zu finanzieren.

Welche Aussage beschreibt die Kreditfinanzierung?
1. Kreditfinanzierung stellt eine Eigenfinanzierung dar.
2. Kreditfinanzierung ist der Innenfinanzierung zuzuordnen.
3. Kreditfinanzierung stellt eine Fremdfinanzierung durch Gewinnrücklagen dar.

4. Kreditfinanzierung ist der Außenfinanzierung zuzuordnen.
5. Kreditfinanzierung stellt gleichzeitig eine Fremdfinanzierung und eine Eigenfinanzierung dar.

Lösung s. Seite 163

Aufgabe 45: Lieferantenkredit

Die Spielend Lernen GmbH nimmt bei ihren Lieferanten häufig einen Lieferantenkredit in Anspruch.

Bei welchem Vorgang wird kein Lieferantenkredit in Anspruch genommen?
1. Die Spielend Lernen GmbH erhält eine Rechnung mit einem Zahlungsziel von 30 Tagen.
2. Der Lieferant der Spielend Lernen GmbH gewährt bei Zahlung binnen 14 Tagen 2 % Skonto.
3. Die Ware wird bei Lieferung bar durch die Spielend Lernen GmbH bezahlt.
4. Die Spielend Lernen GmbH zahlt eine Rechnung innerhalb von 10 Tagen.
5. Der Lieferant der Spielend Lernen GmbH verzichtet auf sofortige Zahlung, es wird eine Skontofrist vereinbart.

Lösung s. Seite 163

Aufgabe 46: Kontokorrentkredit

Bei welcher Situation handelt es sich um einen Kontokorrentkredit?
1. Die Spielend Lernen GmbH zahlt auf einen geliehenen Geldbetrag eine Tilgungsrate in immer gleicher Höhe, der Zinsbetrag sinkt.
2. Die Bank gestattet der Auszubildenden Vanessa Davidson, ihr privates Konto bis zu einem bestimmten Kreditbetrag zu überziehen. Die Zinsen berechnet die Bank dabei nach dem jeweiligen Saldo.
3. Die Spielend Lernen GmbH zahlt auf einen geliehenen Geldbetrag eine monatlich steigende Tilgungsrate, der Zinsbetrag sinkt.
4. Die Bank gestattet der Spielend Lernen GmbH einen geliehenen Geldbetrag, den die Spielend Lernen GmbH zu einem festgesetzten Termin zurückzahlen muss.
5. Die Spielend Lernen GmbH verlängert das Zahlungsziel eines Großkunden.

Lösung s. Seite 163

Aufgabe 47: Kreditzinsen berechnen

In der Spielend Lernen GmbH sollen zwei neue Lieferwagen angeschafft werden. Geschäftsführer Fabian Fröhlich überlegt, die Fahrzeuge durch Fremdfinanzierung zu beziehen.

Der Kaufpreis für beide Fahrzeuge zusammen soll bei 86.000 € liegen, der Zinssatz (Effektivzins) beträgt 4 %. Fabian Fröhlich möchte den Kredit innerhalb von 2,5 Jahren abbezahlen.

Berechnen Sie bitte die Kosten des Kreditangebots.
Lösung s. Seite 163

Aufgabe 48: Darlehen

Für den Bau einer zweiten Halle mit Büroräumen und Produktionsmöglichkeiten benötigt die Spielend Lernen GmbH ein Darlehen. Die Nordost Bank bietet der Spielend Lernen GmbH verschiedene Möglichkeiten an. Die Auszubildende Vanessa Davidson hat einige Stichpunkte notiert.

Bei welchem Stichpunkt ist ihr ein Fehler unterlaufen?

1. Bei einem Abzahlungsdarlehen zahlt die Spielend Lernen GmbH eine monatlich gleich hohe Tilgungsrate, die Zinsbeträge sinken.
2. Bei einem Annuitätendarlehen zahlt die Spielend Lernen GmbH der Bank eine immer gleich hoch bleibende Annuität.
3. Bei einem Fälligkeitsdarlehen sinkt die monatliche Tilgungsrate um den Betrag, um den der Zinsbetrag steigt.
4. Bei einem Fälligkeitsdarlehen muss die Spielend Lernen GmbH den Darlehensbetrag an einem vertraglich festgelegten Termin tilgen.
5. Bei einem Annuitätendarlehen steigt die Tilgungsrate um den Betrag, um den der Zinsbetrag sinkt.

Lösung s. Seite 163

Aufgabe 49: Selbstfinanzierung

In der Spielend Lernen GmbH sollen zwei neue Lieferwagen angeschafft werden. Geschäftsführer Fabian Fröhlich möchte, dass die geplante Anschaffung aus Mitteln des Unternehmens selbst finanziert wird.

Bitte prüfen Sie den Sachverhalt auf Fehler.

1. Bei einer offenen Selbstfinanzierung erfolgt die Kapitalzuführung aus erwirtschafteten Gewinnen der Spielend Lernen GmbH.
2. Die Selbstfinanzierung gehört zur Innenfinanzierung, da das Kapital aus der Spielend Lernen GmbH selbst kommt.

3. Eine Selbstfinanzierung kann durch eine Finanzierung aus Abschreibungen erfolgen.
4. Grundsätzlich ist eine Selbstfinanzierung für die Anschaffung der beiden Lieferwagen denkbar, da die Spielend Lernen GmbH aus ihrer betrieblichen Leistungserstellung und der Umsatztätigkeit Kapital bildet.
5. Bei der Selbstfinanzierung nimmt nicht Fabian Fröhlich, sondern die Spielend Lernen GmbH selbst als Unternehmen ein Darlehen auf.

Lösung s. Seite 163

Aufgabe 50: Beteiligungsfinanzierung

In der Spielend Lernen GmbH soll eine neue Produktionsmaschine angeschafft werden. Grundsätzlich kommt für Geschäftsführer Fabian Fröhlich auch eine Beteiligungsfinanzierung infrage.

Welche Situation entspricht diesem Gedanken?

1. Ein neuer Gesellschafter bringt Eigenkapital in die Spielend Lernen GmbH ein, mit dem die Produktionsmaschine angeschafft werden kann.
2. Die Bank der Spielend Lernen GmbH wird an den durch das Unternehmen zu zahlenden Zinsbeträgen beteiligt.
3. Prokuristin Lana Welke und Personalleiter Florian König beteiligen sich an der Entscheidung, zu welchen Konditionen die Produktionsmaschine finanziert werden kann.
4. Durch einen Gläubiger wird zurückzuführendes Fremdkapital zur Verfügung gestellt, durch das die Spielend Lernen GmbH die Produktionsmaschine anschaffen kann.
5. Die Produktionsmaschine wird aus erwirtschafteten Gewinnen der Spielend Lernen GmbH finanziert, wodurch sich die Beteiligungsfinanzierung ergibt.

Lösung s. Seite 163

Aufgabe 51: Leasing

Die Spielend Lernen GmbH muss dringend ihren Fuhrpark für die Außendienstmitarbeiter erneuern, außerdem sollen aus ökologischen Gründen testweise zwei Dieselfahrzeuge durch Elektrofahrzeuge ersetzt werden.

Welche zwei Vorteile ergeben sich, wenn die Spielend Lernen GmbH die Fahrzeuge least, anstatt sie zu kaufen?

1. Die Fahrzeuge gehen direkt in Eigentum und Besitz der Spielend Lernen GmbH über.
2. Durch die monatlichen Raten wird die Liquidität geschont.
3. Die geleasten Fahrzeuge verursachen keine monatlich anfallenden Kosten.

4. Die geleasten Fahrzeuge können nach Auslauf des Leasings übernommen oder abgestoßen werden.
5. Durch das Leasing der Fahrzeuge erhöht sich die Summe der Bilanz.

Lösung s. Seite 164

Aufgabe 52: Factoring

Es steht zur Überlegung, offene Forderungen gegenüber Kunden der Spielend Lernen GmbH künftig an ein Factoring-Unternehmen zu übergeben.

Welchen Nachteil könnte das Abtreten der Forderungen an ein Factoring-Unternehmen für die Spielend Lernen GmbH haben?

1. Die Spielend Lernen GmbH gewinnt an Liquidität.
2. Die Spielend Lernen GmbH trägt durch die verkauften Forderungen ein noch höheres Risiko.
3. Factoring kann unter Umständen mit hohen Kosten für die Spielend Lernen GmbH verbunden sein.
4. Das Factoring wirkt sich positiv auf die Eigenkapitalquote der Spielend Lernen GmbH aus.
5. Die Spielend Lernen GmbH darf ihren Kunden kein Zahlungsziel mehr einräumen.

Lösung s. Seite 164

Aufgabe 53: Optimale Finanzierungsart finden

Die Spielend Lernen GmbH soll einen Anbau erhalten, der durch Fremdfinanzierung realisiert werden soll.

Welche Finanzierungsart eignet sich für diese Planung?

1. Annuitätendarlehen
2. Leasing
3. Finanzierung durch Rückstellungen
4. Beteiligungsfinanzierung
5. Finanzierung aus Abschreibungen.

Lösung s. Seite 164

Aufgabe 54: Mittelherkunft und Mittelverwendung

Die Spielend Lernen GmbH plant für das laufende Geschäftsjahr einige Anschaffungen.

Ordnen Sie die Vorgänge der **Mittelherkunft** oder der **Mittelverwendung** zu:
1. Fabian Fröhlich bringt 50.000 € als Kapitaleinlage in die Spielend Lernen GmbH ein.
2. Die Spielend Lernen GmbH investiert 230.000 € in eine neue Produktionsmaschine.
3. Die Spielend Lernen GmbH stattet die Besprechungsräume mit neuen, hochwertigen Büromöbeln aus.
4. Die Bank gewährt der Spielend Lernen GmbH ein Darlehen i. H. v. 230.000 €.

Lösung s. Seite 164

Aufgabe 55: Sicherheiten im Kreditgeschäft

Die Spielend Lernen GmbH plant den Anbau einer zweiten Lagerhalle. Zu diesem Zweck soll das Nachbargrundstück erworben werden. Für den Kauf des Grundstücks und den Neubau fallen Kosten i. H. v. 490.000 € an.

a) Welche Möglichkeit eignet sich zur Sicherung des bei der Hausbank beantragten Kredits?
   1. Die Spielend Lernen GmbH hinterlegt bei der Bank die Fahrzeugbriefe von vier Firmenfahrzeugen.
   2. Die Spielend Lernen GmbH nimmt einen zweiten Kredit i. H. v. 490.000 € bei einer weiteren Bank auf, um mit diesem Betrag den Kredit bei der Hausbank zu besichern.
   3. Die Spielend Lernen GmbH muss der Bank für diesen Betrag keine Sicherheiten anbieten, da Sicherheiten erst für Beträge ab 500.000 € von den Banken angefordert werden.
   4. Die Spielend Lernen GmbH bietet der Bank eine Hypothek auf die bereits bebauten Grundstücke als Sicherheit an.
   5. Die Spielend Lernen GmbH übergibt alle offenen Forderungen nicht mehr dem Factoring-Unternehmen, sondern der Bank als Sicherheiten. Die Bank erhält die Zahlungen der Kunden so lange, bis der Kredit abbezahlt ist.

b) Um die Kreditwürdigkeit der Spielend Lernen GmbH zu prüfen, fordert die Hausbank einige Unterlagen von dem Unternehmen an. Welche zwei Unterlagen sind für die Bank verzichtbar?
   1. Bilanz
   2. Gewinn- und Verlustrechnung
   3. Grundbuchauszug
   4. Lieferantenliste
   5. Produktkatalog.

Lösung s. Seite 165

Aufgabe 56: Vor- und Nachteile von Kreditsicherungen

Die Spielend Lernen GmbH hat ein Darlehen für den Kauf einer neuen Produktionsmaschine in Höhe von 35.000 € aufgenommen. Die Besicherung des Darlehens findet durch Sicherungsübereignung statt.

Welchen Vorteil hat die Sicherungsübereignung für die Bank als Darlehensgeber?

1. Die Bank kann die Maschine ohne Vollstreckungstitel veräußern, falls die Spielend Lernen GmbH die Raten nicht ordnungsgemäß bedient.
2. Die Mitarbeiter der Bank können die Produktionsmaschine jederzeit selbst nutzen, da die Bank die Eigentümerin ist.
3. Die Spielend Lernen GmbH kann die Produktionsmaschine zeitgleich als Sicherheit für weitere Kredite verwenden.
4. Die Bank erhält monatlich 2 % aller mit der neuen Produktionsmaschine hergestellten Güter.
5. Hat die Spielend Lernen GmbH das Darlehen ausgeglichen, geht die Produktionsmaschine vollständig in das Eigentum der Bank über.

Lösung s. Seite 165

Aufgabe 57: Eigentumsvorbehalt

Auf den Rechnungen und in Kaufverträgen der Spielend Lernen GmbH findet sich grundsätzlich immer ein vermerkter Eigentumsvorbehalt.

Welche Auswirkung hat diese Vorgehensweise?

1. Durch den Eigentumsvorbehalt bleibt die Spielend Lernen GmbH so lange Eigentümerin der von den Kunden gekauften Ware, bis diese bezahlt wurde.
2. Keine, der Eigentumsvorbehalt gilt automatisch und muss nicht schriftlich vereinbart werden.
3. Durch den Eigentumsvorbehalt bleibt die Spielend Lernen GmbH Besitzerin der Ware, der jeweilige Kunde wird zum Eigentümer.
4. Der Eigentumsvorbehalt untersagt einen Weiterverkauf der durch den Kunden bezogenen Produkte.
5. Durch den Eigentumsvorbehalt erhält der Kunde das Eigentum an der Ware, bis die Rechnung durch die Spielend Lernen GmbH beglichen wurde.

Lösung s. Seite 165

Aufgabe 58: Selbstschuldnerische Bürgschaft

Ein befreundeter Geschäftspartner bittet Fabian Fröhlich, für ihn eine selbstschuldnerische Bürgschaft zu leisten.

Das Eintreten als selbstschuldnerischer Bürge hätte dabei einige Konsequenzen für Fabian Fröhlich. Welche gehört nicht dazu?

1. Als Bürge verpflichtet sich Fabian Fröhlich, für die Erfüllung der Verbindlichkeiten seines Geschäftspartners zu haften.
2. Bei einer selbstschuldnerischen Bürgschaft muss Fabian Fröhlich erst dann zahlen, wenn alle Maßnahmen gegenüber dem Hauptschuldner erfolglos waren.
3. Bei einer selbstschuldnerischen Bürgschaft muss Fabian Fröhlich sofort zahlen, wenn die Forderung gegenüber seinem Geschäftspartner fällig geworden ist, dieser aber nicht zahlt.
4. Eine Bürgschaft unter Kaufleuten ist stets selbstschuldnerisch.
5. Bei einer Bürgschaft unter zwei Kaufleuten können diese sich im Rahmen ihres Geschäftsbetriebs mündlich verbürgen.

Lösung s. Seite 166

Aufgabe 59: Grundschuld, Lombardkredit, Sicherungsübereignung

Die Spielend Lernen GmbH nimmt zwei Darlehen auf, um damit die Anschaffung einer neuen Produktionsmaschine sowie den Anbau einer geplanten räumlichen Betriebserweiterung zu finanzieren.

a) Das Darlehen für den Anbau wird mit einer Grundschuld besichert. Wie erfolgt die Besicherung in der Praxis?
   1. Die Bank erhält von der Spielend Lernen GmbH eine Eigentumsübertragung an einer der bestehenden Produktionsmaschinen.
   2. Der Grund für das Darlehen (Schuldgrund) wird durch die Geschäftsleitung erklärt.
   3. Die Grundschuld wird in die Offene-Posten-Liste eingetragen.
   4. Die Spielend Lernen GmbH erhält von der Bank eine Eigentumsübertragung an einer der bestehenden Produktionsmaschinen.
   5. Die Belastung wird in das Grundbuch eingetragen.

b) Das Darlehen für die neue Produktionsmaschine soll durch Sicherungsübereignung besichert werden.
   Bei welcher dargestellten Situation ist dies der Fall?
   1. Die Spielend Lernen GmbH erhält von der Bank eine Eigentumsübertragung an der neuen Produktionsmaschine.
   2. Die Bank erhält von der Spielend Lernen GmbH eine Eigentumsübertragung an der neuen Produktionsmaschine.

3. Die Belastung wird als Grundschuld ins Grundbuch eingetragen.
4. Die Spielend Lernen GmbH überträgt der Bank Geschäftsanteile an der GmbH.
5. Die Bank überträgt der Spielend Lernen GmbH Geschäftsanteile in Höhe des Darlehens.

c) Die Heinrich Sonnenstrom KG hat ihren Betriebsstandort im gleichen Gewerbegebiet wie die Spielend Lernen GmbH. Carsten Heinrich erzählt Fabian Fröhlich, er habe die Besicherung eines im letzten Jahr aufgenommenen Darlehens durch die Übergabe von Aktien an seine Bank vorgenommen.

Von welcher Art der Kreditsicherung hat Carsten Heinrich Gebrauch gemacht?

1. Sicherungsübereignung
2. Lombardkredit
3. Grundschuld
4. Hypothek
5. Bürgschaft.

Lösung s. Seite 166

Aufgabe 60: Aufgaben und Ziele betrieblicher Organisation

Sie unterhalten sich mit dem Auszubildenden Martin Schmidt über die Organisation in der Spielend Lernen GmbH. Welcher Sachverhalt gehört nicht zu den Aufgaben und Zielen der betrieblichen Organisation?

1. Durch die festgelegten Aufgaben und zuvor definierten Betriebsziele soll die Wirtschaftlichkeit der Spielend Lernen GmbH erreicht werden.
2. Durch das Festlegen von Aufgaben, Zuständigkeiten und Regeln soll in der Spielend Lernen GmbH organisatorisches Gleichgewicht gehalten werden.
3. Durch klare und zweckmäßige Regelungen im Rahmen der betrieblichen Organisation sind die (Arbeits-)Abläufe in der Spielend Lernen GmbH geordnet.
4. Durch die Koordination von Regelungen im Rahmen der betrieblichen Organisation können auch die Bedürfnisse der Mitarbeiter der Spielend Lernen GmbH berücksichtigt werden.
5. Durch von den Vorgesetzten statisch festgelegte zeitliche Arbeitsabläufe, Zeitfolgen und Abgabetermine haben die Mitarbeiter der Spielend Lernen GmbH die Möglichkeit, ihre Arbeitszeit völlig eigenständig einzuteilen.

Lösung s. Seite 167

Aufgabe 61: Organisationsanlässe

In Unternehmen gibt es verschiedene Gründe, die eine Neu- oder Reorganisation erforderlich machen. Bitte ordnen Sie die beschriebenen Situationen den Organisationsanlässen **Neuorganisation** und **Reorganisation** zu.

1. Fabian Fröhlich gründet mit einem Geschäftspartner ein weiteres Unternehmen.
2. Die Spielend Lernen GmbH wächst, sie bietet immer mehr Mitarbeitern Arbeitsplätze.
3. In der Spielend Lernen GmbH werden technische Neuerungen vorgestellt, bisherige Schwachstellen im Produktionsprozess sollen beseitigt werden.
4. Die Spielend Lernen GmbH errichtet eine Filiale in der Dortmunder Innenstadt.

Lösung s. Seite 167

Aufgabe 62: Aufbauorganisation

In der Spielend Lernen GmbH sollen einige Strukturen neu organisiert werden. Geschäftsführer Fabian Fröhlich und Personalleiter Florian König besprechen die Änderungen.

Welcher Punkt ist der Aufbauorganisation zuzuordnen?
1. Zukünftig soll in der Spielend Lernen GmbH Gleitzeit möglich sein.
2. Zukünftig soll es eine eigene Abteilung für Marketingmaßnahmen in der Spielend Lernen GmbH geben.
3. Die Transportwege von der Produktionshalle zu den Verkaufsräumen sollen kürzer gestaltet werden.
4. Für die bestehenden Stellen in der Spielend Lernen GmbH wird überprüft, welche Aufgaben die Arbeit jeweils beinhaltet.
5. Die Auszubildende Vanessa Davidson erhält den Arbeitsauftrag, die Besprechungspunkte in einem Protokoll festzuhalten.

Lösung s. Seite 168

Aufgabe 63: Ablauforganisation

In der Spielend Lernen GmbH sollen einige Strukturen neu organisiert werden. Geschäftsführer Fabian Fröhlich und Personalleiter Florian König besprechen die Änderungen.

Welche Änderung ist nicht der Ablauforganisation zuzuordnen?
1. Die Durchlaufzeiten der Kundenaufträge sollen beschleunigt werden.
2. Es wird festgelegt, dass Heinrich Weiß grundsätzlich für die Warenannahme zuständig ist.
3. In der Spielend Lernen GmbH werden drei neue Stellen gebildet.
4. Die Transportwege vom Lager zur Produktionshalle sollen kürzer gestaltet werden.
5. In der Spielend Lernen GmbH sollen die Arbeitnehmer zukünftig durch eine Gleitzeitregelung selbst über Arbeitsbeginn und Arbeitsende bestimmen können.

Lösung s. Seite 169

Aufgabe 64: Ausführende Stelle, Instanz und Stabsstelle

Ordnen Sie den drei Beispielen jeweils einen Begriff zu:

Ausführende Stelle/Instanz/Stabsstelle

1. Der Personalleiter Florian König gibt der Auszubildenden Vanessa Davidson Anweisungen, sie übernimmt die Personalplanung sowie die Bewerbungsvorgänge und er stellt neue Mitarbeiter ein.
2. Frau Maier räumt die Regale in den Verkaufsräumen der Spielend Lernen GmbH ein, sie verkauft den Kunden die Produkte des Unternehmens und berät sie, wenn sie Fragen haben.
3. Lena Große ist in der Rechtsabteilung der Spielend Lernen GmbH beschäftigt, ihre Hauptaufgabe ist es, Geschäftsführer Fabian Fröhlich in sämtlichen Rechtsfragen zu beraten.

Lösung s. Seite 169

Aufgabe 65: Organisation, Disposition und Improvisation

Der Auszubildende Martin Schmidt ist in der vergangenen Woche krankheitsbedingt dem Berufsschulunterricht ferngeblieben. Von Ihnen hat er erfahren, dass das Thema „Betriebsorganisation" begonnen wurde. Da er den verpassten Unterrichtsstoff nachholen möchte, bittet er Sie um Ihre Mithilfe.

a) Welche Definition beschreibt den Begriff „Organisation"?
   1. Organisation bedeutet, dass Aufgaben von demjenigen erledigt werden, der am meisten Zeit zur Verfügung hat.
   2. Organisation bedeutet, dass Aufgaben grundsätzlich gar nicht verteilt werden, sondern jeder Mitarbeiter des Unternehmens frei entscheiden darf, ob er gerade Aufgaben übernehmen möchte und in welcher Abteilung.
   3. Der Begriff „Organisation" bezieht sich nur auf die Pausenzeiten in Unternehmen und besagt, dass diese den gesetzlichen Regelungen entsprechen müssen.
   4. Der Begriff „Organisation" bedeutet, dass ein Unternehmen sogenannte Organe (= Mitarbeiter) haben muss.
   5. Organisation bedeutet, dass Aufgaben funktional verteilt sind/werden. Anfallende Aufgaben werden auf verschiedene Personen/Gruppen verteilt.

b) Ordnen Sie die Situationen den nachfolgenden Begriffen zu:
   Begriffe:
   - **Organisation**
   - **Disposition**
   - **Improvisation.**

1. In der Spielend Lernen GmbH bestehen langfristige, seit Jahren festgelegte Regelungen für die Einreichung der Urlaubsanträge sowie die Urlaubsplanung der Mitarbeiter insgesamt.
2. Bei einem plötzlichen, heftigen Sturm während der Geschäftszeiten wird das Dach der Spielend Lernen GmbH beschädigt. Wasser gelangt in die Verkaufsräume und droht, weiteren Schaden anzurichten. Die Mitarbeiter entscheiden sich spontan, alle Waren, die nass werden könnten, kurzfristig an anderen Stellen des Verkaufsraums zu platzieren.
3. Die Räumlichkeiten der Spielend Lernen GmbH sollen schon seit Längerem renoviert und saniert werden. Nun sollen die Arbeiten im Büro des Ausbilders Bernd Jung beginnen, die Renovierung wird etwa drei Monate dauern. Es wird festgelegt, dass Herr Jung während dieser Zeit im Fall einer notwendigen Unterweisung seiner Auszubildenden den Besprechungsraum Nr. 3 nutzen soll.

c) Welchen Vorteil hat die Spielend Lernen GmbH durch eine gute Organisation des Unternehmens?
1. Demotivation der Mitarbeiter durch fehlenden Entscheidungsspielraum
2. Kostenersparnis durch dauerhaft verringerten Planungsaufwand
3. Die Flexibilität der Mitarbeiter wird eingeschränkt.
4. Besondere Ereignisse werden nicht berücksichtigt.
5. Organisation kann zu Kreativitätshemmnissen führen.

d) Welches ist kein Vorteil einer guten Organisation für die Spielend Lernen GmbH?
1. Der Betriebsablauf kann reibungslos funktionieren und ist übersichtlich.
2. Vorgaben und Regelungen erleichtern die Einarbeitung neuer Mitarbeiter.
3. Ständige Arbeitsanweisungen entfallen durch Festlegung bestimmter Arbeitsschritte.
4. Eingeschränkte Entscheidungsspielräume der Mitarbeiter wirken demotivierend.
5. Sicherung der Qualität und der Stabilität.

Lösung s. Seite 170

Aufgabe 66: Vollmachten

Fabian Fröhlich, Geschäftsführer der Spielend Lernen GmbH, möchte dem Personalleiter Florian König eine erweiterte Vollmacht erteilen, um ihm umfassende Handlungen zu ermöglichen, und überlegt, welche Vollmacht infrage kommt. Er entschließt sich, ihn als Prokuristen einzusetzen.

a) Prüfen Sie bitte den Sachverhalt auf Richtigkeit.
1. Als Geschäftsführer der Spielend Lernen GmbH ist Fabian Fröhlich nicht berechtigt, Florian König Prokura zu erteilen.
2. Die Prokura von Florian König muss nicht ins Handelsregister eingetragen werden.

3. Eine einmal erteilte Prokura gilt für den Erteilten auf Lebenszeit.
4. Als Prokurist darf Florian König Inventar und Bilanz unterschreiben.
5. Die Prokura von Florian König beginnt im Innenverhältnis mit ausdrücklicher Erklärung, im Außenverhältnis mit Eintragung ins Handelsregister.

b) Bevor er Florian König Prokura erteilt, vergleicht Fabian Fröhlich die Prokura mit der Handlungsvollmacht.

Worin besteht eine Gemeinsamkeit von Prokura und Handlungsvollmacht?

1. Beide erhalten einen das jeweilige Vollmachtsverhältnis ausdrückenden Zusatz zur Unterzeichnung.
2. Beide müssen in das Handelsregister eingetragen werden.
3. Bei beiden ist keine Beschränkung des Umfangs möglich.
4. Bei beiden genügt eine stillschweigende Willenserklärung (stillschweigendes Einvernehmen) zur Erteilung aus.
5. Beide können nur von einem Kaufmann erteilt werden.

Lösung s. Seite 172

Aufgabe 67: Leitungssysteme

Der Geschäftsführer der Spielend Lernen GmbH Fabian Fröhlich findet, dass die Strukturen und Weisungsbefugnisse innerhalb der Spielend Lernen GmbH allen Mitarbeitern verständlich sein sollen. In der Vergangenheit gab es Probleme, welchem Mitarbeiter welche Aufgabe zugeordnet werden sollte und welche Mitarbeiter welchen Vorgesetzten gegenüber weisungsgebunden waren. Aus diesem Grund beauftragt Herr Fröhlich Sie, für einzelne Abteilungen der Spielend Lernen GmbH die Weisungsbefugnisse zu verdeutlichen und den Mitarbeitern die in der Spielend Lernen GmbH angewandten Leitungssysteme näherzubringen.

a) Ordnen Sie den Begriffen die nachfolgend dargestellten Leitungssysteme zu:

▸ Matrixorganisation

▸ Einliniensystem

▸ Stabliniensystem

▸ Mehrliniensystem.

1.
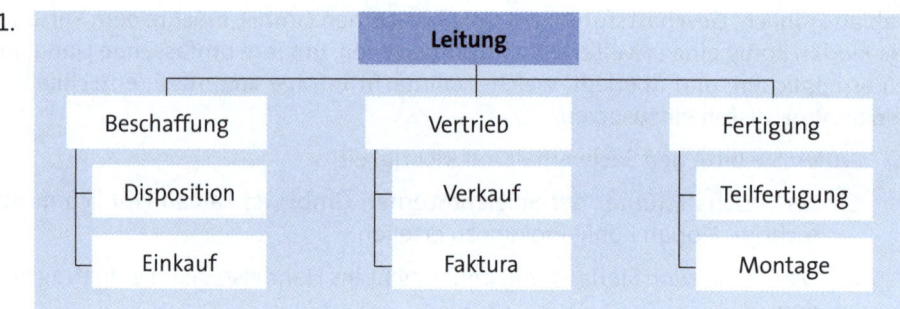

2.
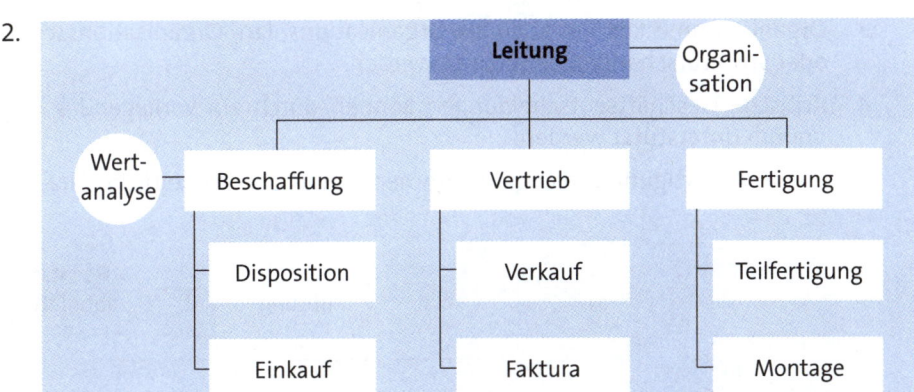

3.
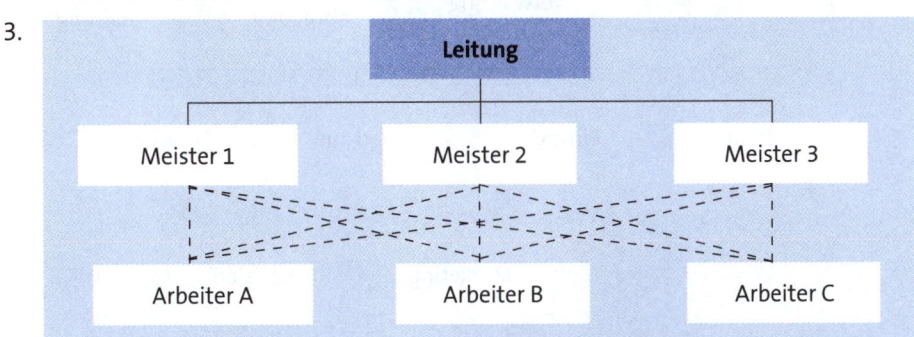

4.
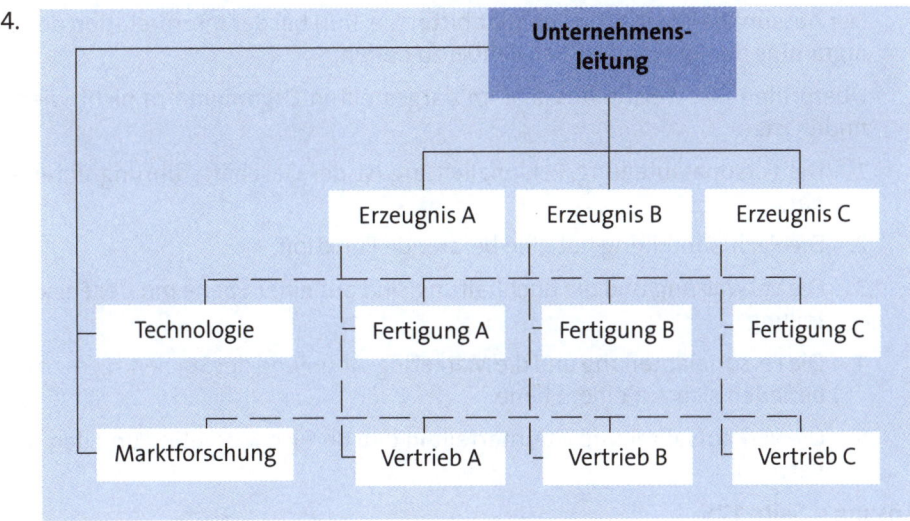

b) Sie unterhalten sich mit dem Auszubildenden Martin Schmidt über den Sinn von Organigrammen. Mit welcher Aussage hat er unrecht?

1. Der Informationsaustausch im Unternehmen kann anhand eines Organigramms effizient gestaltet werden.
2. Hierarchische Strukturen sind anhand eines Organigramms leicht zu erkennen.

3. Organigramme können auch als Organisationsplan, Organisationsschaubild oder Strukturschaubild bezeichnet werden.
4. Kritische Geschäftsentscheidungen können durch ein vorliegendes Organigramm unterstützt werden.
5. Für die Anfertigung von Organigrammen gibt es eine einheitliche DIN-Norm.

c)
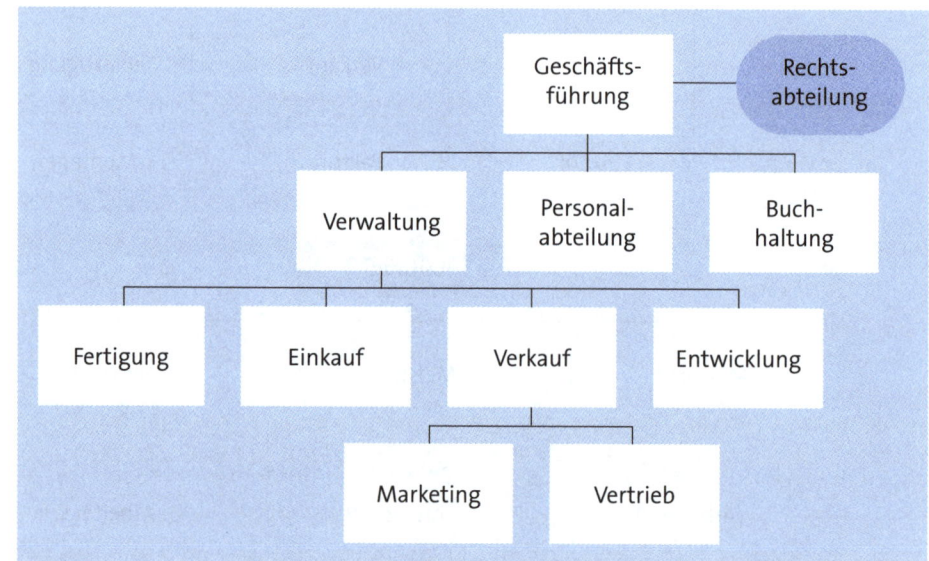

Der Auszubildende Martin Schmidt bittet Sie, ihm bei der Interpretation des Organigramms der Spielend Lernen GmbH zu helfen.

Überprüfen Sie, welche Aussage im dargestellten Organigramm nicht wiederzufinden ist.

1. Die Personalabteilung/Personalleitung ist der Geschäftsführung untergeordnet.
2. Die Rechtsabteilung hat eine beratende Funktion.
3. Die Verwaltung und die Buchhaltung sind auf einer Ebene mit der Personalabteilung.
4. Die Personalabteilung und die Marketing-Abteilung der Spielend Lernen GmbH befinden sich auf einer Ebene.
5. Die Verkaufsabteilung ist unterteilt in den Bereich Marketing und den Bereich Vertrieb.

Lösung s. Seite 175

Situation zu Aufgabe 68 bis 76:
Geschäftsführer Fabian Fröhlich und Personalleiter Florian König überlegen, die Organisationsstruktur der Spielend Lernen GmbH neu aufzustellen. Da das Unternehmen in den letzten Jahren einen hohen Personalzuwachs verzeichnen konnte und einige Abteilungen neu gegründet sowie Teilbereiche ausgegliedert wurden, soll eine Bespre-

chung zum Thema „Organisationsmöglichkeiten unseres Unternehmens" stattfinden. Die beiden bitten Sie, im Vorfeld der Besprechung einige Unterlagen, Informationen und Argumente zusammenzustellen.

Aufgabe 68: Linienorganisation

Welches System kommt bei der Neuordnung der Spielend Lernen GmbH als Linienorganisation nicht infrage?

1. Stabliniensystem
2. Einliniensystem
3. Funktionssystem
4. Mehrliniensystem
5. Abmahnsystem.

Lösung s. Seite 176

Aufgabe 69: Vor- und Nachteile der Linienorganisation

Welche Aussage ist ein Nachteil der Linienorganisation?

1. Das Stabliniensystem entlastet Linieninstanzen und Vorgesetzte, es findet eine klare Kompetenzabgrenzung statt.
2. Im Mehrliniensystem sind mehrere Personen weisungsbefugt, Fehlerzuweisung gestaltet sich kompliziert.
3. Im Mehrliniensystem sind die Informationswege kurz und die Mitarbeiter können besser kontrolliert werden.
4. Das Einliniensystem bietet klare Wege und somit klare Entscheidungsinstanzen.
5. Im Stabliniensystem ist Spezialwissen zugänglich.

Lösung s. Seite 176

Aufgabe 70: Einliniensystem

Florian König spricht sich gegen ein Einliniensystem als neue Organisationsstruktur aus und begründet seine Meinung umfassend. Mit welchem seiner Gründe liegt er falsch?

1. Bei einem Einliniensystem dauern die Wege zu lang, je mehr Organisationsebenen, desto länger der Weg.
2. Ein Einliniensystem ist für ein großes Unternehmen ungeeignet.
3. Bei einem Einliniensystem gibt es keine klaren Entscheidungsinstanzen.
4. Bei einem Einliniensystem besteht das Risiko des „Stille-Post-Problems".
5. Bei einem Einliniensystem können Entscheidungsträger überlastet werden, wenn jede Entscheidung von Ihnen bestätigt werden muss.

Lösung s. Seite 177

Aufgabe 71: Vor- und Nachteile des Einliniensystems

Um abzuwägen, ob das Einliniensystem für die Spielend Lernen GmbH infrage kommt, überprüfen Sie die aufgelisteten Vor- und Nachteile des Einliniensystems. Welcher Punkt betrifft nicht die Organisation in einer Linie?

1. Das Einliniensystem verbindet Funktionen und Objekte miteinander.
2. Im Einliniensystem existieren eindeutige Wege.
3. Das Einliniensystem verfügt über klare Entscheidungsinstanzen.
4. Im Einliniensystem kann ein Weg sehr lang dauern.
5. Das Einliniensystem ist für große Unternehmen ungeeignet.

Lösung s. Seite 177

Aufgabe 72: Mehrliniensystem

Sie sollen anhand einer Skizze zeigen, worin sich die einzelnen Organisationssysteme unterscheiden. Sie bereiten die folgenden Skizzen vor:

1.
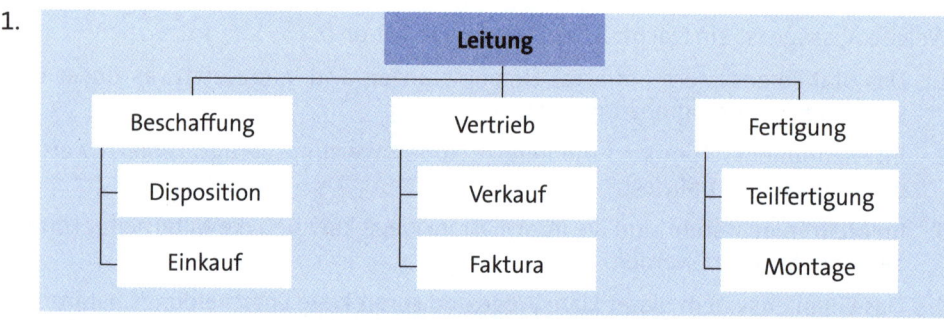

2.
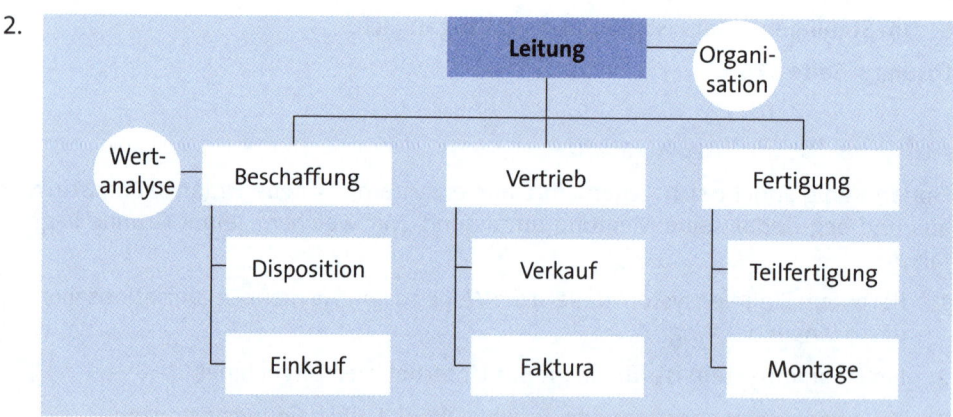

3.
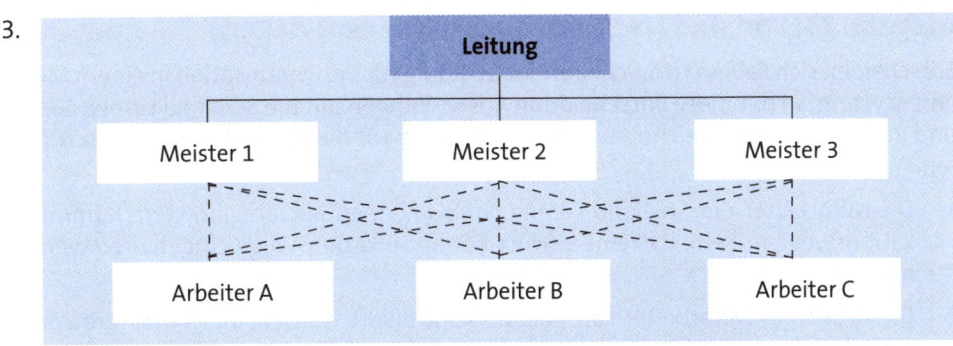

4.
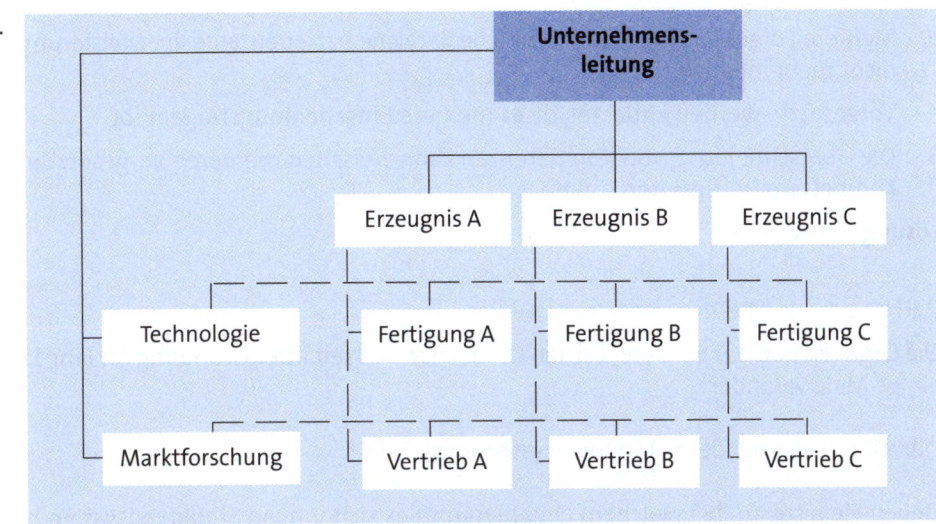

5.
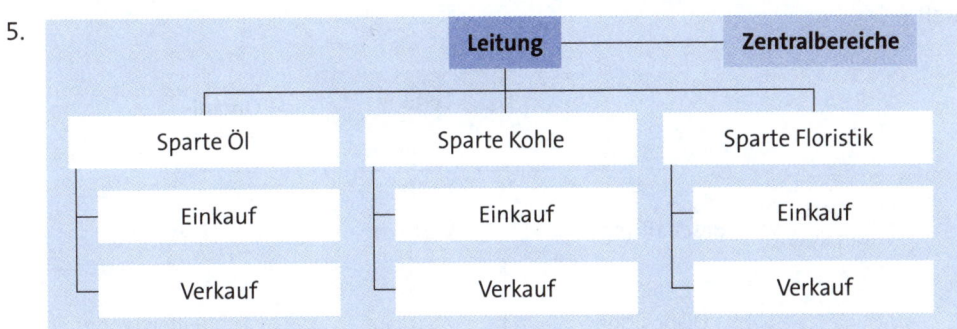

Geben Sie bitte an, bei welcher Skizze es sich um ein Mehrliniensystem handelt.

Lösung s. Seite 177

Aufgabe 73: Vor- und Nachteile des Mehrliniensystems

Entscheiden sich Fabian Fröhlich und Florian König für die Organisation in einem Mehrliniensystem, so hat diese Entscheidung Auswirkungen auf die Spielend Lernen GmbH und ihre Mitarbeiter. Welche Auswirkung ist nicht auf die Entscheidung zurückzuführen?

1. Die Mitarbeiter der Spielend Lernen GmbH können kürzere, direktere Kommunikationswege nutzen, da keine starren Kommunikationswege eingehalten werden müssen.
2. Die Arbeit der Mitarbeiter kann besser kontrolliert werden, da es mehrere Vorgesetzte gibt.
3. Mehrere Vorgesetzte müssen sämtliche Bereiche betreuen, eine Spezialisierung ist nicht mehr möglich.
4. Vorgesetzte werden entlastet, da es mehrere Entscheidungsträger gibt.
5. Die Überschneidung von Kompetenzen kann zwischen mehreren Vorgesetzten zu Kompetenzstreitigkeiten führen.

Lösung s. Seite 177

Aufgabe 74: Stablinienorganisation

Die Organisation der Spielend Lernen GmbH hat sich seit ihrer Gründung im Jahr 1985 einige Male verändert.

Derzeit ist Sie nach dem Stabliniensystem organisiert.

Geben Sie bitte an, bei welchem Organigramm es sich um ein Stabliniensystem handelt.

1.
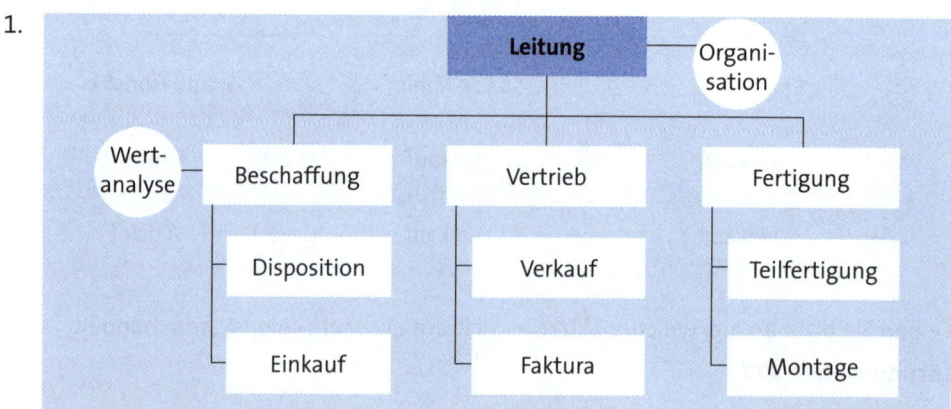

2.
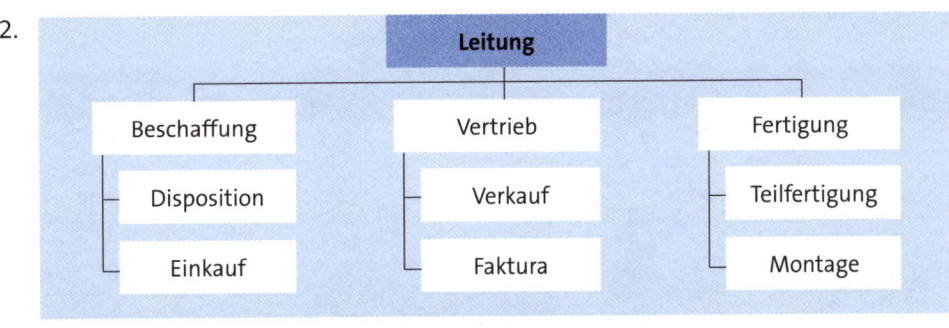

3.
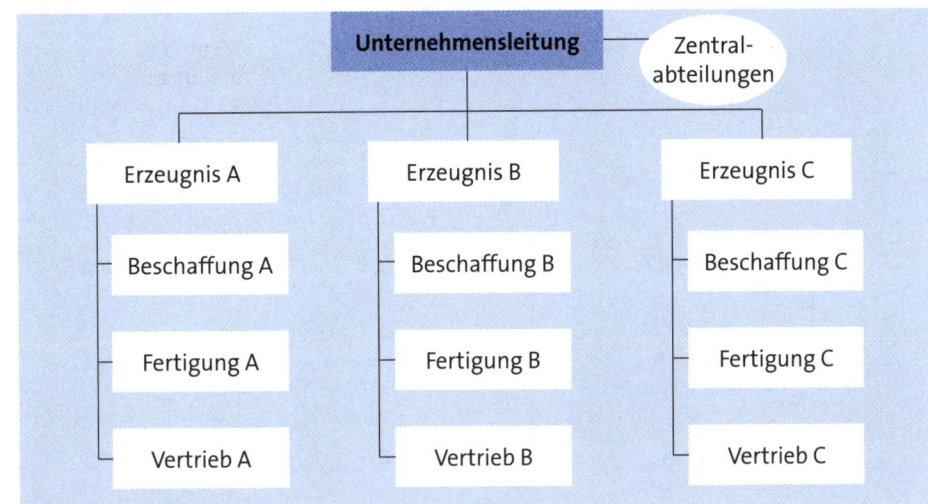

Lösung s. Seite 177

Aufgabe 75: Spartenorganisation

Florian König überlegt, die Organisation der Spielend Lernen GmbH nach Sparten aufzuteilen. Welches Organigramm entspricht der Spartenorganisation?

1.
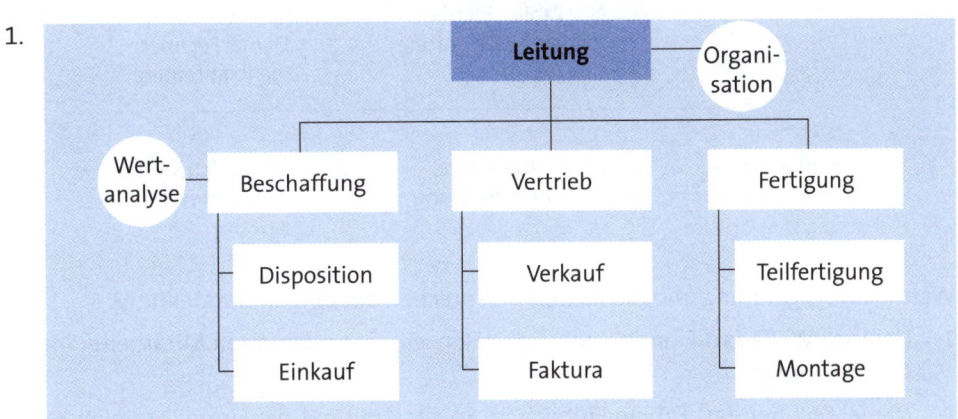

2.

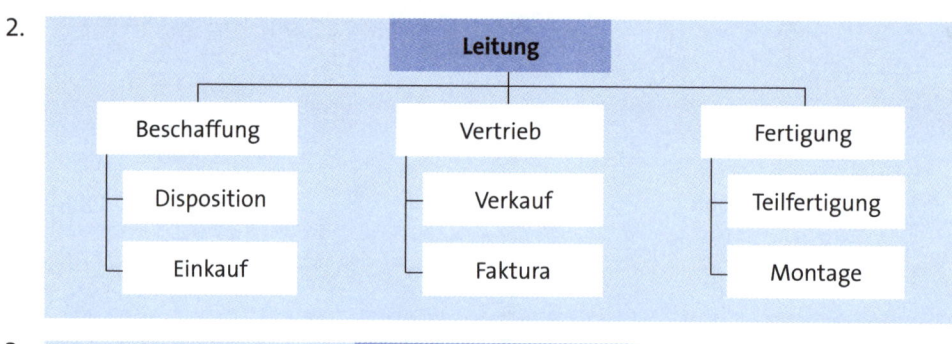

3.

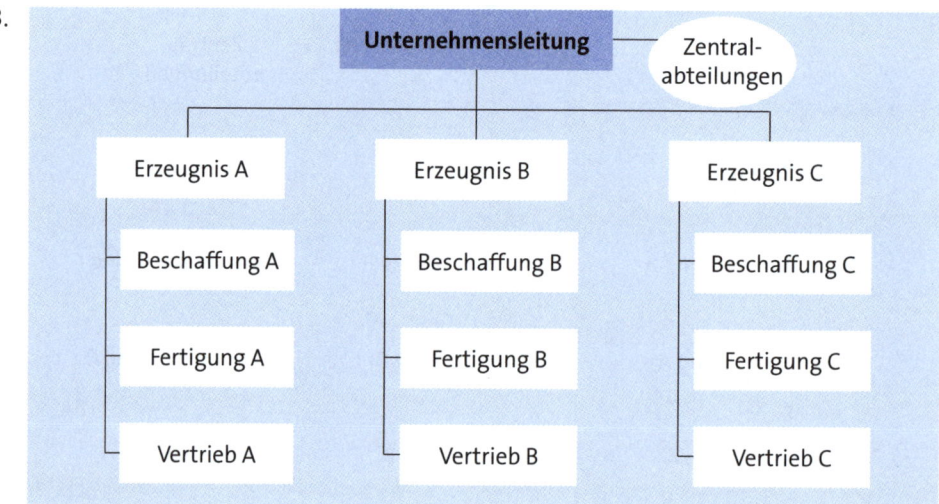

Lösung s. Seite 177

Aufgabe 76: Organigramm

Sie finden im internen Netzwerk folgendes Organigramm:

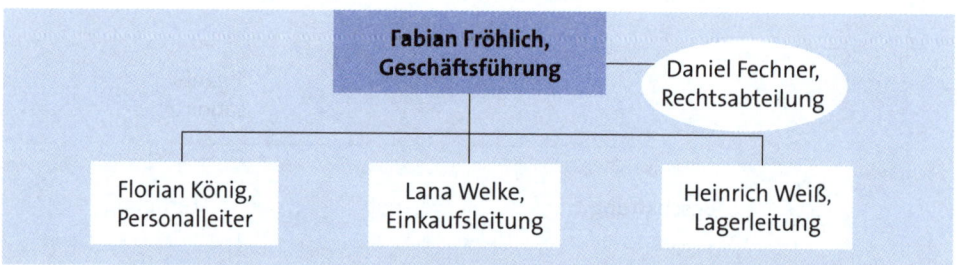

Welche zwei Handlungsmöglichkeiten entsprechen der obigen Darstellung?

1. Heinrich Weiß darf Florian König anweisen, einem bestimmten Mitarbeiter im Lager zu kündigen.
2. Daniel Fechner darf Fabian Fröhlich im Rechtsstreit mit der Firma Demolier KG zu seinen nächsten möglichen Schritten beraten.

3. Fabian Fröhlich darf Florian König anweisen, für die neu zu gründende Marketingabteilung drei neue Mitarbeiter einzustellen.
4. Lana Welke kann Heinrich Weiß anweisen, welche Mitarbeiter er im Lager einzusetzen hat.
5. Florian König kann Fabian Fröhlich anweisen, wie viele neue Mitarbeiter er zum kommenden Monat einstellen soll.

Lösung s. Seite 178

Aufgabe 77: Projektorganisation

Ihr Vorgesetzter gibt Ihnen die Aufgabe, gemeinsam mit den anderen Auszubildenden der Spielend Lernen GmbH ein eigenes Azubi-Projekt durchzuführen. Ein Projekt liegt immer dann vor, wenn es besondere Merkmale aufweist.

Welche Eigenschaft entspricht dem nicht?
1. Ein Projekt ist in seiner Sache einmalig.
2. Die Umsetzung eines Projekts dient einem zuvor definierten Ziel.
3. Für ein Projekt und dessen Dauer gilt ein besonderer zeitlicher, finanzieller und personeller Rahmen.
4. Ein Projekt ist den täglichen Routinearbeiten zuzuordnen und innerhalb dieser zu realisieren.
5. Das Projekt bedarf zur Umsetzung einer spezifischen Organisation.

Lösung s. Seite 178

Aufgabe 78: Projektverlauf

Fabian Fröhlich beauftragt alle Auszubildenden der Spielend Lernen GmbH mit einem gemeinsamen Azubi-Projekt. Bringen Sie bitte die einzelnen Phasen des Projekts „Azubi-Website" in die richtige Reihenfolge.

1. Vanessa Davidson erstellt Texte für die Website, Martin Schmidt macht Fotos für die Website, Markus Dever meldet die Internet-Adresse an und lädt die erstellten Daten hoch.
2. Die Azubi-Website wird der Geschäftsführung der Spielend Lernen GmbH vorgestellt.
3. Für das Projekt „Azubi-Website" werden Rahmenbedingungen definiert.
4. Gemeinsam kontrollieren die zuständigen Auszubildenden ihre Arbeit und die Umsetzung des Projekts.
5. Einzelne Schritte für das Erstellen der Website, das Erstellen der Inhalte sowie Zuständigkeiten werden geplant und verteilt.

Lösung s. Seite 178

Aufgabe 79: Arbeits- und Geschäftsprozesse

In der Spielend Lernen GmbH fallen täglich Arbeits- und Geschäftsprozesse unterschiedlichster Art an.

Bringen Sie bitte die nachfolgende Prozesskette in die richtige Reihenfolge.

1. Ein Kunde holt zuvor bestellte Ware bei der Spielend Lernen GmbH ab und bezahlt die Ware vor Ort.
2. Ein Kunde bestellt telefonisch Ware bei Herrn Hahne im Verkauf.
3. Der unterzeichnete Lieferschein wird der als bezahlt markierten Rechnung zugeordnet, die bezahlte Rechnung wird in der Buchhaltung bearbeitet.
4. Die Bestellung eines Kunden wird im Lager zur Abholung vorbereitet.
5. Herr Hahne nimmt den Auftrag eines Kunden auf und gibt diesen zur Zusammenstellung ins Lager weiter.

Lösung s. Seite 178

Aufgabe 80: Ablaufdiagramm interpretieren

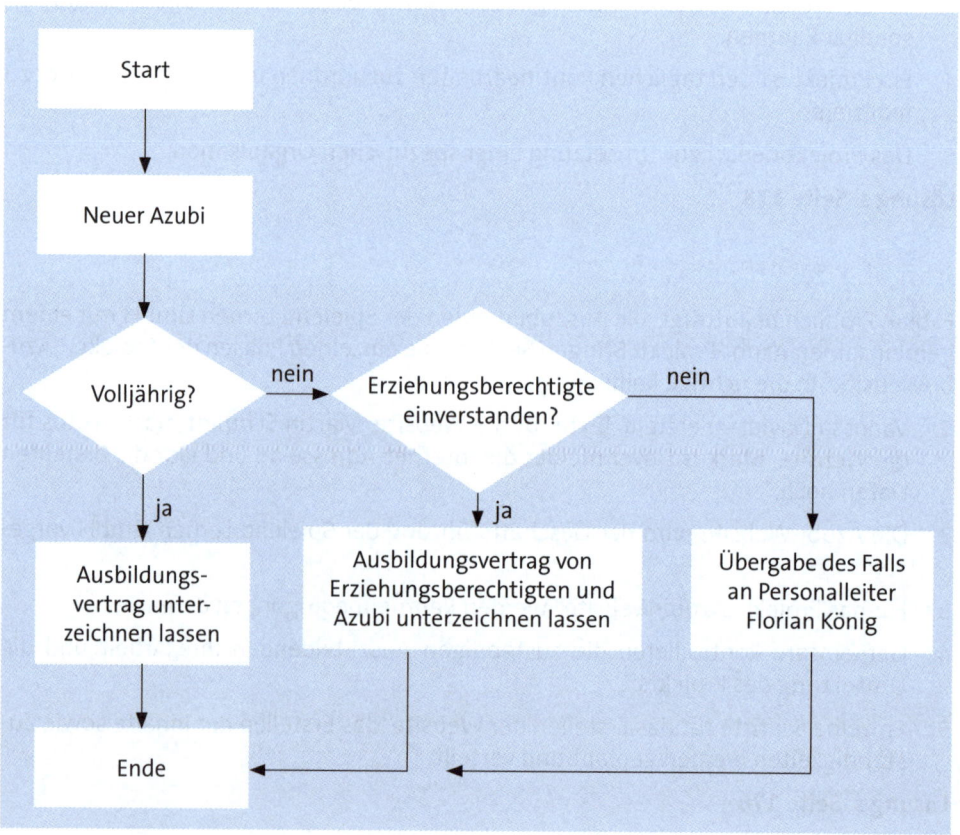

Sie sind in der Personalabteilung eingesetzt und sollen die Unterzeichnung der Ausbildungsverträge mit den neuen Auszubildenden vorbereiten.

Welcher Punkt entspricht nicht Ihrer Vorgehensweise gemäß obigem Ablaufdiagramm?

1. Ist der Auszubildende volljährig, lassen Sie ihn den Ausbildungsvertrag ohne Zustimmung seiner Erziehungsberechtigten unterzeichnen.
2. Hat der Auszubildende das 18. Lebensjahr nicht vollendet, prüfen Sie die Zustimmung seiner Erziehungsberechtigten.
3. Liegt die Zustimmung der Erziehungsberechtigten zum Ausbildungsverhältnis nicht vor, übergeben Sie den Fall an Personalleiter Florian König.
4. Hat der Auszubildende das 18. Lebensjahr nicht vollendet, lassen Sie ihn den Ausbildungsvertrag ohne Zustimmung seiner Erziehungsberechtigten unterzeichnen.
5. Liegt die Zustimmung der Erziehungsberechtigten zum Ausbildungsverhältnis vor, lassen Sie den minderjährigen Auszubildenden und seine Erziehungsberechtigten den Ausbildungsvertrag unterzeichnen.

Lösung s. Seite 179

Aufgabe 81: Ablaufplanung, Pufferzeiten

Die Spielend Lernen GmbH möchte ihr Sortiment um ein neues Produkt erweitern. Dieses Produkt soll im eigenen Haus angefertigt werden, und es soll eine Veranstaltung organisiert werden, bei der insbesondere die angestellten Verkäufer und Außendienstmitarbeiter der Spielend Lernen GmbH über das neue Produkt und deren Eigenschaften informiert werden sollen, um die Kunden später umfassend informieren und Fragen beantworten zu können. Lana Welke händigt Ihnen die folgenden Unterlagen aus:

Einführung des neuen Produkts am Donnerstag, 03.06.20..	
10:00 - 10:15 Uhr	Empfang der eingeladenen Mitarbeiter in Konferenzraum 2
10:15 - 10:30 Uhr	Begrüßung, Einleitung, Vorstellung des Ablaufs
10:30 - 12:00 Uhr	Vorstellung des neuen Produkts, Erklärung der Funktionsweise, Erläuterung der Alterseignung
12:00 - 13:15 Uhr	Gemeinsames Mittagessen mit den Mitarbeitern
13:15 - 13:30 Uhr	Wiedereinfinden in Konferenzraum 2
13:30 - 14:30 Uhr	Mitarbeiter testen das Produkt, Beantworten auftretender Fragen
14:30 - 15:00 Uhr	Als Pufferzeit nutzbar
15:00 - 15:10 Uhr	Pause
15:10 - 16:00 Uhr	Simulierte Verkaufsgespräche für das neue Produkt
16:00 - 17:30 Uhr	Auswertung der simulierten Verkaufsgespräche anhand einer Videoanalyse und Ergebnisbesprechung
17:30 - 18:30 Uhr	Als Pufferzeit nutzbar

Beurteilen Sie die vorliegende Planung. Welcher Aussage können Sie nicht zustimmen?

1. Die Mitarbeiter der Spielend Lernen GmbH sollten so ausführlich wie möglich über das Produkt informiert werden, damit sie sämtliche Fragen der Kunden zu einem späteren Zeitpunkt beantworten können.
2. Besonders die eingeplante Pufferzeit am Ende der Veranstaltung zieht die gesamte Produktvorstellung unnötig in die Länge.
3. Beim Ausfall eines technischen Geräts kann die Zeit, in der ein Ersatz beschafft werden muss, durch Pufferzeit aufgefangen werden.
4. Einen zeitlichen Puffer nach der Mittagspause einzulegen, wäre sinnvoll, da die geplante Zeit für das gemeinsame Mittagessen ggf. überdehnt wird und eine umfängliche Durchführung der Veranstaltung dennoch gewährleistet werden sollte.
5. Bei den Mitarbeitern können sich im Rahmen der Produktvorstellung Fragen ergeben, die besprochen werden müssen und ggf. mehr Zeit einnehmen als geplant.

Lösung s. Seite 179

Aufgabe 82: Ereignisgesteuerte Prozesskette interpretieren

Für die Auftragsannahme in der Spielend Lernen GmbH sind einzelne Schritte vorgegeben, an denen Sie sich bei Eingang eines Kundenauftrags orientieren sollen.

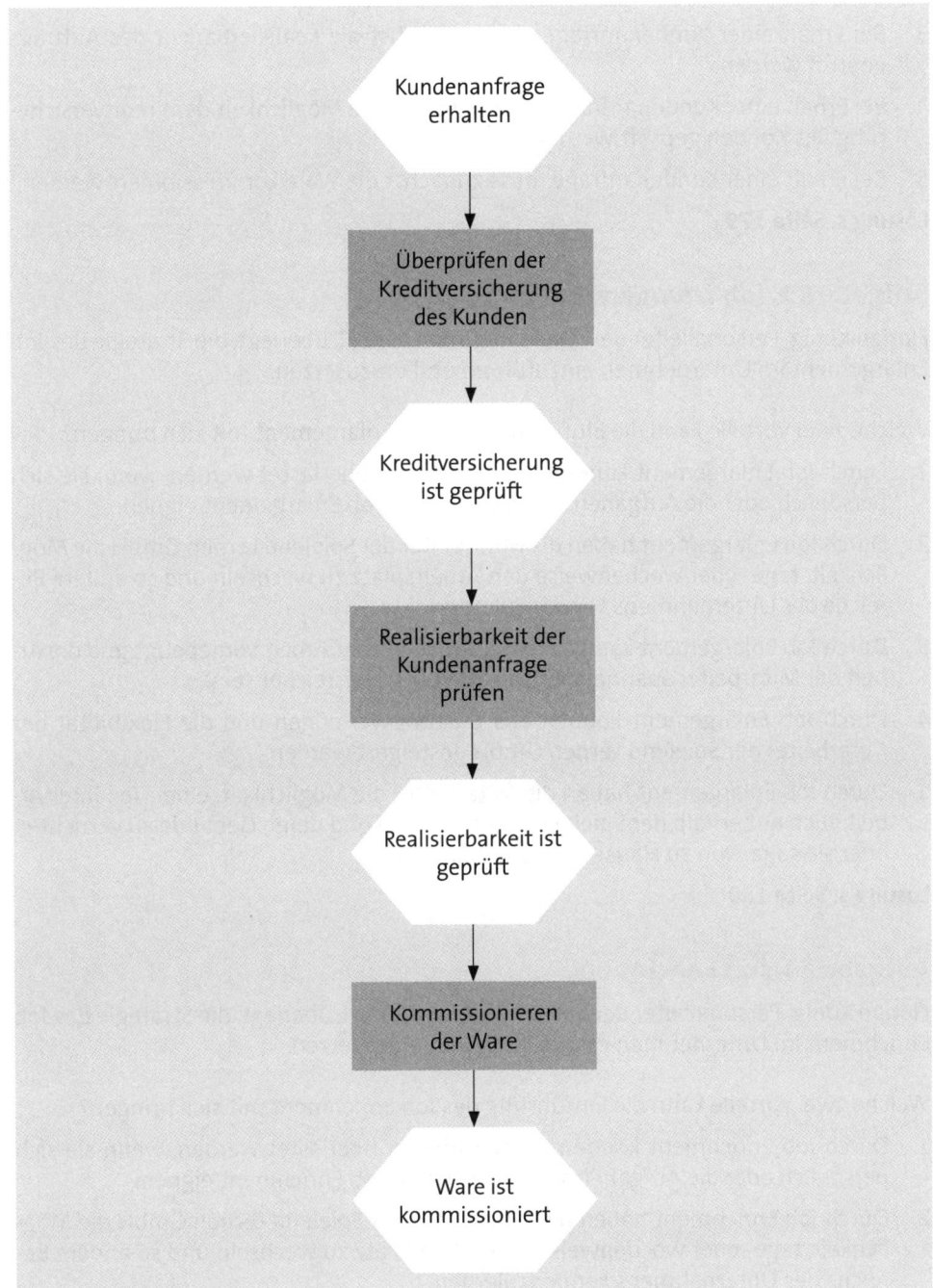

Welche zwei Aussagen gelten für die Auftragsbearbeitung in der Spielend Lernen GmbH?

1. Ereignisse werden als Rechtecke mit abgerundeten Ecken dargestellt.
2. Ereignisse werden als Sechsecke dargestellt.
3. Bei Erhalt einer Kundenanfrage muss zunächst die Realisierbarkeit des Auftrags geprüft werden.
4. Bei Erhalt einer Kundenanfrage muss zunächst die Möglichkeit der Kreditversicherung des Kunden geprüft werden.
5. Bei Erhalt einer Kundenanfrage muss zunächst die Ware kommissioniert werden.

Lösung s. Seite 179

Aufgabe 83: Job Enlargement

Florian König, Personalleiter der Spielend Lernen GmbH, überlegt, die Strategie des Job Enlargement im Unternehmen einzuführen und umzusetzen.

Welche zwei Vorteile kann die Einführung des Job Enlargement mit sich bringen?

1. Durch Job Enlargement können die Mitarbeiter überlastet werden, wenn sie sich persönlich oder die Aufgaben sich nicht für ein Job Enlargement eignen.
2. Durch Job Enlargement haben die Mitarbeiter der Spielend Lernen GmbH die Möglichkeit, tage- oder wochenweise den Arbeitsplatz zu wechseln und so andere Bereiche des Unternehmens kennenzulernen.
3. Durch Job Enlargement kann der Monotonie bei der Arbeit vorgebeugt und die Arbeit der Mitarbeiter spannender und abwechslungsreicher sein.
4. Durch Job Enlargement können das Leistungsvermögen und die Flexibilität der Mitarbeiter der Spielend Lernen GmbH gesteigert werden.
5. Durch Job Enlargement haben die Mitarbeiter die Möglichkeit, einen Teil ihrer Arbeit auch außerhalb der Spielend Lernen GmbH und deren Gebäude zu verrichten oder sie sogar von zu Hause aus zu erledigen.

Lösung s. Seite 180

Aufgabe 84: Job Enrichment

Florian König, Personalleiter der Spielend Lernen GmbH, überlegt, die Strategie des Job Enrichment im Unternehmen einzuführen und umzusetzen.

Welche zwei Vorteile kann die Einführung des Job Enrichment mit sich bringen?

1. Durch Job Enrichment können die Mitarbeiter überlastet werden, wenn sie sich persönlich oder die Aufgaben sich nicht für ein Job Enrichment eignen.
2. Durch Job Enrichment haben die Mitarbeiter der Spielend Lernen GmbH die Möglichkeit, tage- oder wochenweise den Arbeitsplatz zu wechseln und so andere Bereiche des Unternehmens kennenzulernen.

3. Durch Job Enrichment kann der Monotonie bei der Arbeit vorgebeugt und die Arbeit der Mitarbeiter spannender und abwechslungsreicher sein.
4. Durch Job Enrichment können die Produktivität, die Kreativität und die Motivation der Mitarbeiter der Spielend Lernen GmbH gesteigert werden.
5. Durch Job Enrichment haben die Mitarbeiter die Möglichkeit, einen Teil ihrer Arbeit auch außerhalb der Spielend Lernen GmbH und deren Gebäude zu verrichten oder sie sogar von zu Hause aus zu erledigen.

Lösung s. Seite 180

Aufgabe 85: Projektarbeit

Ihnen und den anderen Auszubildenden wird das Projekt „Azubi-Schnuppertage" aufgetragen. Innerhalb der Projektgruppe müssen nun die einzelnen Tätigkeiten vergeben werden.

Ordnen Sie den nachfolgenden Projektphasen die jeweilige Aufgabe zu:

- **Phase: Projekt-Definition**
- **Phase: Projekt-Planung**
- **Phase: Projekt-Durchführung**
- **Phase: Projekt-Abschluss.**

1. Die einzelnen Phasen und Fortschritte bei der Umsetzung des Projekts „Azubi-Schnuppertage" werden schriftlich dokumentiert.
2. Die Projekt-Gruppe legt gemeinsam fest, was das Ziel der „Azubi-Schnuppertage" sein soll.
3. Die Projekt-Gruppe reflektiert gemeinsam die Umsetzung des abgeschlossenen Projekts „Azubi-Schnuppertage".
4. Die Projekt-Gruppe erstellt einen Strukturplan und einen Ablaufplan für das Projekt „Azubi-Schnuppertage".

Lösung s. Seite 180

Aufgabe 86: Telearbeit

a) Die Auszubildende Vanessa Davidson hat eine Liste mit Empfehlungen für die Gestaltung der Telearbeit zusammengestellt und bittet Sie um Ihre Meinung.

Welchen Punkt sollte Vanessa Davidson noch einmal überdenken?

1. Nacharbeit sollte bei der Telearbeit vermieden werden.
2. Bei der Telearbeit sollte sich der Mitarbeiter an regelmäßige tägliche Arbeitszeiten halten.
3. Es sollten regelmäßige Pausen eingelegt werden.

4. Bei der Telearbeit sollte an Feiertagen oder im Urlaub weitergearbeitet werden.
5. Stresssymptome beachten und ihnen entgegenwirken.

b) In der Spielend Lernen GmbH wird die Telearbeit für einige Mitarbeiter eingeführt. Welches ist kein Vorteil für die Arbeitnehmer?

1. Verringerung oder Wegfall von Pendelzeiten
2. Direkte Kostenersparnis für Büroflächen
3. Arbeiten nach individuellem Arbeitsrhythmus
4. Herauslösung aus bürokratischen Abläufen im Betrieb
5. Steigerung der Arbeitszufriedenheit.

Lösung s. Seite 180

Aufgabe 87: Job Rotation

In der Spielend Lernen GmbH ist es üblich, dass die Mitarbeiter sich bei personellen Ausfällen oder Engpässen gegenseitig helfen. Die Aufgaben des ausfallenden Mitarbeiters müssen dann von einem anderen übernommen werden können, ohne dass eine umfangreiche Einarbeitung notwendig ist.

Wie kann dies ermöglicht werden?

1. Die Spielend Lernen GmbH strukturiert Aufgaben und Arbeitsbereiche nach dem Prinzip des Job Enrichment.
2. Die Spielend Lernen GmbH strukturiert Aufgaben und Arbeitsbereiche nach dem Prinzip des Job Enlargement.
3. Die Spielend Lernen GmbH strukturiert Aufgaben und Arbeitsbereiche nach dem Prinzip der Job Rotation.
4. Die Spielend Lernen GmbH strukturiert Aufgaben und Arbeitsbereiche nach dem Prinzip der Projektarbeit.
5. Die Spielend Lernen GmbH strukturiert Aufgaben und Arbeitsbereiche nach dem Prinzip der Telearbeit.

Lösung s. Seite 180

2. Produkt- und Dienstleistungsangebot

Aufgabe 1: Unterscheidung von Sach- und Dienstleistungsbetrieb

Auszug aus der Beschreibung des Unternehmens:

Fertigungsprogramm (Auszug)	▶ Mal- und Lerntafeln
	▶ Rechenspiele
	▶ Lernkarten
	▶ Farbenpuzzles, Geopuzzles
	▶ Bilderlexika
	▶ Bunt- und Bleistifte
	▶ Wortschatz- und Buchstabierspiele.
Handelswaren	▶ Lerncomputer
	▶ Bücher mit elektronischen Zeigestiften
	▶ Schulbücher
	▶ CD-Player
	▶ Hörspiele
	▶ Schultaschen, Tornister, Schultüten, Rucksäcke.
Dienstleistungen	▶ Zusammenstellung benötigter Schulbücher
	▶ Beratungen
	▶ Planung und Umsetzung neuer Produkte.

Um was für einen Betrieb handelt es sich bei der Spielend Lernen GmbH?

1. Die Spielend Lernen GmbH ist weder Dienstleistungs- noch Sachleistungsbetrieb.
2. Die Spielend Lernen GmbH ist ein reiner Dienstleistungsbetrieb.
3. Die Spielend Lernen GmbH ist ein reiner Sachleistungsbetrieb.
4. Die Spielend Lernen GmbH ist hauptsächlich ein Sachleistungsbetrieb, bietet aber auch immaterielle Dienste an.
5. Die Spielend Lernen GmbH ist hauptsächlich ein Dienstleistungsbetrieb, bietet aber auch Sachleistungen an.

Lösung s. Seite 182

Aufgabe 2: Leistungsspektrum und Spezialisierung des Ausbildungsbetriebs

Die Spielend Lernen GmbH bietet ihren Kunden sowohl Dienstleistungen als auch Handelswaren an und fertigt einen Teil ihrer Produkte selbst.

2. Produkt- und Dienstleistungsangebot | Aufgaben

Der Fokus der Spezialisierung der Spielend Lernen GmbH liegt dabei auf einem selbst entwickelten Lernspielzeug, das besonders den Kindern in Vor- und Grundschule einen leichten Einstieg ins Lernen bieten soll.

a) Welche Aussage zur Spezialisierung trifft zu?
   1. Als Spezialist für Lernspielzeug hat die Spielend Lernen GmbH viele Mitbewerber.
   2. Als Spezialist für Lernspielzeuge gilt die Spielend Lernen GmbH als absolutes Experten-Unternehmen und hat in diesem Bereich wenige Mitbewerber.
   3. Durch Spezialisierungsmaßnahmen in der Spielend Lernen GmbH werden die Funktionalität und die Produktivität des Unternehmens geschwächt.
   4. Zur Spezialisierung benötigt die Spielend Lernen GmbH keine entsprechende Organisationsstruktur.
   5. Die Spezialisierung der Spielend Lernen GmbH lässt sich schwierig kommunizieren und wirkt inkompetent.

b) Welches ist kein Vorteil einer Spezialisierung für die Spielend Lernen GmbH?
   1. Die Spezialisierung kann dazu führen, dass die Spielend Lernen GmbH hohe Marktanteile oder sogar eine Marktführerschaft realisieren kann.
   2. Die Spezialisierung der Spielend Lernen GmbH führt zu einem höheren Kundennutzen.
   3. Spezialisierung kann durch standardisierte Durchschnittsleistungen individuelle Problemlösungen anbieten.
   4. Durch die Spezialisierung verzeichnet die Spielend Lernen GmbH eine höhere Produktivität und Effektivität.
   5. Durch die Spezialisierung werden der Spielend Lernen GmbH eine höhere Kompetenzerwartung und größeres Vertrauen entgegengebracht.

Lösung s. Seite 182

Aufgabe 3: Wirtschaftssektoren

a) Ordnen Sie bitte den Wirtschaftssektoren ihre Bedeutung zu:
   - **Primärsektor**
   - **Sekundärsektor**
   - **Tertiärer Sektor**
   - **Quartärsektor.**

   1. Industrieller Sektor
   2. Informationssektor
   3. Urproduktion
   4. Dienstleistungssektor.

b) Ordnen Sie bitte den Wirtschaftssektoren die jeweiligen Gewerbetätigkeiten zu:
- **Primärsektor**
- **Sekundärsektor**
- **Tertiärer Sektor**
- **Quartärsektor.**

 1. Unternehmen bieten ihren Kunden Dienstleistungen an
 2. Informationen, Daten und Wissen werden erstellt, verarbeitet und verkauft
 3. Ernte von Getreide und anderen landwirtschaftlichen Erzeugnissen
 4. Verarbeitung von Rohstoffen, Energie- und Wasserversorgung.

Lösung s. Seite 182

Aufgabe 4: Urproduktion und Weiterverarbeitung

Für die Herstellung großer Mengen eines neu entwickelten Produkts benötigt die Spielend Lernen GmbH Holz. Einkaufsleiterin Lana Welke ist bereits mit zwei Betrieben in Verhandlung: dem Forstbetrieb Waldmann GmbH und der Schreinerei Sonnig OHG.

Ordnen Sie die beiden Wirtschaftsbereiche Weiterverarbeitung und Urproduktion den beiden Unternehmen zu.

Lösung s. Seite 184

Aufgabe 5: Güterverteilung und sonstige Dienstleistungen

Für die Herstellung großer Mengen eines neu entwickelten Produkts benötigt die Spielend Lernen GmbH Holz. Einkaufsleiterin Lana Welke ist bereits mit zwei Unternehmen in Verhandlung: der Nordost Bank und der Emsland Holzgroßhandels KG.

Ordnen Sie die beiden Wirtschaftsbereiche Güterverteilung und sonstige Dienstleistungen den beiden Unternehmen zu.

Lösung s. Seite 184

Aufgabe 6: Primärer Sektor

Welche Aussage beschreibt den primären Sektor?
1. Zum primären Sektor zählen Land- und Forstwirtschaft, Fischerei und die Gewinnung von Bodenschätzen.
2. Zum primären Sektor gehört das produzierende Gewerbe, Industrie- sowie manche Handwerksbetriebe.
3. Zum primären Sektor gehört das Verarbeiten von Rohstoffen zu Produkten.

4. Zum primären Sektor gehören Handels- und Dienstleistungsbetriebe.
5. Zum primären Sektor gehören hauptsächlich Dienstleistungsangebote.

Lösung s. Seite 184

Aufgabe 7: Sekundärer Sektor

Welche Aussage beschreibt den sekundären Sektor?

1. Der sekundäre Sektor wird auch als „Urproduktion" bezeichnet.
2. Zum sekundären Sektor gehören die Land- und Forstwirtschaft, die Fischerei und die Gewinnung von Bodenschätzen.
3. Zum sekundären Sektor zählen Industrie, produzierendes Gewerbe sowie Handwerksbetriebe.
4. Im sekundären Sektor werden hauptsächlich Dienstleistungen angeboten.
5. Im sekundären Sektor sind vor allem Ärzte, Dozenten, Banken und Versicherungen tätig.

Lösung s. Seite 184

Aufgabe 8: Tertiärer Sektor

Welche Aussage beschreibt den tertiären Sektor?

1. Der tertiäre Sektor wird auch als „Urproduktion" bezeichnet.
2. Zum tertiären Sektor gehören die Land- und Forstwirtschaft, die Fischerei und die Gewinnung von Bodenschätzen.
3. Zum tertiären Sektor zählen Industrie, produzierendes Gewerbe sowie Handwerksbetriebe.
4. Im tertiären Sektor werden die vom primären Sektor bereitgestellten Rohstoffe zu Produkten verarbeitet.
5. Zum tertiären Sektor gehören Handel und Dienstleistungen, er wird auch als Dienstleistungssektor bezeichnet.

Lösung s. Seite 184

Aufgabe 9: Markt: Angebot und Nachfrage

Die Spielend Lernen GmbH hat ein neues Produkt entwickelt, welches die Lernfähigkeiten von Kindern nach neuesten wissenschaftlichen Erkenntnissen bestmöglich fördert. Vor der Einführung wurde ein Marktforschungsinstitut beauftragt, die Marktsituation zu analysieren.

Abhängig vom Preis wird von folgendem Angebotsvolumen ausgegangen:

Preis in Euro	100,00	115,00	135,00	140,00	155,00	170,00	190,00
Angebot (Stück)	13.000	15.000	17.500	20.000	21.500	23.000	25.000

Abhängig vom Preis wird folgendes Nachfragevolumen erwartet:

Preis in Euro	100,00	115,00	135,00	140,00	155,00	170,00	190,00
Nachfrage (Stück)	10.000	13.000	15.000	20.000	19.000	17.500	14.500

a) Ermitteln Sie den Gleichgewichtspreis für das neue Produkt.
b) Welcher Umsatz kann erwartet werden, wenn die Spielend Lernen GmbH das neue Produkt zu einem Preis von 170 € auf dem Markt etabliert?

Lösung s. Seite 185

Aufgabe 10: Konjunkturlagen berücksichtigen

Leider ist die gesamtwirtschaftliche Konjunkturlage zurzeit nicht besonders gut, viele Betriebe leiden unter der derzeitigen Rezession.

An welchem Merkmal kann die Spielend Lernen GmbH eine positive Veränderung der konjunkturellen Lage erkennen?

1. Anzahl der Fehlzeiten der Mitarbeiter
2. Anzahl der Eingangsrechnungen
3. Anzahl der produzierten Güter
4. Anzahl der Auftragseingänge
5. Wert der zurückzahlbaren Darlehensraten.

Lösung s. Seite 185

Aufgabe 11: Konjunkturverlauf

In Deutschland gibt es verschiedene Konjunkturphasen, deren jeweilige Auswirkungen auch die Spielend Lernen GmbH betreffen. Welche Aussage ist korrekt?

1. Während einer Depression werden neue Arbeitskräfte eingestellt.
2. Während einer Expansion geht die Nachfrage zurück.
3. Während eines Booms verlassen kleine Unternehmen den Markt.

4. Während einer Rezession steigen Löhne, Preise und Zinsen.
5. Während einer Expansion steigt die Arbeitslosigkeit.

Lösung s. Seite 185

Aufgabe 12: Konjunkturzyklus

a)

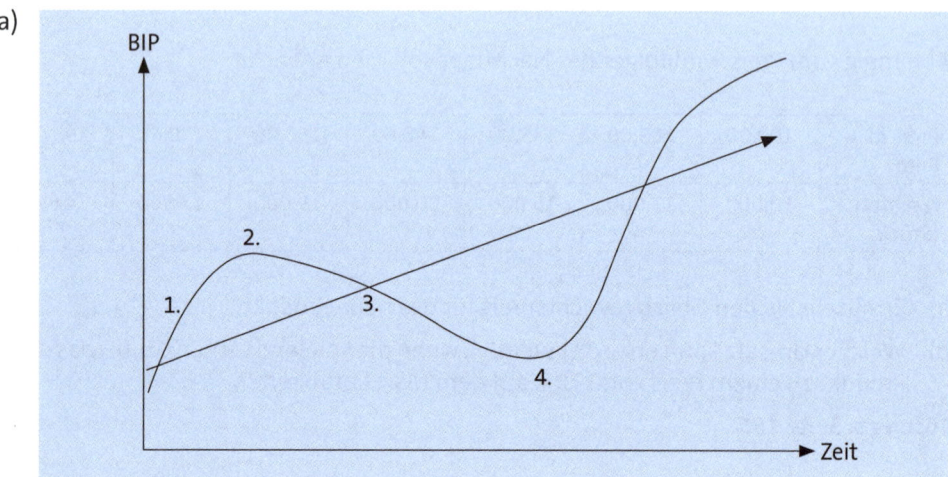

Ihnen liegt obiger Konjunkturverlauf vor. Bitte ordnen Sie den jeweiligen Buchstaben die einzelnen Konjunkturphasen-Bezeichnungen zu.

- Hochkonjunktur/Boom
- Tiefstand/Depression
- Aufschwung/Expansion
- Abschwung/Rezession.

b) Geben Sie bitte an, um welche Konjunkturphase es sich bei 5. handelt.

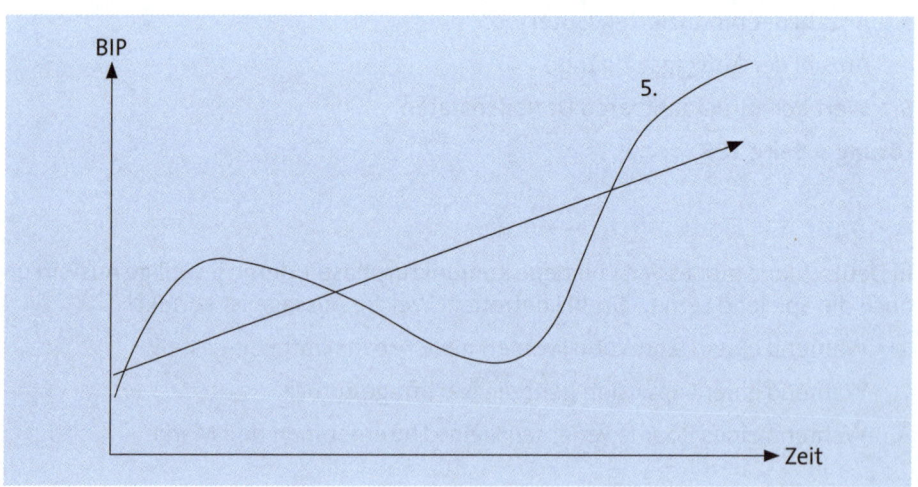

- Expansion/Aufschwung
- Stagnation/Stillstand
- Boom/Höchststand
- Depression/Tiefstand
- Rezession/Abschwung.

Lösung s. Seite 186

Aufgabe 13: Marktpreisbildung

Die Spielend Lernen GmbH hat ein neues Produkt entwickelt. Die Markteinführung ist für das kommende Geschäftsjahr geplant, auch ein Einführungspreis wurde bereits festgelegt. Die Auszubildende Vanessa Davidson ist überzeugt: „Alle werden das neue Produkt lieben. Ich wette, jeder wird es kaufen! Erst recht zu dem Preis!"

Welche drei Aussagen zur Marktpreisbildung sind korrekt?

1. Der Markt ist der Ort, an dem Angebot und Nachfrage aufeinandertreffen.
2. Ein tiefer Preis macht das neue Produkt für viele Käufer erschwinglich.
3. Hat die Spielend Lernen GmbH als einziges Unternehmen am Markt das neue Produkt, so besteht ein Polypol.
4. Der Preis wird dadurch beeinflusst, ob die Spielend Lernen GmbH mit ihrem neuen Produkt viel, wenig oder gar keine Konkurrenz hat.
5. Der Marktpreis wird immer erst innerhalb eines Kartells gebildet, welches für die Preisabsprachen zuständig ist, bevor ein Produkt am Markt eingeführt wird.

Lösung s. Seite 187

Aufgabe 14: Angebotsüberhang und Nachfrageüberhang

Die Spielend Lernen GmbH hat ein neues Produkt entwickelt, welches die Lernfähigkeiten von Kindern nach neuesten wissenschaftlichen Erkenntnissen bestmöglich fördert. Vor der Einführung wurde ein Marktforschungsinstitut beauftragt, die Marktsituation zu analysieren.

Abhängig vom Preis wird von folgendem Angebotsvolumen ausgegangen:

Preis in Euro	100,00	115,00	135,00	140,00	155,00	170,00	190,00
Angebot (Stück)	13.000	14.000	17.500	20.000	21.500	23.000	25.000

Abhängig vom Preis wird folgendes Nachfragevolumen erwartet:

Preis in Euro	100,00	115,00	135,00	140,00	155,00	170,00	190,00
Nachfrage (Stück)	10.000	16.000	15.000	20.000	19.000	17.500	14.500

a) Welche Marktsituation liegt bei einem Stückpreis von 100 € vor?
1. Es liegt ein Angebotsüberhang vor.
2. Es liegt ein Nachfrageüberhang vor.
3. Es liegt ein Marktgleichgewicht vor.
4. Es liegt ein Verkäufermarkt vor.
5. Es liegt ein Marktmonopol vor.

b) Welche Marktsituation liegt bei einem Stückpreis von 115 € vor?
1. Es liegt ein Angebotsüberhang vor.
2. Es liegt ein Nachfrageüberhang vor.
3. Es liegt ein Marktgleichgewicht vor.
4. Es liegt eine Marktrezession vor.
5. Es liegt ein Marktmonopol vor.

Lösung s. Seite 187

Aufgabe 15: Hochpreisstrategie

Die Spielend Lernen GmbH hat ein neues Produkt entwickelt, welches die Lernfähigkeiten von Kindern nach neuesten wissenschaftlichen Erkenntnissen bestmöglich fördert. Vor der Einführung wurde ein Marktforschungsinstitut beauftragt, die Marktsituation zu analysieren.

In der darauffolgenden Besprechung wird festgelegt, einen hohen Preis zur Markteinführung anzusetzen.

Welche zwei Gründe sprechen gegen eine Hochpreisstrategie?
1. Durch hohe Preise kann nur eine geringe Qualität gewährleistet werden.
2. Hohe Preise können eine schnelle Durchdringung des Marktes verhindern.
3. Mit hohen Gewinnmargen werden Konkurrenzbetriebe am Markt aufmerksam.
4. Die Amortisation der Einführungskosten dauert bei hohen Preisen länger.
5. Ein hoher Preis ermöglicht spätere kundenfreundliche Preissenkungen.

Lösung s. Seite 187

Aufgabe 16: Niedrigpreisstrategie

Es steht zur Überlegung, das neue Produkt mit einer Niedrigpreisstrategie am Markt einzuführen.

Welcher Grund spricht gegen die Niedrigpreisstrategie?
1. Die Spielend Lernen GmbH kann durch niedrige Preise in kurzer Zeit eine starke Marktposition aufbauen.
2. Kunden könnten mit dem niedrigen Preis schlechte Qualität assoziieren, eine Imageschädigung wäre die Folge.
3. Bei niedrigen Preisen in der Spielend Lernen GmbH wählt der Kunde eher die Konkurrenz.
4. Ein niedriger Preis ermöglicht die schnelle Amortisation der Einführungskosten.
5. Ein niedriger Preis am Anfang schafft einen großen Preisspielraum nach unten.

Lösung s. Seite 188

Aufgabe 17: Gleichgewichtspreis

Die Spielend Lernen GmbH hat ein neues Produkt am Markt eingeführt, welches die Lernfähigkeiten von Kindern nach neuesten wissenschaftlichen Erkenntnissen bestmöglich fördert. Auch einige Konkurrenzunternehmen haben ähnliche Produkte entwickelt.

Unter welchen Umständen liegt ein Gleichgewichtspreis vor?
1. Der Gleichgewichtspreis liegt vor, wenn die Käufer binnen eines regelmäßigen Zeitraums (z. B. wöchentlich, monatlich) immer gleich viele Stückzahlen eines Produkts kaufen.
2. Der Gleichgewichtspreis liegt vor, wenn die angebotene Menge genauso groß ist wie die nachgefragte Menge.
3. Der Gleichgewichtspreis liegt vor, wenn die Nachfrage größer als das Angebot ist, da so das Unternehmen im verkäuferischen Gleichgewicht bleibt.
4. Der Gleichgewichtspreis liegt vor, denn das Angebot größer als die Nachfrage ist, sodass für das angebotene Produkt eine immer gleichbleibende Verfügbarkeit gewährleistet ist.
5. Der Gleichgewichtspreis liegt vor, wenn der Preis eines Produkts anhand seines Gewichts bestimmt werden kann.

Lösung s. Seite 188

Aufgabe 18: Käufermarkt

Die Spielend Lernen GmbH hat ein neues Produkt am Markt eingeführt, welches die Lernfähigkeiten von Kindern nach neuesten wissenschaftlichen Erkenntnissen bestmöglich fördert. Auch einige Konkurrenzunternehmen haben ähnliche Produkte entwickelt.

Unter welchen Umständen liegt ein Käufermarkt vor?

1. Gibt es eine große Zahl an Anbietern und Produkten und es herrscht ein Angebotsüberhang, kann sich der Käufer zwischen den vielen Optionen entscheiden, und es besteht ein Käufermarkt.
2. Gibt es nur eine geringe Anzahl an Anbietern und Produkten und es herrscht Nachfrageüberhang, liegt für den Kunden ein Käufermarkt vor.
3. Befinden sich die Spielend Lernen GmbH und ihre Konkurrenten in einer besseren Position als ihre Kunden, besteht ein Käufermarkt.
4. Ein Käufermarkt liegt dann vor, wenn sich die Spielend Lernen GmbH für eine Hochpreisstrategie entscheidet.
5. Ein Käufermarkt liegt dann vor, wenn die Spielend Lernen GmbH sich mit dem neuen Produkt eine Monopolstellung am Markt sichern kann.

Lösung s. Seite 189

Aufgabe 19: Verkäufermarkt

Die Spielend Lernen GmbH hat ein neues Produkt am Markt eingeführt, welches die Lernfähigkeiten von Kindern nach neuesten wissenschaftlichen Erkenntnissen bestmöglich fördert. Auch einige Konkurrenzunternehmen haben ähnliche Produkte entwickelt.

Unter welchen Umständen liegt ein Verkäufermarkt vor?

1. Befinden sich die Spielend Lernen GmbH und ihre Konkurrenten in einer schlechteren Position als ihre Kunden, besteht ein Verkäufermarkt.
2. Fragen mehr Kunden das Produkt bei der Spielend Lernen GmbH und ihren Konkurrenten nach, als es Angebote dafür gibt, stellt das einen Nachfrageüberhang und somit einen Verkäufermarkt dar.
3. Existiert eine große Anzahl an Anbietern und Produkten und es herrscht Angebotsüberhang, liegt ein Verkäufermarkt vor.
4. Ein Verkäufermarkt liegt dann vor, wenn sich die Spielend Lernen GmbH für eine Niedrigpreisstrategie entscheidet, um konkurrenzfähig zu bleiben.
5. Ein Verkäufermarkt liegt dann vor, wenn Händler wie die Spielend Lernen GmbH ihre Produkte im unternehmenseigenen Markt anbieten und verkaufen.

Lösung s. Seite 189

Aufgabe 20: Absatzpolitische Ziele

Ordnen Sie bitte die nachfolgenden Ziele/Situationen den jeweiligen absatzpolitischen Instrumenten zu:

a) **Produktpolitik/Preispolitik**
   1. Die Spielend Lernen GmbH gewährt ihren Großkunden ein langes Zahlungsziel.
   2. In der Spielend Lernen GmbH wird der Prototyp eines neuen Produkts entwickelt.
   3. Das Sortiment der Spielend Lernen GmbH soll ausgeweitet werden.
   4. Die Spielend Lernen GmbH bietet ihre Produkte saisonbedingt einige Wochen im Jahr unter dem Normalpreis an.
   5. Die Spielend Lernen GmbH verbessert ein bestehendes Produkt, um ihren Kunden ein noch attraktiveres Sortiment zu präsentieren.

b) **Distributionspolitik/Kommunikationspolitik**
   1. Die Spielend Lernen GmbH organisiert für ihre Außendienstmitarbeiter ein Verkaufstraining.
   2. Die Vertriebsabteilung in der Spielend Lernen GmbH wird neu organisiert.
   3. Die Spielend Lernen GmbH betraut Handelsvertreter mit der Vermittlung von Geschäften.
   4. Die Spielend Lernen GmbH bietet einmal im Jahr Außenstehenden die Möglichkeit einer Betriebsbesichtigung an.
   5. Die Spielend Lernen GmbH beauftragt eine Werbeagentur mit der Herstellung eines TV-Werbespots.

Lösung s. Seite 189

Aufgabe 21: Monopol

Welche zwei Aussagen treffen auf die Marktform eines Monopols zu?

1. Wenn ein einzelner Anbieter den Markt allein bedient, handelt es sich um ein Angebotsmonopol.
2. Wenn wenige Anbieter den Markt unter sich aufteilen und entsprechend bedienen, handelt es sich um ein Angebotsmonopol.
3. Bei einem Monopol gibt es nur wenige Nachfrager und wenige Anbieter.
4. Bei einem Monopol entsteht kein Wettbewerb, eine Preisbildung durch Angebot und Nachfrage kommt nicht zustande.
5. Das Monopol ist die am häufigsten auftretende Marktform, daher gilt hierbei auch vollkommene Konkurrenz.

Lösung s. Seite 190

Aufgabe 22: Oligopol

Welche zwei Aussagen treffen auf die Marktform eines Oligopols zu?

1. Wenn wenige Anbieter den Markt unter sich aufteilen und entsprechend bedienen, handelt es sich um ein Angebotsoligopol.
2. Wenn ein einzelner Anbieter den Markt allein bedient, handelt es sich um ein Angebotsoligopol.
3. Bei einem Oligopol gibt es nur wenige Nachfrager und wenige Anbieter.
4. Bei einem Oligopol entsteht kein Wettbewerb, eine Preisbildung durch Angebot und Nachfrage kommt nicht zustande.
5. Ein Oligopol ist durch viele Nachfrager und viele Anbieter gekennzeichnet.

Lösung s. Seite 191

Aufgabe 23: Polypol

Welche zwei Aussagen treffen auf die Marktform des Polypols zu?

1. Wenn viele Nachfrager vielen Anbietern gegenüberstehen, wird diese Marktsituation als Polypol bezeichnet.
2. Bei einem Polypol entsteht kein Wettbewerb, eine Preisbildung durch Angebot und Nachfrage kommt nicht zustande.
3. Wenn ein einzelner Anbieter den Markt allein bedient, handelt es sich um ein Angebotspolypol.
4. Bei einem Polypol gibt es nur wenige Anbieter und wenige Nachfrager.
5. Das Polypol ist die am häufigsten auftretende Marktform, sie wird auch als vollständige Konkurrenz bezeichnet.

Lösung s. Seite 191

Aufgabe 24: Angebotsmonopol

Welche Situation beschreibt ein Angebotsmonopol?

1. Die Spielend Lernen GmbH ist einer von vielen Anbietern auf dem Markt, die ein bestimmtes Produkt vertreiben.
2. Die Spielend Lernen GmbH ist nur einer von wenigen Anbietern, die ein bestimmtes Produkt vertreiben.
3. Die Spielend Lernen GmbH ist einer von zwei Anbietern, die dem Markt ein bestimmtes Produkt zur Verfügung stellen.
4. Die Spielend Lernen GmbH ist der einzige Anbieter eines bestimmten Produkts auf dem Markt.
5. Die Spielend Lernen GmbH ist eines von drei an einem Kartell beteiligten Unternehmen, welche ein bestimmtes Produkt am Markt anbieten.

Lösung s. Seite 191

Aufgabe 25: Angebotsoligopol

Die Spielend Lernen GmbH hat ein neues Produkt entwickelt. Die Markteinführung ist für das kommende Geschäftsjahr geplant, auch ein Einführungspreis wurde bereits festgelegt. Lediglich ein Unternehmen der Konkurrenz verfügt über ein Produkt mit ähnlichen neuartigen Eigenschaften.

Um welche Marktform handelt es sich bei der dargestellten Situation?

1. Angebotsmonopol
2. Nachfragemonopol
3. Angebotsoligopol
4. Nachfrageoligopol
5. Angebotspolypol.

Lösung s. Seite 191

Aufgabe 26: Angebotspolypol

Welche Situation beschreibt ein Angebotspolypol?

1. Die Spielend Lernen GmbH ist alleiniger Anbieter eines bestimmten Produkts auf dem gesamten Markt.
2. Die Spielend Lernen GmbH teilt sich den Markt mit zwei weiteren Unternehmen.
3. Die Spielend Lernen GmbH teilt sich den Markt mit vielen konkurrierenden Unternehmen.
4. Die Spielend Lernen GmbH schließt sich mit einem Anbieter von Büromöbeln zusammen, um das Sortiment zu erweitern.
5. Die Spielend Lernen GmbH ist einer von zwei Anbietern auf dem Markt, von denen viele Kunden Angebote für ein bestimmtes Produkt haben wollen.

Lösung s. Seite 191

Aufgabe 27: Nachfrageoligopol

Die Spielend Lernen GmbH hat ein neues Produkt entwickelt. Die Markteinführung zum vorher festgelegten Einführungspreis hat stattgefunden. Leider interessieren sich nicht so viele Kunden wie geplant für das neue Produkt, immerhin sind drei Großkunden am Produkt interessiert.

Um welche Marktform handelt es sich bei der dargestellten Situation?

1. Angebotsmonopol
2. Nachfragemonopol
3. Angebotsoligopol

4. Nachfrageoligopol
5. Angebotspolypol.

Lösung s. Seite 192

Aufgabe 28: Markt- und Wettbewerbssituation

Die Spielend Lernen GmbH blickt auf eine langjährige und erfolgreiche Unternehmensgeschichte zurück. Mit den Jahren haben sich immer mehr Konkurrenzbetriebe am Markt etabliert, und auch das Internet macht der Spielend Lernen GmbH Konkurrenz. Die potenziellen Kunden des Unternehmens können frei unter den vielen Firmen am Markt wählen.

Welche Marktsituation liegt für die Spielend Lernen GmbH vor?

1. Angebotspolypol
2. Angebotsmonopol
3. Angebotsoligopol
4. Nachfragemonopol
5. Nachfragekartell.

Lösung s. Seite 192

Aufgabe 29: Auswirkung der konjunkturellen Lage auf Kundenverhalten

Heute Morgen haben Sie in der Zeitung folgende Titelzeile gelesen:

Wirtschaftsprognosen pessimistisch – viele Lager überfüllt!

a) Um welche Konjunkturphase handelt es sich?
   1. Expansion
   2. Stagnation
   3. Boom
   4. Depression
   5. Rezession.

b) Wie zeigt sich ein Abschwung im Kundenverhalten?
   1. Die Nachfrage durch die Kunden geht zurück.
   2. Die Nachfrage durch die Kunden steigt.
   3. Die Kunden tätigen „Hamsterkäufe".
   4. Es besteht eine hohe Nachfrage durch die Kunden.
   5. Es besteht keine Nachfrage durch die Kunden mehr.

Lösung s. Seite 192

Aufgabe 30: Expansion/Aufschwung

Die Spielend Lernen GmbH analysiert laufend den Markt. Die Konjunktur entwickelt sich positiv, ein Konjunkturaufschwung ist klar zu erkennen. Fabian Fröhlich, Geschäftsführer der Spielend Lernen GmbH, überlegt weitere sinnvolle Schritte. Von welchem Schritt raten Sie ihm ab?

1. Übernahme von Auszubildenden
2. Einstellung neuer Mitarbeiter
3. Erhöhung des Einkaufsvolumens
4. Erhöhung der Produktion
5. Reduzierung der Fahrzeuge im Verkaufs-Außendienst.

Lösung s. Seite 192

Aufgabe 31: Stagnation/Stillstand

Fabian Fröhlich, Geschäftsführer der Spielend Lernen GmbH, beobachtet die Marktentwicklung sehr genau. Er erinnert sich: „Es gab eine Zeit, so sechs, sieben Jahre lang, da tat sich nichts. Jedes Jahr blieb unser Absatz gleich, schlug weder nach oben noch nach unten aus. Die Bestandskunden blieben, niemand ging, niemand kam ... Auf diese Jahre folgte dann eine Rezession. Wir mussten uns wirklich anstrengen, damit die Spielend Lernen GmbH diese Phase überlebt."

Welche Marktentwicklung beschreibt Fabian Fröhlich?

1. Expansion/Aufschwung
2. Rezession/Abschwung
3. Boom/Höchststand
4. Depression/Tiefstand
5. Stagnation/Stillstand.

Lösung s. Seite 192

Aufgabe 32: Boom/Höchststand

Beschreiben Sie einen wirtschaftlichen Höchststand.

1. Aufgrund steigender Nachfrage nimmt die Produktion in der Spielend Lernen GmbH zu.
2. Die Spielend Lernen GmbH verzeichnet sinkende Produktion und Gewinne.
3. Viele Mitarbeiter der Spielend Lernen GmbH müssen entlassen werden.
4. Alle Kapazitäten der Spielend Lernen GmbH sind aufgrund starker Nachfrage voll ausgelastet.
5. Die Spielend Lernen GmbH stellt neue Mitarbeiter ein, die Beschäftigung nimmt zu.

Lösung s. Seite 192

Aufgabe 33: Depression/Tiefstand

Beschreiben Sie einen wirtschaftlichen Tiefstand.

1. Aufgrund steigender Nachfrage nimmt die Produktion in der Spielend Lernen GmbH zu.
2. Die Spielend Lernen GmbH verzeichnet steigende Produktion und Gewinne.
3. Wenige Mitarbeiter der Spielend Lernen GmbH müssen entlassen werden.
4. Die Spielend Lernen GmbH kämpft mit Liquiditätsengpässen und tätigt keine Investitionen mehr.
5. Die spielend Lernen GmbH stellt neue Mitarbeiter ein, die Beschäftigung nimmt zu.

Lösung s. Seite 192

Aufgabe 34: Rezession/Abschwung

Die Spielend Lernen GmbH analysiert laufend den Markt. Leider sind die Prognosen nicht besonders gut. Alle Merkmale des Marktes deuten auf einen Abschwung hin. Fabian Fröhlich, Geschäftsführer der Spielend Lernen GmbH, sieht sich gezwungen, Konsequenzen zu ziehen.

Welcher seiner Schritte ist ungeeignet?

1. Auszubildende werden nicht übernommen.
2. Der Lagerbestand wird reduziert.
3. Durchführung von Rationalisierungsmaßnahmen bei den Mitarbeitern.
4. Erhöhung des Einkaufsvolumens
5. Ausgaben jeglicher Art werden gekürzt.

Lösung s. Seite 192

3. Berufsbildung

Aufgabe 1: Ausbildungsvertrag

Martin Schmidt soll als neuer Auszubildender für den Beruf Kaufmann für Büromanagement in der Spielend Lernen GmbH beginnen. Sie bereiten seinen Ausbildungsvertrag vor.

Auf welche Angabe im Ausbildungsvertrag können Sie verzichten?

1. Beginn und Dauer der Ausbildung
2. Dauer der täglichen Ausbildungszeit
3. Voraussetzungen, unter denen der Ausbildungsvertrag gekündigt werden kann
4. Tages- oder Wochenberichte im Ausbildungsnachweis
5. Zahlung und Höhe der Vergütung.

Lösung s. Seite 193

Aufgabe 2: Berufsausbildungsvertrag vorbereiten

Zum kommenden Lehrjahr sollen drei neue Auszubildende eingestellt werden. Der 23-jährige Daniel Karmann wird seine Ausbildung zum Kaufmann für Büromanagement am 01.08.20.. beginnen.

a) Welche Rechtsgrundlage regelt die Inhalte des Ausbildungsvertrags?
  1. Jugendarbeitsschutzgesetz (JArbSchG)
  2. Berufsbildungsgesetz (BBiG)
  3. Arbeitsstättenverordnung (ArbStättV)
  4. Betriebsverfassungsgesetz (BetrVG)
  5. Gesetz zur Förderung der betrieblichen Aufstiegsfortbildung (AFBG).

b) Ihre Kollegin bereitet den Ausbildungsvertrag für Daniel Karmann vor. Sie sollen die eingetragenen Angaben einmal überprüfen. Welche Angabe ist nicht zulässig?
  1. Dauer der Ausbildung: 24 Monate (Verkürzung um ein Jahr aufgrund von anzuerkennender Vorbildung)
  2. Vereinbarte Probezeit: 3 Monate
  3. Unterschrift der Eltern: muss eingeholt werden
  4. Urlaubsanspruch: 26 Arbeitstage
  5. Ausbildungsvergütung für zwei Jahre angegeben.

Lösung s. Seite 193

Aufgabe 3: Beginn der Ausbildung

Daniel Karmann wird im August seine Ausbildung zum Kaufmann für Büromanagement in der Spielend Lernen GmbH beginnen.

Was muss Daniel Karmann über den Beginn der Ausbildung unbedingt wissen?
1. Das Berufsausbildungsverhältnis beginnt mit der Probezeit, die mindestens einen Monat betragen muss und höchstens vier Monate betragen darf.
2. Das Berufsausbildungsverhältnis beginnt mit dem ersten Tag in der Berufsschule.
3. Jedes Berufsausbildungsverhältnis beginnt grundsätzlich am 01.08. eines Jahres.
4. Das Berufsausbildungsverhältnis beginnt nach Beendigung der Probezeit.
5. Das Berufsausbildungsverhältnis beginnt nach der Hälfte der Probezeit.

Lösung s. Seite 194

Aufgabe 4: Dauer der Ausbildung

Vanessa Davidson ist im dritten Ausbildungsjahr bei der Spielend Lernen GmbH beschäftigt. Die Auszubildende zur Kauffrau für Büromanagement nimmt in Kürze an den bevorstehenden Abschlussprüfungen teil. Laut Ausbildungsvertrag endet die Ausbildung am 31.07.20..

a) Wann endet laut Berufsbildungsgesetz das Berufsausbildungsverhältnis zwischen der Spielend Lernen GmbH und Frau Davidson?
   1. Wie auch im Vertrag vereinbart, endet die Ausbildung am 31.07.20..
   2. Sobald die Prüfungen beginnen, ist die Ausbildung beendet. Die Auszubildende muss dann nicht mehr zur Berufsschule und auch nicht mehr in den Betrieb.
   3. Sobald die Sommerferien beginnen (erster Ferientag), ist die Ausbildung beendet, und die Auszubildende hat ebenfalls Ferien.
   4. Mit Bestehen des schriftlichen Prüfungsteils.
   5. Mit Bestehen der mündlichen/praktischen Prüfung und der Übergabe der Bescheinigung über die bestandene Prüfung an die Auszubildende.

b) Vanessa Davidson hat ihre Prüfungen zur Kauffrau für Büromanagement mit guten Ergebnissen bestanden. Sie möchte gerne weiter in der Spielend Lernen GmbH arbeiten. Leider hatte sie bisher noch keine Gelegenheit, mit der Personalleitung über ihren Wunsch zu sprechen.

Da sie ihr Prüfungsergebnis sowieso im Betrieb mitteilen wollte, fährt sie direkt nach Bestehen der mündlichen/praktischen Prüfung in die Spielend Lernen GmbH und geht ihren Aufgaben wie gewohnt nach. Ihre Kollegen begrüßen und beglückwünschen Frau Davidson.

Welcher Sachverhalt gilt nun?

1. Da Vanessa Davidson ihre Arbeit einfach fortgeführt hat, im Vorfeld kein Gespräch zu Kündigung oder Weiterbeschäftigung stattfand und sie nach Wiederaufnahme ihrer Tätigkeit nicht fortgeschickt wurde, ist ein auf zwei Jahre befristetes Arbeitsverhältnis entstanden.
2. Es sind grundsätzlich keine Übernahme- oder Kündigungsgespräche notwendig, mit Bestehen der Abschlussprüfung dürfen Auszubildende ihren bisherigen Betrieb und zugehörige Grundstücke nicht mehr betreten.
3. Wenn Vanessa Davidson nach bestandener Prüfung ihre Ausbildungsarbeit wieder aufnimmt, so beginnt die Ausbildung automatisch von vorn.
4. Da Vanessa Davidson ihre Arbeit einfach fortgeführt hat, im Vorfeld kein Gespräch zu Kündigung oder Weiterbeschäftigung stattfand und sie nach Wiederaufnahme ihrer Tätigkeit nicht fortgeschickt wurde, ist ein Arbeitsverhältnis auf unbestimmte Zeit entstanden.
5. Da Vanessa Davidson ihre Arbeit einfach fortgeführt hat, im Vorfeld kein Gespräch zu Kündigung oder Weiterbeschäftigung stattfand und sie nach Wiederaufnahme ihrer Tätigkeit nicht fortgeschickt wurde, wird sie automatisch zu einer weiteren Ausbilderin im Betrieb und ist für die neuen Auszubildenden zuständig.

Lösung s. Seite 194

Aufgabe 5: Rechte des Auszubildenden

Martin Schmidt hat vor einem Monat seine Ausbildung in der Spielend Lernen GmbH begonnen. Als angehender Kaufmann für Büromanagement hat er noch Fragen zu seinen Rechten als Auszubildender und wendet sich damit an Sie.

Welches ist kein Recht des Auszubildenden?

1. Als Auszubildender der Spielend Lernen GmbH hat Martin Schmidt Anspruch auf eine mindestens jährlich ansteigende Vergütung.
2. Bei Bestehen der Abschlussprüfung hat Martin Schmidt Anspruch auf Weiterbeschäftigung.
3. Als Auszubildender der Spielend Lernen GmbH hat Martin Schmidt das Recht, während der Probezeit das Ausbildungsverhältnis jederzeit ohne Einhalten einer Kündigungsfrist zu kündigen.
4. Bei Beendigung des Ausbildungsverhältnisses hat Martin Schmidt Anspruch auf ein schriftliches Zeugnis.
5. Als Auszubildender der Spielend Lernen GmbH hat Martin Schmidt Anspruch auf eine schriftliche Ausfertigung seines Ausbildungsvertrags.

Lösung s. Seite 194

Aufgabe 6: Pflichten des Auszubildenden

In Kürze beginnt Ihre Ausbildung zum/zur Kaufmann/Kauffrau für Büromanagement in der Spielend Lernen GmbH.

a) Welche Aufgabe gehört als Auszubildende/r nicht zu Ihren Pflichten?
   1. An Ausbildungsmaßnahmen teilnehmen
   2. Werkzeug, Maschinen und sonstige Einrichtungen sind pfleglich zu behandeln.
   3. Über Betriebs- und Geschäftsgeheimnisse ist Stillschweigen zu wahren
   4. Berufsfremde Tätigkeiten regelmäßig ausführen
   5. Weisungen folgen, die Ihnen im Rahmen der Berufsausbildung von Weisungsbefugten erteilt werden.

b) Wo können die Pflichten von Auszubildenden nachgelesen werden?
   1. Im Handelsgesetzbuch
   2. Im Berufsbildungsgesetz
   3. Im Ausbildungsvertrag
   4. Im Ausbildungsgesetzbuch
   5. In der Schulordnung der Berufsschule.

Lösung s. Seite 194

Aufgabe 7: Rechte des Ausbildenden

Martin Schmidt weiß, das nicht nur er als Auszubildender der Spielend Lernen GmbH Rechte und Pflichten hat, sondern auch der Ausbildende.

Welches ist kein Recht des Ausbildenden?
1. Der Ausbildende hat das Recht, mit dem Auszubildenden eine Probezeit zu vereinbaren.
2. Der Ausbildende hat das Recht, den Ausbildungsnachweis des Auszubildenden regelmäßig einzufordern, um diesen zu lesen und abzuzeichnen.
3. Der Ausbildende hat das Recht, vom Auszubildenden regelmäßig berufsfremde Tätigkeiten verrichten zu lassen.
4. Der Ausbildende hat das Recht, dem Auszubildenden Betriebs- und Geschäftsgeheimnisse anzuvertrauen.
5. Der Ausbildende hat das Recht, vom Auszubildenden einen pfleglichen Umgang mit Werkzeugen, Maschinen und sonstigen Einrichtungen zu erwarten.

Lösung s. Seite 195

Aufgabe 8: Pflichten des Ausbildenden

Als Auszubildender der Spielend Lernen GmbH hat Martin Schmidt einige Pflichten. Er muss u. a. regelmäßig die Berufsschule besuchen, einen Ausbildungsnachweis führen und über Betriebsgeheimnisse Stillschweigen bewahren.

Auch der Ausbildende hat einige Pflichten seinen Auszubildenden gegenüber. Welche gehört nicht dazu?
1. Der Ausbildende muss dafür sorgen, dass seinen Auszubildenden die berufliche Handlungsfähigkeit vermittelt wird, die zum Erreichen des Ausbildungsziels erforderlich ist.
2. Der Ausbildende muss seine Auszubildenden zum Besuch der Berufsschule anhalten.
3. Der Ausbildende muss dafür sorgen, dass seine Auszubildenden sittlich und körperlich nicht gefährdet werden.
4. Der Ausbildende muss selbst ausbilden.
5. Der Ausbildende muss seine Auszubildenden zum Führen des Ausbildungsnachweises anhalten.

Lösung s. Seite 195

Aufgabe 9: Tägliche Ausbildungszeit

Der 17-jährige Auszubildende Martin Schmidt liest in seinem Ausbildungsvertrag noch einmal alle Angaben prüfend. Als tägliche Ausbildungszeit einer fünftägigen Arbeitswoche wurden neun Stunden eingetragen. Martin fragt Sie nach Ihrer Einschätzung. Was raten Sie ihm?
1. Da sich Martin in Ausbildung befindet, muss er sämtliche Vorgaben seines Ausbildungsvertrages wie schriftlich festgehalten einhalten.
2. Die tägliche Arbeits- und Ausbildungszeit ist durch gesetzliche Bestimmungen geregelt. Martins tägliche Arbeits- und Ausbildungszeit sowie die Wochenarbeitszeit darf die zulässigen Höchstgrenzen nicht überschreiten.
3. Da tägliche Arbeitszeit und Ausbildungszeit zusammengerechnet werden, hat Martin mit nur neun Stunden täglich einen guten Ausbildungsbetrieb „erwischt".
4. Die tägliche Arbeits- und Ausbildungszeit ist durch gesetzliche Bestimmungen geregelt. Höchstgrenzen dürfen aus betrieblichen Gründen überschritten werden, jedoch nur ohne Ausgleich durch Vergütung.
5. Da Martin noch nicht volljährig ist, müssen seine Erziehungsberechtigten den Ausbildungsvertrag mit unterzeichnen. Mit ihrer Unterschrift geben sie der Spielend Lernen GmbH ihr Einverständnis zur täglichen Arbeits- und Ausbildungszeit von neun Stunden.

Lösung s. Seite 196

Aufgabe 10: Ausbildungsvergütung

Im Ausbildungsvertrag von Martin Schmidt wurde für alle drei Ausbildungsjahre die gleiche Ausbildungsvergütung eingetragen.

Welcher Sachverhalt trifft auf Martins Ausbildungsvertrag zu?
1. Martins Ausbildungsvertrag muss nicht geändert werden. Die Ausbildungsvergütung darf über den gesamten Ausbildungszeitraum die gleiche Höhe haben.
2. Martins Ausbildungsvertrag muss geändert werden. Die Ausbildungsvergütung muss mindestens jährlich steigen.
3. Martins Ausbildungsvertrag muss geändert werden. Die Ausbildungsvergütung darf nur zwei Jahre hintereinander den gleichen Betrag aufweisen.
4. Martins Ausbildungsvertrag muss nicht geändert werden, solang der vereinbarte Betrag Martin ausreicht.
5. Martins Ausbildungsvertrag muss geändert werden. Die Ausbildungsvergütung muss mindestens halbjährlich steigen.

Lösung s. Seite 196

Aufgabe 11: Urlaubsanspruch ermitteln

Sie sind derzeit in der Personalabteilung eingesetzt. Der 17-jährige Peter Naumann ist Auszubildender im ersten Lehrjahr. Er möchte seinen Urlaub mit Ihnen durchsprechen, denn dieses Jahr will er unbedingt noch mit seinen Freunden nach Italien reisen. In einem Monat wird er endlich 18, und sein Geburtstag fällt in die Sommerferien – also sollte es seiner Meinung nach auch keine Probleme mit der Berufsschule geben.

Ermitteln Sie Peters Urlaubsanspruch.
1. Peter Naumann stehen mindestens 30 Werktage zu, da es sich bei ihm um einen jugendlichen Arbeitnehmer handelt.
2. Peter Naumann stehen mindestens 27 Werktage zu.
3. Peter Naumann stehen mindestens 25 Werktage zu, da er zu Beginn des Kalenderjahres das 18. Lebensjahr noch nicht vollendet hat.
4. Der Urlaubsanspruch steigt wie die Ausbildungsvergütung jährlich an, daher stehen Peter Naumann im ersten Jahr 25, im zweiten Jahr 27 und im dritten Jahr 30 Werktage zu.
5. Der Urlaub soll Berufsschülern außerhalb der Berufsschulferien gegeben werden, Peter Naumanns Mindestanspruch von 24 Werktagen bleibt in diesem Fall unberührt.

Lösung s. Seite 197

Aufgabe 12: Dauer der Probezeit

Im Ausbildungsvertrag von Martin Schmidt wurde folgende Vereinbarung festgehalten:

Die vereinbarte Probezeit beträgt 6 Monate.

Nehmen Sie Stellung zu der vereinbarten Probezeit.

1. Ausbildungsbetrieb und Auszubildender können den Zeitraum der Probezeit nach eigenem Ermessen festlegen. Eine sechsmonatige Probezeit ist legitim, sofern beide Parteien sich darauf geeinigt haben.
2. Die vereinbarte Probezeit von sechs Monaten ist zulässig, es handelt sich hierbei um den maximal möglichen Zeitraum für die Probezeit.
3. Die vereinbarte Probezeit von sechs Monaten ist unzulässig, da maximal zwei Monate Probezeit vereinbart werden dürfen.
4. Die vereinbarte Probezeit von sechs Monaten ist unzulässig, da mindestens ein Monat, maximal jedoch vier Monate Probezeit vereinbart werden dürfen.
5. Ausbildungsbetrieb und Auszubildender müssen die Probezeit gemeinsam akzeptieren, diese wird jedoch nicht von beiden vereinbart, sondern beträgt laut BBiG immer drei Monate.

Lösung s. Seite 197

Aufgabe 13: Kündigungsmöglichkeiten während der Probezeit

Manuela Dreyer ist Auszubildende bei der Spielend Lernen GmbH. Die Ausbildung zur Kauffrau für Büromanagement war jedoch nur ihre zweite Wahl, bereits in den ersten zwei Wochen der Probezeit wird ihr bewusst, dass sie die Ausbildung nicht fortführen möchte.

Welche Kündigungsmöglichkeiten bestehen für Betrieb und Auszubildende während der Probezeit?

1. Während der Probezeit kann das Ausbildungsverhältnis nur durch den Auszubildenden jederzeit ohne Einhalten einer Kündigungsfrist gekündigt werden.
2. Während der Probezeit kann das Ausbildungsverhältnis nur durch den Ausbildungsbetrieb jederzeit ohne Einhalten einer Kündigungsfrist gekündigt werden.
3. Während der Probezeit kann das Ausbildungsverhältnis nur unter Einhaltung einer zweiwöchigen Kündigungsfrist von beiden Vertragsparteien gekündigt werden.
4. Während der Probezeit kann das Ausbildungsverhältnis jederzeit ohne Einhalten einer Kündigungsfrist von beiden Vertragsparteien gekündigt werden.
5. Während der Probezeit kann das Ausbildungsverhältnis nur unter Einhaltung einer vierwöchigen Kündigungsfrist von beiden Vertragsparteien gekündigt werden.

Lösung s. Seite 198

Aufgabe 14: Kündigungsmöglichkeiten nach der Probezeit

Maria Rhönbach ist Auszubildende der Spielend Lernen GmbH. Die Probezeit hat sie zwar bestanden, sie ist jedoch mit der Wahl ihres Ausbildungsberufs nicht zufrieden und überlegt, die Ausbildung abzubrechen.

a) Welche zwei Schritte muss Maria Rhönbach unternehmen, um die Spielend Lernen GmbH zu verlassen?

1. Da die Probezeit bereits um ist, kann Maria Rhönbach ihren Ausbildungsplatz bei der Spielend Lernen GmbH mit einer Kündigungsfrist von vier Wochen kündigen.
2. Maria Rhönbach kann die Kündigung mündlich aussprechen. Damit diese gültig ist, muss dies vor Zeugen geschehen.
3. Maria Rhönbach muss die Kündigung schriftlich einreichen und mindestens einen Kündigungsgrund angeben.
4. Dass die Probezeit bereits um ist, hat keine Bedeutung. Maria Rhönbach kann ihren Ausbildungsplatz jederzeit ohne Einhalten einer Kündigungsfrist kündigen.
5. Da es sich bei der Aufgabe der Berufsausbildung um einen wichtigen Grund handelt, kann Maria Rhönbach ohne Einhalten einer Kündigungsfrist das Unternehmen verlassen.

b) Auch Florian König, Personalleiter der Spielend Lernen GmbH, hatte bereits überlegt, Maria Rhönbach zu kündigen, da er mit ihren Leistungen in der Berufsschule nicht besonders zufrieden ist.

Welcher Sachverhalt gilt hier nicht?

1. Nach der Probezeit darf Florian König das Ausbildungsverhältnis mit Maria Rhönbach nur aus wichtigem Grund kündigen. Ein solcher liegt hier nicht vor.
2. Die Spielend Lernen GmbH sollte Maria Rhönbach bspw. mit betrieblichem Unterricht unterstützen, damit sie auch die Berufsschulinhalte besser verinnerlichen kann.
3. Florian König kann Maria Rhönbach aufgrund mangelnder Leistungen in der Berufsschule fristlos kündigen, da sie ihren Pflichten als Auszubildende nicht genügend nachgekommen ist.
4. Maria Rhönbach hat als Auszubildende eine Lernpflicht: Während der Ausbildung muss sie sich darum bemühen, die Ausbildung erfolgreich zu durchlaufen und abzuschließen.
5. Maria Rhönbach ist als Auszubildende verpflichtet, regelmäßig am Berufsschulunterricht teilzunehmen.

Lösung s. Seite 198

Aufgabe 15: Verkürzung der Ausbildungsdauer

Sie sind in der Personalabteilung der Spielend Lernen GmbH eingesetzt. Vanessa Davidson, auszubildende Kauffrau für Büromanagement, wendet sich an Sie. Sie hat hervorragende Noten in der Berufsschule, und auch bei ihrer Arbeit in der Spielend Lernen GmbH zeigt Vanessa Davidson eine sehr gute und schnelle Auffassungs- und Umsetzungsgabe. Vanessa Davidson möchte wissen, ob es möglich ist, ihre Ausbildung zu verkürzen und vorzeitig an der Abschlussprüfung teilzunehmen.

Sie recherchieren und finden folgenden Auszug aus dem Berufsbildungsgesetz:

 RECHTSGRUNDLAGEN

Berufsbildungsgesetz (BBiG)

§ 8 Abkürzung und Verlängerung der Ausbildungszeit

(1) Auf gemeinsamen Antrag der Auszubildenden hat die zuständige Stelle die Ausbildungszeit zu kürzen, wenn zu erwarten ist, dass das Ausbildungsziel in der gekürzten Zeit erreicht wird. Bei berechtigtem Interesse kann sich der Antrag auch auf die Verkürzung der täglichen oder wöchentlichen Ausbildungszeit richten (Teilzeitausbildung).

(2) In Ausnahmefällen kann die zuständige Stelle auf Antrag Auszubildender die Ausbildungszeit verlängern, wenn die Verlängerung erforderlich ist, um das Ausbildungsziel zu erreichen. Vor der Entscheidung nach Satz 1 sind die Ausbildenden zu hören.

(3) Für die Entscheidung über die Verkürzung oder Verlängerung der Ausbildungszeit kann der Hauptausschuss des Bundesinstituts für Berufsbildung Richtlinien erlassen.

Welche Auskunft geben Sie Vanessa Davidson als Antwort auf ihre Frage?

1. Vanessa Davidson sollte das Gespräch mit ihrem zuständigen Ausbilder oder der Geschäftsleitung suchen, da Ausbildender und Auszubildende den Antrag auf Verkürzung der Ausbildungszeit gemeinsam stellen müssen.
2. Vanessa Davidson sollte ab Beginn des dritten Ausbildungsjahres eigenmächtig nicht mehr zur Berufsschule gehen, da ihre Noten belegen, dass sie bereits sämtliche schulischen Inhalte verinnerlicht hat.
3. Vanessa Davidson sollte ihren zuständigen Ausbilder oder die Geschäftsleitung darüber informieren, dass sie beschlossen hat, die Ausbildung zu verkürzen.
4. Vanessa Davidson kann nichts tun, der Vorschlag einer Verkürzung der Ausbildung muss seitens des Ausbildungsbetriebs erfolgen.

5. Vanessa Davidson sollte das Gespräch mit dem Klassenlehrer ihrer Berufsschulklasse suchen, da Berufsschule und Auszubildende den Antrag auf Verkürzung der Ausbildungszeit gemeinsam stellen müssen.

Lösung s. Seite 199

Aufgabe 16: Aufgaben der zuständigen Stelle

Neben dem Ausbildungsbetrieb, Ausbildern und Auszubildenden ist auch die zuständige Stelle an der Ausbildung beteiligt.

Welche Aufgabe gehört nicht zum Aufgabenbereich der zuständigen Stelle?

1. Die zuständige Stelle überwacht die Durchführung der Berufsausbildungsvorbereitung.
2. Die zuständige Stelle überwacht die Durchführung der Berufsausbildung.
3. Die zuständige Stelle überwacht die Durchführung der beruflichen Umschulung.
4. Die zuständige Stelle teilt dem Bundesamt für Justiz Wahrnehmungen mit, die für die Durchführung des Jugendarbeitsschutzgesetzes von Bedeutung sein können.
5. Die zuständige Stelle teilt der Aufsichtsbehörde nach dem Jugendarbeitsschutzgesetz Wahrnehmungen mit, die für die Durchführung des Jugendarbeitsschutzgesetzes von Bedeutung sein können.

Lösung s. Seite 199

Aufgabe 17: Beteiligte im dualen Berufsausbildungssystem

Martin Schmidt hat vor zwei Wochen seine Ausbildung bei der Spielend Lernen GmbH begonnen. In der Berufsschule hat er krankheitsbedingt gefehlt, ein Mitschüler informierte ihn über die Thematik des verpassten Unterrichts: „Die duale Ausbildung". Er bittet Sie, ihm zu erklären, worum es sich bei der dualen Ausbildung handelt.

Welche Erklärung beschreibt das duale Berufsausbildungssystem?

1. Das duale Berufsausbildungssystem besagt, dass die Ausbildung von zwei Trägern durchgeführt wird: der zuständigen Stelle (Kammer) und dem Ausbildungsbetrieb.
2. Das duale Berufsausbildungssystem besagt, dass an der Ausbildung zwei Personen beteiligt sind: der Ausbilder und der Auszubildende.
3. Das duale Berufsausbildungssystem besagt, dass die Ausbildung an zwei Lernorten erfolgt: im Betrieb und in der Berufsschule.
4. Das duale Berufsausbildungssystem besagt, dass die Ausbildung an zwei Lernorten erfolgt: im Büro und im Lager des jeweiligen Ausbildungsbetriebs.
5. Das duale Berufsausbildungssystem besagt, dass die Auszubildenden die schulischen Inhalte an zwei Orten lernen müssen: in der Berufsschule und zu Hause.

Lösung s. Seite 199

Aufgabe 18: Aufgaben des Ausbildungsbetriebs

Ihre Freundin Nina Christensen überlegt, nach erfolgreichem Schulabschluss ebenfalls eine Ausbildung bei der Spielend Lernen GmbH zu beginnen. Sie fragt sie, wie die Ausbildung in der Spielend Lernen GmbH abläuft, und möchte wissen, welches die Aufgaben von Auszubildenden und Ausbildungsbetrieben während einer Ausbildung sind.

Welche Aufgabe gehört nicht zu den Aufgaben des Ausbildungsbetriebs?

1. Es ist Aufgabe der Spielend Lernen GmbH und der entsprechenden Vertreter, ihren Auszubildenden berufliche Handlungsfähigkeit zu vermitteln.
2. Die Spielend Lernen GmbH hat die Aufgabe, ihren Auszubildenden einen Ausbilder oder eine Ausbilderin zur Seite zu stellen.
3. Es ist Aufgabe der Spielend Lernen GmbH und ihrer Vertreter, Auszubildende zum Führen des Ausbildungsnachweises anzuhalten.
4. Die Spielend Lernen GmbH hat die Aufgabe, ihren Auszubildenden Aufgaben zu übertragen, die nicht dem Ausbildungszweck dienen.
5. Es ist Aufgabe der Spielend Lernen GmbH, ihre Auszubildenden für die Teilnahme am Berufsschulunterricht freizustellen.

Lösung s. Seite 199

Aufgabe 19: Aufgaben der Berufsschule

Ihre Freundin Nina Christensen überlegt, nach erfolgreichem Schulabschluss ebenfalls eine Ausbildung bei der Spielend Lernen GmbH zu beginnen. Sie hat einiges über den Berufsschulunterricht gehört und möchte sich vergewissern, ob ihre Informationen richtig sind.

Welche Information stimmt nicht?

1. Betrieb und Berufsschule sind die beiden Standbeine des dualen Berufsausbildungssystems.
2. In der Berufsschule werden die Auszubildenden nach dem jeweiligen betrieblichen Ausbildungsplan unterrichtet.
3. Mit Unterzeichnung des Ausbildungsvertrags verpflichtet sich ein Auszubildender auch zum regelmäßigen Besuch der Berufsschule.
4. Berufsschulunterricht kann je nach Ausbildungsberuf sowohl als wöchentlicher Unterricht tageweise (Teilzeitunterricht) oder auch als Blockunterricht stattfinden.
5. Dauer und Umfang der Berufsschulpflicht werden durch die Länder geregelt.

Lösung s. Seite 199

Aufgabe 20: Situationsabhängige Zuständigkeiten

Der Auszubildende Marvin Loopmann hat sich während seiner Tätigkeit in den Geschäftsräumen der Spielend Lernen GmbH verletzt. Florian König, der Personalleiter der Spielend Lernen GmbH, bittet Sie, den Unfall an die zuständige Stelle weiterzuleiten.

a) Wem müssen Sie den Unfall melden?
   1. Der Unfall muss der Krankenkasse gemeldet werden.
   2. Der Unfall muss der Betriebshaftpflichtversicherung gemeldet werden.
   3. Der Unfall muss der Berufsgenossenschaft gemeldet werden.
   4. Der Unfall muss dem Geschäftsführer Fabian Fröhlich gemeldet werden.
   5. Der Unfall muss der Rentenversicherung gemeldet werden.

b) Für die Behandlung von Marvin Loopmann sind Kosten entstanden, die die Spielend Lernen GmbH nicht trägt. Wer übernimmt die Kosten für Marvin Loopmanns Behandlung?
   1. Die Kosten werden durch die Berufsgenossenschaft übernommen.
   2. Die Kosten werden durch die Krankenkasse übernommen.
   3. Die Kosten werden durch die Betriebshaftpflichtversicherung übernommen.
   4. Die Kosten werden durch den Geschäftsführer Fabian Fröhlich übernommen.
   5. Die Kosten werden durch die Rentenversicherung übernommen.

Lösung s. Seite 199

Aufgabe 21: Wahlqualifikation festlegen

Die Spielend Lernen GmbH bietet ihren Auszubildenden mehrere Wahlqualifikationen an. Die Auszubildenden der Spielend Lernen GmbH können wählen zwischen den Bereichen Auftragssteuerung und -koordination, kaufmännische Steuerung und Kontrolle, Einkauf und Logistik, Marketing und Vertrieb sowie Personalwirtschaft.

Maja Heinrichs interessiert sich für die Wahlqualifikation „Öffentliche Finanzwirtschaft". Welcher Sachverhalt zu den Wahlqualifikationen ist richtig?

1. Die Spielend Lernen GmbH muss ihren Auszubildenden alle zehn Wahlqualifikationen anbieten.
2. Die Wahlqualifikationen müssen zu Beginn der Ausbildung festgelegt, jedoch nicht im Ausbildungsvertrag schriftlich festgehalten werden.
3. Da die Spielend Lernen GmbH die Wahlqualifikation „Öffentliche Finanzwirtschaft" nicht ausbildet, kann Maja Heinrichs diese für ihre Ausbildung bei der Spielend Lernen GmbH nicht wählen.
4. Das Belegen einer dritten Wahlqualifikation ist grundsätzlich nicht möglich.
5. Die Wahlqualifikationen werden ausschließlich im Berufsschulunterricht vermittelt.

Lösung s. Seite 199

Aufgabe 22: Wahlqualifikation wechseln

Maja Heinrichs hat mit Florian König, dem Personalleiter der Spielend Lernen GmbH, vereinbart, sich in den Wahlqualifikationen „Personalwirtschaft" und „Auftragssteuerung und -koordination" ausbilden zu lassen. Zwei Wochen nach Ablauf ihrer Probezeit stellt Maja fest, dass sie gerne von der Wahlqualifikation „Auftragssteuerung und -koordination" zur Wahlqualifikation „Einkauf und Logistik" wechseln möchte.

Welcher Sachverhalt ist korrekt?
1. Ein Wechsel der Wahlqualifikation ist grundsätzlich nicht möglich.
2. Ein Wechsel der Wahlqualifikation ist nur innerhalb der Probezeit möglich.
3. Ein Wechsel der Wahlqualifikation ist nur möglich, wenn zuvor eine dritte, zusätzliche Wahlqualifikation gewählt wurde.
4. Ein Wechsel ist möglich, muss der zuständigen Kammer jedoch spätestens vor der Anmeldung zum Teil 1 der Abschlussprüfung mitgeteilt werden.
5. Ein Wechsel ist möglich, muss der zuständigen Kammer jedoch spätestens mit der Anmeldung zum Teil 2 der Abschlussprüfung mitgeteilt werden.

Lösung s. Seite 200

Aufgabe 23: Betrieblicher Ausbildungsplan

Sie beginnen Ihre Ausbildung bei der Spielend Lernen GmbH. Mit einer Ausfertigung Ihres Ausbildungsvertrags wird Ihnen auch der betriebliche Ausbildungsplan ausgehändigt.

Was steht nicht im betrieblichen Ausbildungsplan?
1. Inhaltlicher Aufbau der betrieblichen Ausbildung
2. Zeitlicher Aufbau der betrieblichen Ausbildung
3. Konkrete Umsetzung allgemeiner Vorgaben des Ausbildungsrahmenplans im Betrieb
4. Arbeitsplätze und Maschinen, an denen dem Auszubildenden die jeweiligen Kenntnisse vermittelt werden sollen
5. Struktur der Lernfelder mit jeweiligen zu vermittelnden Inhalten.

Lösung s. Seite 200

Aufgabe 24: Ausbildungsordnung

Vanessa Davidson ist Auszubildende der Spielend Lernen GmbH. In der Berufsschule hat sie vom Ausbildungsrahmenplan, dem betrieblichen Ausbildungsplan und der Ausbildungsordnung gehört.

Wozu dient die Ausbildungsordnung?

1. Die Ausbildungsordnung dient den Auszubildenden als Stundenplan in der zuständigen Berufsschule.
2. Die Ausbildungsordnung stellt die Grundlage für eine geordnete und einheitliche Berufsausbildung sowie die Grundlage des betrieblichen Ausbildungsplans dar.
3. Die Ausbildungsordnung regelt als gesetzliche Grundlage das Verhalten sowie die Rechte und Pflichten von Auszubildenden in den Berufsbildenden Schulen und in ihren Betrieben.
4. Die Ausbildungsordnung legt fest, in welchem Betrieb welcher Auszubildende seine Ausbildung absolviert.
5. Die Ausbildungsordnung legt fest, welcher Ausbilder innerhalb eines Betriebs für welche Auszubildenden zuständig ist.

Lösung s. Seite 201

Aufgabe 25: Ausbildungsrahmenplan

Vanessa Davidson ist Auszubildende der Spielend Lernen GmbH. In der Berufsschule hat sie vom Ausbildungsrahmenplan, dem betrieblichen Ausbildungsplan und dem schulischen Lehrplan gehört.

Wozu dient der Ausbildungsrahmenplan?

1. Der Ausbildungsrahmenplan dient den Auszubildenden als Stundenplan in der zuständigen Berufsschule.
2. Der Ausbildungsrahmenplan stellt eine Anleitung zur sachlichen und zeitlichen Gliederung der Fertigkeiten und Kenntnisse des Auszubildenden dar und wird in der Ausbildungsordnung festgelegt.
3. Der Ausbildungsrahmenplan stellt eine Anleitung zur sachlichen und zeitlichen Gliederung der Fertigkeiten und Kenntnisse des Auszubildenden dar und enthält die Ausbildungsordnung.
4. Der Ausbildungsrahmenplan legt fest, in welchem Betrieb welcher Auszubildende seine Ausbildung absolviert.
5. Der Ausbildungsrahmenplan legt fest, welcher Ausbilder innerhalb eines Betriebs für welche Auszubildenden zuständig ist.

Lösung s. Seite 201

Aufgabe 26: Ausbildungsziele

Die Spielend Lernen GmbH hat das Ziel, all ihren Auszubildenden sämtliche Fertigkeiten und Kenntnisse zu vermitteln, die ihre Auszubildenden dazu befähigen, eine qualifizierte berufliche Tätigkeit auszuüben. Hierzu gehört vor allem das selbstständige Planen, Durchführen, Kontrollieren und Handeln im betrieblichen Gesamtzusammenhang.

Welche/r Auszubildende hat dieses Ziel bereits erreicht?

1. Der Auszubildende Michael Schmidt hat die Aufgabe erhalten, eine Stellenanzeige zu formulieren. Er gibt sich große Mühe, denn wer sich angesprochen fühlt und ins Unternehmen kommt, kann sich auf das Betriebsklima auswirken. Zur Kontrolle legt er die Anzeige dem Personalleiter Florian König vor, der diese kontrolliert und alle weiteren Schritte in die Wege leitet.
2. Die Auszubildende Vanessa Davidson lernt regelmäßig für die Arbeiten in der Berufsschule, da sie in der Spielend Lernen GmbH einen guten Eindruck hinterlassen möchte und die Spielend Lernen GmbH in der Berufsschule positiv repräsentieren möchte. Im Betrieb ist es ihr am liebsten, wenn ihr die Ausbilderin detaillierte Aufgabenbeschreibungen gibt.
3. Der Auszubildende Lennard Fischer hat die meisten Abteilungen in der Spielend Lernen GmbH erfolgreich durchlaufen. Während dieser Zeit hat er viele Vorgänge kennengelernt und einige Probleme erkannt. Er ist überzeugt, wenn er „den Laden später einmal übernimmt, läuft hier alles anders!".
4. Die Auszubildende Daniela Mayerhoff plant die Umstrukturierung der Offene-Posten-Bearbeitung in der Spielend Lernen GmbH, da ihr einige Schwachstellen aufgefallen sind. Da unbezahlte Rechnungen sich negativ auf das Unternehmen auswirken können, entwickelt sie Lösungsmöglichkeiten, testet diese und reflektiert den Vorgang.
5. Die Auszubildende Maya Heinrichs führt verantwortungsbewusst die Abholung und Aufgabe der täglichen Geschäftspost durch: Sie kontrolliert die Empfänger, plant die Verteilung der Briefsendungen und führt diese in der Spielend Lernen GmbH durch. Anschließend überlegt sie, ob sie auch an alles gedacht hat.

Lösung s. Seite 201

Aufgabe 27: Sachliche und zeitliche Gliederung der Ausbildung

Vanessa Davidson befindet sich im ersten Ausbildungsjahr. Sie möchte gerne wissen, innerhalb welchen Zeitraums ihrer Ausbildung sie mit personalbezogenen Aufgaben in der Spielend Lernen GmbH betraut wird.

a) Wo findet Vanessa Davidson diese Information?
   1. Im Ausbildungsrahmenplan
   2. In der sachlichen und zeitlichen Gliederung der Ausbildung
   3. In der Ausbildungsordnung
   4. Im Berufsbildungsgesetz
   5. Im Jugendarbeitsschutzgesetz.

b) Welche Information ist nicht in der sachlichen und zeitlichen Gliederung enthalten?
   1. Teile des Ausbildungsberufsbildes
   2. Zu vermittelnde Fertigkeiten, Kenntnisse und Fähigkeiten

3. Abschnitt A, B und C

4. Angaben zu Monaten und Abteilungen, in denen die Vermittlung von Tätigkeiten vorgesehen ist

5. Angaben zu Tagen, in denen die Vermittlung von Tätigkeiten vorgesehen ist.

Lösung s. Seite 201

Aufgabe 28: Besuch der Berufsschule

Martin Schmidt hat kürzlich das 18. Lebensjahr vollendet. Er ist Auszubildender im 1. Ausbildungsjahr in der Spielend Lernen GmbH und besuchte bislang regelmäßig und pünktlich seinen Betrieb und die Berufsschule.

Überprüfen Sie die folgenden Aussagen auf Richtigkeit. Welche Aussage ist nicht korrekt?

1. Mit Vollendung des 18. Lebensjahres ist der Auszubildende Martin Schmidt auch weiterhin verpflichtet, die Berufsschule regelmäßig zu besuchen.
2. Mit Vollendung des 18. Lebensjahres ist der Auszubildende Martin Schmidt nicht mehr zur Teilnahme am Berufsschulunterricht verpflichtet.
3. Eine bestehende oder nicht bestehende Volljährigkeit hat für die verpflichtende Teilnahme am Berufsschulunterricht für den Auszubildenden Martin Schmidt keine Auswirkung.
4. Als Auszubildender ist Martin Schmidt während der gesamten Ausbildungszeit verpflichtet, die Berufsschule regelmäßig zu besuchen.
5. Als Auszubildender ist Martin Schmidt während der gesamten Ausbildungszeit verpflichtet, seinen Ausbildungsbetrieb regelmäßig zu besuchen.

Lösung s. Seite 201

Aufgabe 29: Jugend- und Auszubildendenvertretung (JAV)

Sie sind aktuell Herrn Florian König, dem Personalleiter der Spielend Lernen GmbH, unterstellt. Ihr Mitauszubildender Martin Schmidt interessiert sich für eine Tätigkeit in der Jugend- und Auszubildendenvertretung und bittet Sie aufgrund Ihres derzeitigen Einsatzbereiches um Informationen.

Martin Schmidt hat bereits einiges über die JAV gehört. Welche Information ist nicht richtig?

1. Die JAV nimmt die besonderen Belange derjenigen Arbeitnehmer wahr, die das 18. Lebensjahr noch nicht vollendet haben (jugendliche Arbeitnehmer), sowie solchen, die zu ihrer Berufsausbildung beschäftigt sind und das 25. Lebensjahr noch nicht vollendet haben.
2. Wählbar sind alle Arbeitnehmer eines Betriebs, die das 25. Lebensjahr noch nicht vollendet haben.

3. Die Jugend- und Auszubildendenvertretung soll sich möglichst aus Vertretern der verschiedenen Beschäftigungsarten und Ausbildungsberufe der im Betrieb tätigen Arbeitnehmer und Auszubildenden zusammensetzen.
4. Die Jugend- und Auszubildendenvertretung wird in offener, unmittelbarer Wahl gewählt.
5. Mitglieder des Betriebsrats können nicht in die Jugend- und Auszubildendenvertretung gewählt werden.

Lösung s. Seite 201

Aufgabe 30: Bildung und Aufgaben einer JAV

a) Martin Schmidt möchte wissen, welche Voraussetzungen erfüllt sein müssen, damit in einem Betrieb eine Jugend- und Auszubildendenvertretung gegründet werden kann. Welche Antwort geben Sie ihm?
   1. Ein Betrieb beschäftigt mindestens drei Arbeitnehmer, die das 18. Lebensjahr noch nicht vollendet haben, oder Auszubildende, die das 25. Lebensjahr noch nicht vollendet haben.
   2. Ein Betrieb beschäftigt mindestens fünf Arbeitnehmer und Auszubildende, die das 30. Lebensjahr noch nicht vollendet haben.
   3. Ein Betrieb beschäftigt mindestens zwei Arbeitnehmer, die das 18. Lebensjahr noch nicht vollendet haben, oder fünf Auszubildende, die das 25. Lebensjahr noch nicht vollendet haben.
   4. Ein Betrieb beschäftigt mindestens fünf Arbeitnehmer, die das 18. Lebensjahr noch nicht vollendet haben, oder Auszubildende, die das 25. Lebensjahr noch nicht vollendet haben.
   5. Ein Betrieb beschäftigt mindestens fünf Arbeitnehmer, die das 18. Lebensjahr noch nicht vollendet haben, oder drei Auszubildende, die das 25. Lebensjahr noch nicht vollendet haben.

b) Martin Schmidt erzählt Ihnen von einigen Vorfällen in der Spielend Lernen GmbH und möchte wissen, in welchem Fall die Jugend- und Auszubildendenvertretung zuständig wäre.

   In welchen zwei Fällen muss die JAV gemäß Betriebsverfassungsgesetz tätig werden?
   1. Die 19-jährige Auszubildende Maria Rhönbach hat den Eindruck, aufgrund ihres Geschlechts von ihrem Ausbilder benachteiligt zu werden.
   2. Der 27-jährige Arbeitnehmer Thorsten Naumann soll ab dem kommenden Monat im Verkauf eingesetzt werden.
   3. Die 19-jährige Arbeitnehmerin Nadine Meier möchte nach Beendigung ihrer ersten Ausbildung gerne eine zweite Ausbildung in einem anderen Unternehmen absolvieren.

4. Der 23-jährige Auszubildende Bernd Stielkamp wird dauerhaft mit Aufräumarbeiten im Lager beschäftigt, obwohl er eine Ausbildung zum Kaufmann für Büromanagement absolviert.
5. Die 29-jährige Arbeitnehmerin Bahar Özgül hat Schwierigkeiten mit ihrem Vorgesetzten.

Lösung s. Seite 202

Aufgabe 31: Wählbarkeit zur JAV

Wer darf sich in der Spielend Lernen GmbH zum Vertreter und Mitglied der Jugend- und Auszubildendenvertretung wählen lassen?

1. Nur Arbeitnehmer der Spielend Lernen GmbH, die das 18. Lebensjahr noch nicht vollendet haben, es sei denn, die Wählbarkeit wurde durch eine strafgerichtliche Verurteilung verwirkt.
2. Alle Arbeitnehmer der Spielend Lernen GmbH, die das 25. Lebensjahr noch nicht vollendet haben, es sei denn, die Wählbarkeit wurde durch eine strafgerichtliche Verurteilung verwirkt.
3. Alle Arbeitnehmer der Spielend Lernen GmbH, es sei denn, die Wählbarkeit wurde durch eine strafgerichtliche Verurteilung verwirkt.
4. Nur Arbeitnehmer der Spielend Lernen GmbH, die sich in einem Ausbildungsverhältnis befinden.
5. Nur Arbeitnehmer der Spielend Lernen GmbH, die sich nicht in einem Ausbildungsverhältnis befinden.

Lösung s. Seite 202

Aufgabe 32: Wahlberechtigung zur JAV

Wer darf nicht an der Wahl der Jugend- und Auszubildendenvertretung teilnehmen?

1. Die 19-jährige Auszubildende Maria Rhönbach
2. Der 24-jährige Auszubildende Markus Dietrich
3. Die 19-jährige Auszubildende Nadine Meier
4. Der 23-jährige Auszubildende Bernd Stielkamp
5. Die 26-jährige Arbeitnehmerin Bahar Özgül.

Lösung s. Seite 202

Aufgabe 33: Ruhepausen einhalten

Die 16-jährige Martina Brinkmann beklagt sich bei Ihnen über zu kurze Pausen. Die achtstündigen Arbeitstage seien für sie sehr anstrengend und nur zwei kurze Pausen zu wenig. Außerdem stört es Martina, dass sie ihre Pause nicht am Arbeitsplatz verbringen darf, obwohl sie sich leise verhalte und ihre arbeitenden Kollegen wirklich nicht störe. Auf Nachfragen teilt Martina Ihnen mit, dass ihre Frühstückspause meist 45 Minuten beträgt und ihre Mittagspause von 12:30 Uhr bis 14:00 Uhr stattfindet.

Sie schlagen die Regelung im Jugendarbeitsschutzgesetz nach.

RECHTSGRUNDLAGEN

Jugendarbeitsschutzgesetz (JArbSchG)

§ 11 Ruhepausen, Aufenthaltsräume

(1) Jugendlichen müssen im Voraus feststehende Ruhepausen von angemessener Dauer gewährt werden. Die Ruhepausen müssen mindestens betragen

1. 30 Minuten bei einer Arbeitszeit von mehr als viereinhalb bis zu sechs Stunden,
2. 60 Minuten bei einer Arbeitszeit von mehr als sechs Stunden.

Als Ruhepause gilt nur eine Arbeitsunterbrechung von mindestens 15 Minuten.

(2) Die Ruhepausen müssen in angemessener zeitlicher Lage gewährt werden, frühestens eine Stunde nach Beginn und spätestens eine Stunde vor Ende der Arbeitszeit. Länger als viereinhalb Stunden hintereinander dürfen Jugendliche nicht ohne Ruhepause beschäftigt werden.

(3) Der Aufenthalt während der Ruhepausen in Arbeitsräumen darf den Jugendlichen nur gestattet werden, wenn die Arbeit in diesen Räumen während dieser Zeit eingestellt ist und auch sonst die notwendige Erholung nicht beeinträchtigt wird.

[…]

Was raten Sie Martina Brinkmann?

1. Die Pausenzeiten der Spielend Lernen GmbH sind zwar gemäß § 11 Abs. 1 rechtlich einwandfrei, Martina Brinkmann darf jedoch ihre Pause auch an ihrem Arbeitsplatz verbringen.
2. Gemäß § 11 Abs. 1 müssen die Ruhepausen 30 oder 60 Minuten betragen, daher sollte sich Martina Brinkmann bei der JAV offiziell beschweren und diese um Unterstützung bitten.
3. Die Spielend Lernen GmbH darf Martina Brinkmann untersagen, die Pause an ihrem Arbeitsplatz zu verbringen, die Zeiten der Ruhepausen müssen jedoch angepasst werden.
4. Sowohl die Pausenzeitregelung der Spielend Lernen GmbH als auch das Untersagen an Martina Brinkmann, die Pausen an ihrem Arbeitsplatz zu verbringen, sind rechtlich einwandfrei, daher sollte sich Martina Brinkmann an die Regelungen halten.

5. Weder die Pausenzeitenregelung der Spielend Lernen GmbH noch das Untersagen an Martina Brinkmann, die Pausen an ihrem Arbeitsplatz zu verbringen, sind rechtlich einwandfrei, daher sollte sich Martina Brinkmann zur Unterstützung an die JAV wenden.

Lösung s. Seite 204

Aufgabe 34: Arbeitszeitvorgaben einhalten

Die 16-jährige Lisa Eschweiler hat ihre Ausbildung am 01.08. begonnen.

a) Für die Berufsschulferien ist geplant, Lisa Eschweiler montags bis mittwochs sieben Stunden zu beschäftigen, donnerstags und freitags soll sie dafür neuneinhalb Stunden in der Spielend Lernen GmbH anwesend sein.

   Beurteilen Sie die Zulässigkeit dieser Arbeitszeiten.
   1. Diese Arbeitszeitregelung ist unzulässig, als Jugendliche darf Lisa Eschweiler nicht mehr als acht bis achteinhalb Stunden täglich beschäftigt werden.
   2. Diese Arbeitszeitregelung ist unzulässig, als Jugendliche darf Lisa Eschweiler nicht mehr als acht Stunden täglich und nicht mehr als 42 Stunden wöchentlich beschäftigt werden.
   3. Diese Arbeitszeitregelung ist zulässig, als Jugendliche darf Lisa Eschweiler auch mehr als acht Stunden täglich beschäftigt werden.
   4. Diese Arbeitszeitregelung ist zulässig, als Jugendliche darf Lisa Eschweiler jedoch nicht mehr als neuneinhalb Stunden täglich beschäftigt werden.
   5. Diese Arbeitszeitregelung ist zulässig, da die Arbeitszeiten montags und mittwochs unter acht Stunden liegen.

b) Zwar ist Lisa Eschweiler erst wenige Wochen in der Spielend Lernen GmbH, dennoch überlegt sie, einen Tag Urlaub zu beantragen, denn ihr Geburtstag ist schon in wenigen Tagen. Am 04.10. würde sie daher lieber einen freien Tag genießen, als zu arbeiten.

   Wie ist die gesetzliche Regelung für Lisa Eschweilers Urlaubsanspruch?
   1. Lisa Eschweiler stehen mindestens 30 Werktage zu.
   2. Lisa Eschweiler stehen mindestens 27 Werktage zu.
   3. Lisa Eschweiler stehen mindestens 25 Werktage zu.
   4. Lisa Eschweiler stehen mindestens 24 Werktage zu.
   5. Lisa Eschweiler stehen mindestens 20 Werktage zu.

Lösung s. Seite 204

Aufgabe 35: Ärztliche Untersuchungen

Sie erhalten den folgenden Auszug aus dem Jugendarbeitsschutzgesetz:

 RECHTSGRUNDLAGEN

Gesetz zum Schutze der arbeitenden Jugend (Jugendarbeitsschutzgesetz – JarbSchG)

§ 32 Erstuntersuchung

(1) Ein Jugendlicher, der in das Berufsleben eintritt, darf nur beschäftigt werden, wenn

1. er innerhalb der letzten vierzehn Monate von einem Arzt untersucht worden ist (Erstuntersuchung) und
2. dem Arbeitgeber eine von diesem Arzt ausgestellte Bescheinigung vorliegt.

(2) Absatz 1 gilt nicht für eine nur geringfügige oder eine nicht länger als zwei Monate dauernde Beschäftigung mit leichten Arbeiten, von denen keine gesundheitlichen Nachteile für den Jugendlichen zu befürchten sind.

§ 33 Erste Nachuntersuchung

(1) Ein Jahr nach Aufnahme der ersten Beschäftigung hat sich der Arbeitgeber die Bescheinigung eines Arztes darüber vorlegen zu lassen, dass der Jugendliche nachuntersucht worden ist (erste Nachuntersuchung). Die Nachuntersuchung darf nicht länger als drei Monate zurückliegen. Der Arbeitgeber soll den Jugendlichen neun Monate nach Aufnahme der ersten Beschäftigung nachdrücklich auf den Zeitpunkt, bis zu dem der Jugendliche ihm die ärztliche Bescheinigung nach Satz 1 vorzulegen hat, hinweisen und ihn auffordern, die Nachuntersuchung bis dahin durchführen zu lassen.

(2) Legt der Jugendliche die Bescheinigung nicht nach Ablauf eines Jahres vor, hat ihn der Arbeitgeber innerhalb eines Monats unter Hinweis auf das Beschäftigungsverbot nach Absatz 3 schriftlich aufzufordern, ihm die Bescheinigung vorzulegen. Je eine Durchschrift des Aufforderungsschreibens hat der Arbeitgeber dem Personensorgeberechtigten und dem Betriebs- oder Personalrat zuzusenden.

(3) Der Jugendliche darf nach Ablauf von 14 Monaten nach Aufnahme der ersten Beschäftigung nicht weiterbeschäftigt werden, solange er die Bescheinigung nicht vorgelegt hat.

§ 34 Weitere Nachuntersuchungen

Nach Ablauf jedes weiteren Jahres nach der ersten Nachuntersuchung kann sich der Jugendliche erneut nachuntersuchen lassen (weitere Nachuntersuchungen). Der Arbeitgeber soll ihn auf diese Möglichkeit rechtzeitig hinweisen und darauf hinwirken, dass der Jugendliche ihm die Bescheinigung über die weitere Nachuntersuchung vorlegt.

a) Die 16-jährige Lisa Eschweiler beginnt am 01.08. ihre Ausbildung zur Kauffrau für Büromanagement bei der Spielend Lernen GmbH. Prüfen Sie den Sachverhalt – welche Aussage stimmt?
   1. Da Lisa Eschweiler als Auszubildende nur geringfügig beschäftigt ist, muss sie keine Erstuntersuchung durchführen lassen.
   2. Lisa Eschweiler muss bei einem Arzt eine Erstuntersuchung durchführen lassen und die Bescheinigung hierfür der Spielend Lernen GmbH vorlegen.
   3. Lisa Eschweiler muss erst nach bestandener Probezeit die Erstuntersuchung durchführen, da dann die Mindestarbeitszeit von zwei Monaten bestanden ist.
   4. Die Spielend Lernen GmbH darf Lisa Eschweiler auch ohne bescheinigte Erstuntersuchung beschäftigen, da sie nur mit leichten Arbeiten betraut wird, von denen keine gesundheitlichen Nachteile ausgehen.
   5. Die Bescheinigung über die Erstuntersuchung für die Spielend Lernen GmbH innerhalb der letzten vierzehn Monate ist dem Arzt vor Beginn der Ausbildung vorzulegen.

b) Lisa Eschweiler hat die Erstuntersuchung bei einem Arzt durchführen lassen und die Bescheinigung noch vor Ausbildungsbeginn am 01.08. bei der Spielend Lernen GmbH eingereicht. Die Probezeit hat Lisa mittlerweile längst hinter sich, das erste Ausbildungsjahr ist schon zur Hälfte um.
   Was muss in Bezug auf die erste Nachuntersuchung nicht beachtet werden?
   1. Ein Jahr nach Aufnahme der Ausbildung muss die Spielend Lernen GmbH sich Lisa Eschweilers ärztliche Bescheinigung über die Nachuntersuchung vorlegen lassen.
   2. Legt Lisa Eschweiler die ärztliche Bescheinigung über die Nachuntersuchung nicht nach Ablauf eines Jahres vor, muss die Spielend Lernen GmbH sie schriftlich auffordern, ihr die Bescheinigung vorzulegen.
   3. Legt Lisa Eschweiler die Bescheinigung nicht vor, darf sie von der Spielend Lernen GmbH nach Ablauf von 14 Monaten nicht weiterbeschäftigt werden.
   4. Die Spielend Lernen GmbH sollte Lisa Eschweiler neun Monate nach Beginn ihrer Ausbildung auf den Zeitpunkt hinweisen, zu dem die Bescheinigung der ärztlichen Nachuntersuchung vorliegen muss.
   5. Die erste Nachuntersuchung muss drei Monate nach Aufnahme der Ausbildung durchgeführt werden, die Spielend Lernen GmbH muss Lisa Eschweiler auffordern, die Nachuntersuchung in diesem Zeitraum durchführen zu lassen.

Lösung s. Seite 204

Aufgabe 36: Fortbildungsmöglichkeiten

Die Spielend Lernen GmbH bietet ihren Mitarbeitern die Möglichkeit, sich durch die Teilnahmen an Schulungen und Fortbildungen weiterzubilden. Der Geschäftsführer der Spielend Lernen GmbH, Fabian Fröhlich, hält Weiterbildung für einen wichtigen Faktor bei der Zukunftsplanung seines Unternehmens.

Bitte begründen Sie anhand von drei Argumenten, warum die Weiterbildung der Mitarbeiter in der betrieblichen Zukunftsplanung eine wichtige Rolle spielt.

1. Gut ausgebildete Mitarbeiter haben eine fundierte Wissensbasis, mit der sie nicht nur für das eigene Unternehmen eine wertvolle Unterstützung darstellen, sondern sich auch in konkurrierenden Unternehmen bewerben können.
2. Gut ausgebildete Mitarbeiter haben eine fundierte Wissensbasis für das Erledigen ihrer Aufgaben und können ggf. auch gute Ideen einbringen.
3. Mitarbeiter, die regelmäßig an Weiterbildungen teilnehmen, bekommen Anregungen von außen, somit wird einer allgemeinen Betriebsblindheit vorgebeugt.
4. Mitarbeiter, die an Weiterbildungen teilnehmen, sind regelmäßig außerhalb des Betriebs beschäftigt und können so in ihrer Abteilung oder an ihrem Arbeitsplatz keinen Schaden anrichten.
5. Die Spielend Lernen GmbH kann ihre Mitarbeiter an sich binden, wenn sie beispielsweise die Weiterbildung finanziert oder in zeitlichem Rahmen unterstützt.

Lösung s. Seite 205

Aufgabe 37: Personalförderung

a) Personalleiter Florian König möchte seine Mitarbeiter und Auszubildende mit gezielten Maßnahmen fördern. Welche Maßnahme ist ungeeignet?
   1. Coaching einzelner Mitarbeiter der Spielend Lernen GmbH, um gezielt und individuell Mitarbeiter und deren Kompetenzen zu fördern.
   2. Berufliche Weiterbildungsmaßnahmen für interessierte Mitarbeiter, damit diese ihre Qualifikationen festigen und ausbauen können.
   3. Gezielte Laufbahnplanung eines Mitarbeiters, um dessen Karriere strategisch zu gestalten.
   4. Rationalisierung der Arbeitsplätze, sodass die bisherigen Mitarbeiter mehr Zeit für persönliche Weiterbildung zur Verfügung haben.
   5. Einsatz von Job Rotation, um die Flexibilität und die Fähigkeiten der Mitarbeiter durch den Wechsel von Aufgaben und Funktionen zu fördern.

b) Um einen Eindruck davon zu bekommen, welche Maßnahmen der Personalförderung die Mitarbeiter der Spielend Lernen GmbH bevorzugen, sollen Sie einen Fragebogen erstellen, der unter den Mitarbeitern verteilt wird. Die Umfrage soll anonym erfolgen.

   Was spricht für die Erhebung der Mitarbeiterwünsche anhand einer so durchgeführten Umfrage?
   1. Ungenaue Antworten können nicht direkt hinterfragt, Mitarbeiter nicht direkt angesprochen werden.
   2. Die Umfrage kann anonym erfolgen, Kritik wird anonym eher geäußert.
   3. Die Mitarbeiter überspringen Fragen.

4. Die Antworten sind ggf. nicht ehrlich.
5. Hintergedanken oder Hintergrundwissen sind kaum zu erkennen.

Lösung s. Seite 205

Aufgabe 38: Traineeprogramme

In der Spielend Lernen GmbH steht zur Diskussion, ein Traineeprogramm einzuführen. Bei welcher Erklärung handelt es sich um ein solches?

1. Fachliches Wissen wird durch einen Mentor an seinen Mentee weitergegeben.
2. Regelmäßiges Wechseln von Aufgaben und Funktionen der Mitarbeiter.
3. Einzelne Mitarbeiter erhalten Trainings durch einen Coach.
4. Beurteilung verschiedener Kompetenzen einer Person aus unterschiedlichen Blickwinkeln.
5. Aufbau einer studierten Nachwuchskraft anhand aufeinander abgestimmter Aufgaben in ausgewählten Abteilungen, Seminaren sowie auf Netzwerkveranstaltungen.

Lösung s. Seite 205

Aufgabe 39: Coaching

Im letzten Jahr wurde der Mitarbeiter Oliver Leitmann durch einen Business-Coach professionell begleitet, beraten und unterstützt. Hierfür stand ein Budget von 15.000 € zur Verfügung. Im kommenden Jahr sollen drei Mitarbeiter durch ein Coaching gefördert werden, das dreifache Budget wurde für diesen Zweck freigegeben.

Bitte berechnen Sie das Budget.

Lösung s. Seite 206

Aufgabe 40: Mentoring

Sascha Werner, der gerade seine Ausbildung in der Spielend Lernen GmbH erfolgreich bestanden hat und übernommen wurde, empfindet großen Respekt für Fabian Fröhlich, den Geschäftsführer der Spielend Lernen GmbH. Er möchte so viel wie möglich von ihm lernen, um später ebenfalls in der Lage zu sein, sein eigenes Unternehmen zu führen.

Welche Aussage zum Mentoring ist falsch?

1. Als Mentor kann Fabian Fröhlich fachliches Wissen und persönliche Erfahrungen an Sascha Werner weitergeben.
2. Beim Mentoring ist Sascha Werner der Mentee und Fabian Fröhlich der Mentor.
3. Sascha Werner muss Ausbildung und Studium oder aber ein duales Studium erfolgreich beendet haben, bevor er Fabian Fröhlich zum Mentor haben kann.

4. Als Mentor unterstützt Fabian Fröhlich Sascha Werner dabei, sich persönlich und beruflich weiterzuentwickeln.
5. Sascha Werner erhält als Mentee Einblicke in die Strukturen der beruflichen Ebene von Fabian Fröhlich und lernt, dort Kontakte zu knüpfen.

Lösung s. Seite 206

Aufgabe 41: Fortbildungsmaßnahmen vorschlagen

Geschäftsführer Fabian Fröhlich und Personalleiter Florian König sind sich einig, dass gut ausgebildetes, qualifiziertes Personal für die Spielend Lernen GmbH ein unverzichtbarer Erfolgsfaktor ist. Aus diesem Grund haben sie in der Vergangenheit Maßnahmen ergriffen, die die Mitarbeiter dazu motivieren sollten, sich weiterzubilden.

Um die nächsten Schritte festlegen zu können, bitten die beiden Sie, die nachfolgende Abbildung auszuwerten.

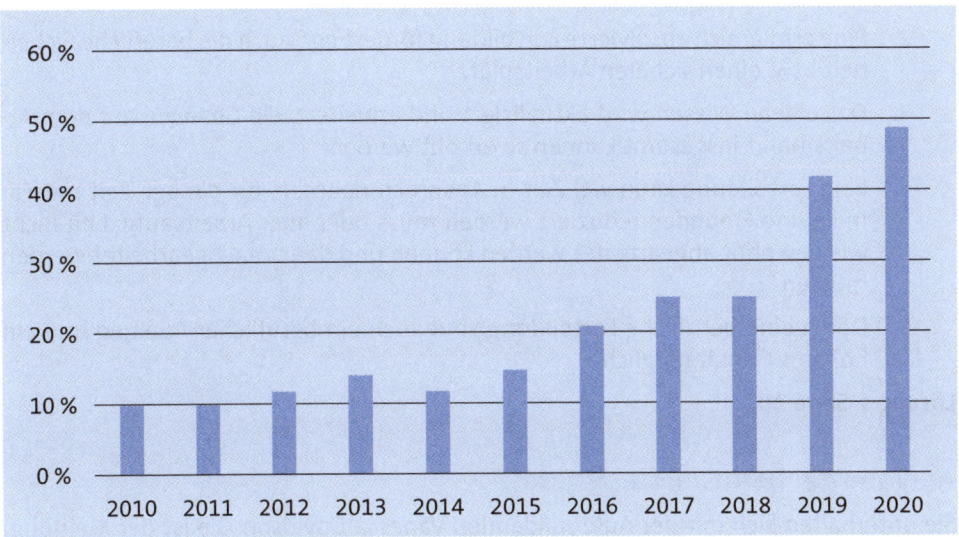

a) Welche drei Aussagen zur Teilnahme der Mitarbeiter an inner- und überbetrieblichen Fortbildungsmaßnahmen sind korrekt?
   1. Im Jahr 2010 haben sich vergleichsweise wenig Mitarbeiter der Spielend Lernen GmbH zu einer Fortbildung entschlossen, nämlich nur 10 %.
   2. Verglichen mit 2010 hat sich die Zahl der Mitarbeiter, die an betrieblichen Fortbildungsmaßnahmen teilnehmen, um fast 40 % gesteigert.
   3. Besonders in den Jahren 2019 und 2020 ist ein deutlicher Zuwachs zu erkennen, immer mehr Mitarbeiter der Spielend Lernen GmbH nehmen an Fortbildungsmaßnahmen teil.

4. Die Zahl der Mitarbeiter, die sich regelmäßig weiterbilden, ist stetig gesunken, besonders deutlich zu erkennen im Jahr 2014.

5. Verglichen mit 2015 gab es in 2017 bereits 20 % mehr Mitarbeiter, die an Fort- und Weiterbildungsmaßnahmen teilgenommen haben.

b) Im Gespräch mit Kollegen haben Sie gehört, dass die Spielend Lernen GmbH ihren Mitarbeitern und Auszubildenden umfangreiche Fortbildungsangebote bietet. Das Unternehmen unterstützt seine Mitarbeiter und Auszubildenden dabei auch finanziell.

Sie und Vanessa Davidson haben im vergangenen Monat ihre Abschlussprüfung bestanden und wurden übernommen. Sie selbst überlegen ebenfalls, an einer Fortbildung teilzunehmen. Sie schlagen Vanessa Davidson vor, die Fortbildung mit Ihnen zu absolvieren.

Welches Argument ist für dieses Vorhaben ungeeignet?

1. Es besteht die Möglichkeit, die berufliche Weiterbildung durch die Spielend Lernen GmbH unterstützen zu lassen.

2. Eine erfolgreich absolvierte Fortbildung fördert ggf. auch die berufliche Sicherheit bzw. einen sicheren Arbeitsplatz.

3. Das eigene Wissen wird aktualisiert und erweitert, die Chancen auf dem Arbeitsmarkt insgesamt können so erhöht werden.

4. Eine Fortbildung kann viel Zeit in Anspruch nehmen, für die ggf. Zeit mit Familie und Freunden reduziert werden muss oder aber Arbeitsaufgaben nicht wie gewohnt abgearbeitet werden können und daher nachgearbeitet werden müssen.

5. Durch eine berufliche Fortbildung sind auch ein beruflicher Aufstieg und ein höheres Gehalt möglich.

Lösung s. Seite 207

Aufgabe 42: Berufsbildungsgesetz

Sie unterhalten sich mit der Auszubildenden Vanessa Davidson. Sie ist der Meinung, für sie als minderjährige Auszubildende gelte nur das Jugendarbeitsschutzgesetz, nicht jedoch das Berufsbildungsgesetz.

Welche Antwort geben Sie ihr?

1. Vanessa Davidson liegt richtig, das Berufsbildungsgesetz gilt nur für Auszubildende, die das 18. Lebensjahr vollendet haben, nicht jedoch für minderjährige Auszubildende.

2. Da das Berufsbildungsgesetz u. a. auch die Pflichten von Auszubildenden, Regelungen zur Probezeit und weitere ausbildungsrelevante Regelungen enthält, gilt das BBiG trotz noch nicht erlangter Volljährigkeit auch für Vanessa Davidson.

3. Vanessa Davidson liegt falsch, da das Jugendarbeitsschutzgesetz Jugendliche vor dem Aufnehmen einer Arbeitstätigkeit insgesamt schützt, jedoch in keiner Regelung für die Ausbildung herangezogen werden kann.
4. Da Vanessa Davidson mit ihrem Ausbildungsbetrieb zufrieden ist, spielt das Berufsbildungsgesetz keine Rolle. Dies regelt ausschließlich Streitpunkte zwischen Unternehmen und Auszubildenden.
5. Da das Jugendarbeitsschutzgesetz u. a. die Pflichten von Auszubildenden, Regelungen zur Probezeit und weitere ausbildungsrelevante Regelungen enthält, gilt nur das JArbSchG, das BBiG enthält die gleichen Regelungen und ist daher überflüssig.

Lösung s. Seite 207

Aufgabe 43: Jugendarbeitsschutzgesetz

Nachdem Sie mit Vanessa Davidson über die Unterschiede von Berufsbildungsgesetz und Jugendarbeitsschutzgesetz diskutiert haben, möchte sie sichergehen, dass sie alles richtig verstanden und behalten hat. Sie wiederholt daher einige Regelungen des Jugendarbeitsschutzgesetzes.

Welche Regelung findet sich nicht im Jugendarbeitsschutzgesetz?
1. Regelung zu Prüfungen und außerbetrieblichen Ausbildungsmaßnahmen
2. Regelung zu Erst- und Nachuntersuchungen von Auszubildenden
3. Regelung zu täglicher Freizeit und zum Urlaub
4. Regelungen zur Abkürzung und Verlängerung der Ausbildungszeit
5. Regelungen zur Dauer der Arbeitszeit und der Berufsschule.

Lösung s. Seite 208

Aufgabe 44: Betriebsverfassungsgesetz

Welche Inhalte regelt das Betriebsverfassungsgesetz nicht?
1. Errichtung und Aufgabe der Jugend- und Auszubildendenvertretung
2. Zahl der Jugend- und Auszubildendenvertreter
3. Zusammensetzung der Jugend- und Auszubildendenvertretung
4. Zusammenstellung der Projektgruppen innerhalb der Jugend- und Auszubildendenvertretung
5. Teilnahme der Jugend- und Auszubildendenvertretung an Betriebsratssitzungen.

Lösung s. Seite 208

Aufgabe 45: Tarifvertragsgesetz

Daniel Freitag, ein Freund, der seine Ausbildung in einem anderen Unternehmen absolviert, erzählt Ihnen, dass für die Mitarbeiter seines Ausbildungsunternehmens ein Tarifvertrag gilt.

Was regelt das Tarifvertragsgesetz nicht?

1. Den Inhalt und die Form des Tarifvertrags
2. Die Seitenzahl, Schriftform und Schriftgröße des Tarifvertrags
3. Die betreffenden Tarifvertragsparteien
4. Die Gebundenheit an einen vereinbarten Tarifvertrag
5. Zulässigkeit abweichender Abmachungen.

Lösung s. Seite 208

Aufgabe 46: Sozialgesetzbuch – Bundesausbildungsförderungsgesetz

Maximilian Steinert möchte eine Ausbildung in der Spielend Lernen GmbH beginnen. Seine Eltern können ihn leider kaum unterstützen, außerdem wird Maximilian bei einer Zusage der Spielend Lernen GmbH ins zweieinhalb Stunden entfernte Dortmund ziehen, um sich die tägliche Pendelstrecke zu sparen. Ein Freund hat Maximilian vom „BAföG" erzählt.

Welche Information zur Ausbildungsförderung ist nicht richtig?

1. Maximilian Steinert kann eine Ausbildungsförderung beantragen, da er für die Ausbildung aus dem Haushalt seiner Eltern ausziehen wird.
2. Die Ausbildungsförderung wird für den Lebensunterhalt und die Ausbildung von Maximilian Steinert geleistet.
3. Maximilian Steinert wird gefördert, wenn seine Leistungen erwarten lassen, dass er das angestrebte Ausbildungsziel erreicht.
4. Die Ausbildungsförderung wird erst geleistet, wenn Maximilian Steinert das 20. Lebensjahr vollendet hat.
5. Maximilian Steinert hat das Recht auf Ausbildungsförderung, wenn ihm die für seinen Lebensunterhalt und die für seine Ausbildung erforderlichen Mittel nicht anderweitig zur Verfügung stehen.

Lösung s. Seite 210

4. Sicherheit und Gesundheitsschutz bei der Arbeit

Aufgabe 1: Gesundheitsförderung am Arbeitsplatz

Florian König, dem Personalleiter der Spielend Lernen GmbH, liegt viel an seinen Mitarbeitern. Aus diesem Grund setzt er sich auch konsequent für die Gesundheitsförderung seiner Mitarbeiter ein.

a) Herr König hat eine Umfrage unter den Mitarbeitern der Spielend Lernen GmbH durchgeführt und Vorschläge für Maßnahmen zur Gesundheitsförderung am Arbeitsplatz eingeholt. Welche der vorgeschlagenen Maßnahmen eignet sich nicht?

1. Die Spielend Lernen GmbH kann ihren Mitarbeitern Betriebssport anbieten, z. B. durch einen eigenen Verein oder unternehmenseigene Fitnessräume.
2. Die Spielend Lernen GmbH kann ihren Mitarbeitern kostenlose, frei zugängliche Wasserspender an den Arbeitsplätzen zur Verfügung stellen.
3. Die Spielend Lernen GmbH kann die private Ernährung ihrer Mitarbeiter kontrollieren und ungesunde Ernährung außerhalb der Arbeitszeiten sanktionieren.
4. Die Spielend Lernen GmbH kann über ihre Pflichten hinaus den Mitarbeitern ergonomische Arbeitsmittel zur Verfügung stellen, um so typische Arbeitsplatz-Beschwerden zu reduzieren.
5. Die Spielend Lernen GmbH kann für ihre Mitarbeiter Präventionskurse und Vorträge anbieten und organisieren, um das Gesundheitsbewusstsein der Mitarbeiter zu fördern.

b) Die Spielend Lernen GmbH organisiert für ihre Mitarbeiter Präventionskurse und Vorträge zum Thema „Gesund und fit im Arbeitsalltag". Im vergangenen Jahr stand hierfür ein Budget von 110.000 € zur Verfügung. Florian König konnte die Geschäftsleitung überzeugen, dieses Jahr das Budget auf 150.000 € zu erhöhen.

Geben Sie die prozentuale Steigung an:

1. 31,42 %
2. 25 %
3. 42,67 %
4. 36,36 %
5. 40 %

Lösung s. Seite 211

Aufgabe 2: Gefährdungen am Arbeitsplatz feststellen

Um Gefährdungen am Arbeitsplatz festzustellen, werden die Mitarbeiter der Spielend Lernen GmbH regelmäßig zu Schulungen und Sicherheitsunterweisungen eingeladen. Zusätzlich soll Helmut Schwarz als neuer Sicherheitsbeauftragter in der Spielend Lernen GmbH bestellt werden.

a) Wann ist ein Betrieb verpflichtet, einen Sicherheitsbeauftragten zu bestellen?
   1. Sobald ein Betrieb mehr als 10 Beschäftigte hat, muss ein Sicherheitsbeauftragter bestellt werden.
   2. Sobald ein Betrieb mehr als 20 Beschäftigte hat, muss ein Sicherheitsbeauftragter bestellt werden.
   3. Sobald ein Betrieb mehr als 30 Beschäftigte hat, muss ein Sicherheitsbeauftragter bestellt werden.
   4. Sobald ein Betrieb mehr als 50 Beschäftigte hat, muss ein Sicherheitsbeauftragter bestellt werden.
   5. Sobald ein Betrieb mehr als 100 Beschäftigte hat, muss ein Sicherheitsbeauftragter bestellt werden.
b) Als neuer Sicherheitsbeauftragter der Spielend Lernen GmbH gehören viele Aufgaben in den Arbeitsbereich von Helmut Schwarz. Welche Aufgabe gehört nicht dazu?
   1. Ermitteln von Unfallursachen und Gesundheitsgefahren, Hinwirkung zur Mängelbeseitigung
   2. Unterrichtung des Geschäftsführers und der Vorgesetzten über vorhandene Unfall-/Gesundheitsgefahren und Sicherheitsmängel
   3. Informieren der Mitarbeiter über die aktuellen Unfälle und Gesundheitsgefahren in den Nachbarunternehmen
   4. Kontrolle der ordnungsgemäßen Nutzung von Schutzeinrichtungen
   5. Unterstützung der Mitarbeiter der Spielend Lernen GmbH, wenn diese Fragen bzgl. der Arbeitssicherheit haben.

Lösung s. Seite 211

Aufgabe 3: Gefährdungen am Arbeitsplatz vermeiden

Nach der Umgestaltung der Büroräume sollen nun die Arbeitsplätze im Lager und in den Verkaufsräumen der Spielend Lernen GmbH entsprechend sicherer gestaltet werden.

Welche Aufgabe gehört nicht zu den Pflichten der Mitarbeiter der Spielend Lernen GmbH im Rahmen des Arbeitsschutzgesetzes?

1. Die Mitarbeiter der Spielend Lernen GmbH müssen regelmäßig an den Unterweisungen teilnehmen.
2. Die Mitarbeiter der Spielend Lernen GmbH müssen die Hinweise und Vorschriften der Spielend Lernen GmbH befolgen.
3. Die Mitarbeiter der Spielend Lernen GmbH müssen ihre Arbeit so verrichten, dass sie keine anderen Personen gefährden.
4. Die Mitarbeiter der Spielend Lernen GmbH müssen ihre Arbeiten so schnell wie möglich ausführen, um Gefahrensituationen und Gefährdungen in möglichst kurzer Zeit nicht mehr ausgesetzt zu sein.

5. Die Mitarbeiter der Spielend Lernen GmbH müssen von ihnen festgestellte Mängel, die Auswirkung auf ihre eigene Sicherheit und Gesundheit wie auch Auswirkungen auf die Sicherheit und Gesundheit ihrer Kollegen haben, ihren Vorgesetzten innerhalb der Spielend Lernen GmbH melden.

Lösung s. Seite 212

Aufgabe 4: Arbeitsschutzhinweise

Personalleiter Florian König bittet Sie, einige Arbeitsschutzhinweise für die Arbeit der Mitarbeiter im Büro zu formulieren. Sie haben sich fünf Punkte notiert. Welcher Punkt ist nicht als Arbeitsschutzhinweis geeignet?

1. Die Lichtverhältnisse in den Büros sollten so gestaltet sein, dass keine störenden Blendungen oder Spiegelungen auftreten.
2. Um die Konzentration möglichst nicht zu beeinträchtigen, sollten Lärm erzeugende Geräte wie Drucker und Kopiergeräte in separaten Räumen aufgestellt werden.
3. Büroarbeitsstühle sollten standardsicher und stabil sein sowie über ein Untergestell mit fünf Abstützpunkten (Rollen) verfügen.
4. Die Mitarbeiter der Spielend Lernen GmbH sollten regelmäßig über die Handhabung der Feuerlöscher, über Verhalten im Brandfall und Erste-Hilfe-Maßnahmen unterwiesen werden.
5. Fluchtwege müssen stets frei bleiben und beschildert sein, je nach Benutzerzahl genügt eine unzureichende Breite.

Lösung s. Seite 212

Aufgabe 5: Gefahrenzeichen

2017 wurden die bisherigen Gefahrensymbole ersetzt. Bisher waren schwarze Symbole auf orangefarbenem Hintergrund mit schwarzer Umrandung abgebildet. Die aktuellen Gefahrenzeichen sind in Schwarz dargestellt, auf weißem Hintergrund mit roter Umrandung.

In der Spielend Lernen GmbH befinden sich aus einem Großeinkauf noch Reinigungsmittel mit den alten Symbolen.

Unter anderem findet sich auf einigen Spülmittelflaschen noch folgendes Piktogramm:

Quelle: http://vbg.de/apl/arbhilf/unterw/125_sym.htm

Auf den neueren Flaschen ist bereits folgendes Piktogramm zu sehen:

Quelle: https://www.bghm.de/arbeitsschuetzer/praxishilfen/sicherheitszeichen/kennzeichnung-von-gefahrstoffen/

Was müssen die Mitarbeiter der Spielend Lernen GmbH beachten?
1. Spülmittelflaschen mit dem alten Piktogramm dürfen nicht mehr in der Spielend Lernen GmbH verwendet werden.
2. Reinigungsmittel, auf deren Verpackung eines der beiden Piktogramme abgebildet ist, können bei falschem Umgang gesundheitsschädlich/gesundheitsgefährdend sein.
3. Bei Reinigungsmitteln, auf deren Verpackung das neue Piktogramm abgebildet ist, muss beachtet werden, dass die Nutzung aus Sicherheitsgründen immer mindestens von zwei Personen gemeinsam durchgeführt werden muss.
4. Reinigungsmittel dürfen nur genutzt werden, wenn sie sowohl das alte als auch das neue Piktogramm auf ihrer Verpackung abbilden.
5. Spülmittelflaschen mit dem neuen Piktogramm auf der Verpackung müssen als Erstes aufgebraucht werden.

Lösung s. Seite 212

Aufgabe 6: Sicherheitszeichen

In der Spielend Lernen GmbH gibt es verschiedene Arten von Sicherheitszeichen. Bitte ordnen Sie die Piktogramme den jeweiligen Oberbegriffen zu:

Verbotszeichen – Warnzeichen – Brandschutzzeichen – Gebotszeichen – Rettungszeichen

Lösung s. Seite 212

Aufgabe 7: Rettungszeichen

In der Spielend Lernen GmbH sind an manchen Stellen Rettungszeichen angebracht, um den Mitarbeitern in Notfällen Orientierung zu bieten.

Welche Bedeutung hat das abgebildete Rettungszeichen?

Quelle: https://www.bghm.de/arbeitsschuetzer/praxishilfen/sicherheitszeichen/rettungszeichen/

1. Hier befindet sich ein Notausgang.
2. Hier befinden sich Erste-Hilfe-Materialien.
3. Es bedeutet, dass an dieser Stelle das Deutsche Weiße Kreuz Hilfe (DWK) anbietet.
4. Es bedeutet, dass sich an dieser Stelle mehrere Notausgänge befinden.
5. Hier befindet sich ein Notausstieg plus Fluchtleiter.

Lösung s. Seite 213

Aufgabe 8: Warnzeichen

Sie unterhalten sich mit Fabian Fröhlich, dem Geschäftsführer der Spielend Lernen GmbH, über mögliche Gefahren in den Räumlichkeiten des Unternehmens. Gemeinsam beschließen Sie, die Gefahrenhinweise zu erneuern, an wichtigen Stellen ohne Gefahren- oder Warnhinweise solche anzubringen und die Mitarbeiter der Spielend Lernen GmbH erneut zu schulen.

Ordnen Sie die jeweiligen Bedeutungen den entsprechenden Warnhinweisen und Gefahrenkennzeichen zu:

Die Handynutzung ist an dieser Stelle verboten – Rauchen ist an dieser Stelle verboten – Kennzeichnung von Fluchtwegen und Notausgängen – Hier findet sich ein Feuerlöscher

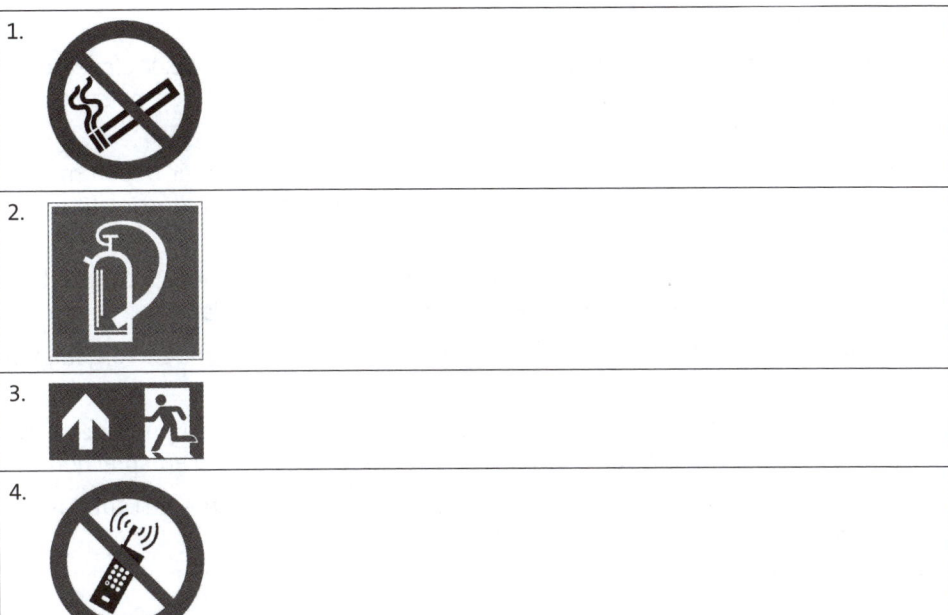

Lösung s. Seite 213

Aufgabe 9: Verbotszeichen

Die Spielend Lernen GmbH hat neben dem Verkauf von bezogenen Produkten auch ein eigenes Fertigungsprogramm. In der Produktionshalle findet sich folgendes Schild:

Quelle: https://www.bghm.de/arbeitsschuetzer/praxishilfen/sicherheitszeichen/verbotszeichen/

Welche Bedeutung hat es?

1. In den Produktionsräumen der Spielend Lernen GmbH darf nicht gegessen oder getrunken werden.
2. Die Mitarbeiter der Spielend Lernen GmbH dürfen kein Fastfood konsumieren.
3. Zum Einnehmen von Mahlzeiten sind hier Teller und Besteck zwingend erforderlich.
4. Verbot von Strohhalmen aus Umweltschutzgründen
5. In den Produktionsräumen der Spielend Lernen GmbH steht kein Trinkwasser im Pausenraum zur Verfügung.

Lösung s. Seite 214

4. Sicherheit und Gesundheitsschutz bei der Arbeit | Aufgaben

Aufgabe 10: Berufsbezogene Arbeitsschutzbestimmungen

Arbeitsschutz spielt in der Spielend Lernen GmbH eine wichtige Rolle. Welche Aussagen sind für die Arbeitsschutzbestimmungen zutreffend, die die Büroarbeitsplätze in der Spielend Lernen GmbH betreffen? (2 Antworten)

1. Da die Mitarbeiter in den Büroräumen in der Regel nicht schwer heben müssen oder mit Chemikalien arbeiten, sind Arbeitsschutzmaßnahmen dort nicht umzusetzen.
2. Im Sinne der Arbeitsschutzbestimmungen muss die Spielend Lernen GmbH dafür sorgen, dass die Temperatur in den Büroräumen angemessen ist.
3. Für die Größe von Büroarbeitsplätzen gibt es keine einzuhaltenden Vorgaben im Sinne des Arbeitsschutzes.
4. Die den Mitarbeitern durch die Spielend Lernen GmbH zur Verfügung gestellten Bürostühle müssen den Vorschriften zum Arbeitsschutz im Büro entsprechen.
5. Der gesetzlich festgelegte Grenzwert von maximal 13,5 dB(A) für die Lautstärke in Büroräumen ist im Sinne des Arbeitsschutzes einzuhalten.

Lösung s. Seite 214

Aufgabe 11: Arbeitsschutzmaßnahmen

Sie sollen drei Maßnahmen zur Förderung des Arbeitsschutzes in der Spielend Lernen GmbH empfehlen.

Bitte kommen Sie dieser Aufforderung nach.

1. Die betreffenden Mitarbeiter sollen personenbezogene Taschen für ihre eigene persönliche Schutzausrüstung erhalten.
2. Konkrete Verbesserungsmaßnahmen werden zur Übersichtlichkeit ausschließlich durch die Geschäftsführung erarbeitet und umgesetzt.
3. Durch regelmäßige Mitarbeiterbesprechungen und Unterweisungen soll das Sicherheitsbewusstsein der Mitarbeiter in der Spielend Lernen GmbH gefördert werden.
4. Künftig sollen in der Spielend Lernen GmbH Tätigkeiten, die nicht den Routine-Aufgaben der Mitarbeiter entsprechen, vorab detailliert besprochen werden, um zu überlegen, welche Gefährdungen zu erwarten sind.
5. Es wird nur ein Mitarbeiter der Spielend Lernen GmbH in Erster Hilfe ausgebildet, um „Kompetenzgerangel" in Unfall- und Bedarfssituationen vorzubeugen.

Lösung s. Seite 215

Aufgabe 12: Flucht- und Rettungswege

Jedes Unternehmen hat dafür zu sorgen, dass Flucht- und Rettungswege gekennzeichnet sind. Auch die Spielend Lernen GmbH ist auf die Sicherheit ihrer Mitarbeiter bedacht und hat Flucht- und Rettungspläne für die Mitarbeiter erstellt.

Worüber geben Flucht- und Rettungspläne keine Auskunft?
1. Hinweise zu gesicherten Bereichen und Fluchtwegen ins Freie, Gebäudegrundriss mit Standort des Betrachters
2. Schnelle Übersicht zu vorhandenen Hilfsmitteln/Brandbekämpfungsmitteln wie bspw. Löschdecken, Feuerlöschern, Hydranten, Löschschläuchen, Tragen, Verbands-/Erste-Hilfe-Kästen
3. Hinweise zu im Notfall mitzunehmenden Gegenständen, z. B. externe Festplatten mit Datensicherungen
4. Erklärung der verwendeten Warnhinweise und Gefahrenkennzeichen, Unterstützung rettender Maßnahmen durch betriebseigene oder betriebsfremde Hilfskräfte
5. Ort der Notausgänge, Auflistung weiterer notwendiger Maßnahmen, z. B. Sammeln an einem festgelegten, sicheren Punkt, Kontaktieren von Feuerwehr/Polizei/Krankenwagen.

Lösung s. Seite 215

Aufgabe 13: Kennzeichnung von Flucht- und Rettungswegen

Ihnen ist aufgefallen, dass die Kennzeichnung der Flucht- und Rettungswege nicht mehr aktuell ist. Im erst vor einiger Zeit errichteten Anbau sind noch keine Kennzeichnungen vorhanden.

a) Nennen Sie bitte zwei Gründe, weshalb das Aufstellen oder Erneuern eines Flucht- und Rettungsplans sinnvoll ist.
   1. Alle im Gebäude befindlichen Personen können sich in Gefahrensituationen schnell an den Fluchtplänen orientieren.
   2. Bei baulichen Veränderungen sollten Flucht- und Rettungspläne aktualisiert bzw. erneuert werden. Dies gewährleistet insbesondere bei großflächigen Gebäuden Übersichtlichkeit.
   3. Alle im Gebäude befindlichen Personen können sich in Gefahrensituationen an den auch im Dunkeln leuchtenden Kennzeichnungen und Schildern erfreuen und die romantische Atmosphäre genießen.
   4. Bei baulichen Veränderungen sollten Flucht- und Rettungspläne erneuert werden, damit neue Wege gekennzeichnet sind und nur noch die langjährigen, wichtigeren Mitarbeiter die vorherigen, echten Rettungswege kennen.
   5. Bei baulichen Veränderungen sollten Flucht- und Rettungspläne aktualisiert bzw. erneuert werden, da alte Schilder einfach nicht zu einem modernen Unternehmen passen. Die alten Flucht- und Rettungspläne können jedoch im Lager aufgehängt und zweitverwertet werden.

b) Es ist die Pflicht der Spielend Lernen GmbH, sich um die Kennzeichnung der Flucht- und Rettungspläne zu kümmern. Welche Aufgabe ist kein Teil dieser Pflicht?
1. Die Spielend Lernen GmbH hat dafür Sorge zu tragen, dass Flucht- und Rettungspläne erstellt werden.
2. Die Spielend Lernen GmbH hat dafür Sorge zu tragen, dass Flucht- und Rettungspläne allen Mitarbeitern verständlich sind.
3. Die Spielend Lernen GmbH muss die Flucht- und Rettungspläne an geeigneter Stelle im Unternehmen aushängen.
4. Die Spielend Lernen GmbH hat dafür Sorge zu tragen, dass die Flucht- und Rettungspläne allen Mitarbeitern bekannt sind.
5. Die Spielend Lernen GmbH muss jedem Mitarbeiter einen eigenen Flucht- und Rettungsplan in gedruckter Form aushändigen.

Lösung s. Seite 215

Aufgabe 14: Aushangpflichtige Gesetzestexte

Als Arbeitgeber ist die Spielend Lernen GmbH verpflichtet, einige Gesetzestexte, Vorschriften und Verordnungen in den Betriebsräumen auszuhängen und so sämtlichen Mitarbeitern des Unternehmens zugänglich zu machen.

Nennen Sie bitte diejenigen Gesetze, für die Aushangpflicht besteht unter der Annahme, dass die Spielend Lernen GmbH entsprechend viele oder betroffene Mitarbeiter beschäftigt.

1. Unfallverhütungsvorschriften, Mutterschutzgesetz
2. Arbeitsrechtliche Vorschriften des BGB
3. Vollständiges BGB
4. Vollständiges HGB
5. Jugendarbeitsschutzgesetz.

Lösung s. Seite 216

Aufgabe 15: Berufsbezogene Unfallverhütungsvorschriften

Sie erhalten einen Auszug aus den Unfallverhütungsvorschriften für die Büroarbeitsplätze in der Spielend Lernen GmbH. Welche Vorschrift ist verbesserungsfähig?
1. Teppichböden in den Büros der Mitarbeiter sollten fest verlegt sein, um Stolperfallen durch lose Kanten und Abdeckleisten zu verhindern.
2. Auch an Büroarbeitsplätzen können Gefährdungsbeurteilungen durchgeführt werden, um Gefahren und Gefährdungen zu erfassen.
3. Aktenordner, Rucksäcke sowie andere Gegenstände sollten in Regalen oder Schränken, jedoch nicht auf dem Fußboden abgelegt werden.

4. Schreibtisch- und Rollcontainer-Schubladen sollten zur Sicherheit der Büromitarbeiter stets offen stehen, um ständiges Öffnen und Schließen sowie eingeklemmte Finger zu vermeiden.
5. Zur Erreichung hochgelagerter Aktenordner sollten die Büromitarbeiter der Spielend Lernen GmbH nur Leitern oder Tritte nutzen, nicht jedoch Stühle.

Lösung s. Seite 216

Aufgabe 16: Planung einer Mitarbeiterschulung zur Unfallverhütung

Sie planen eine Mitarbeiterschulung zum Thema Unfallverhütung. Hierbei wollen Sie auf die vermehrte Anzahl an Unfällen in den letzten beiden Jahren aufmerksam machen und die Mitarbeiter in der Spielend Lernen GmbH für Unfallpotenzial sensibilisieren.

Ihnen liegt die folgende Tabelle vor:

10-Jahres-Übersicht			
Unfälle in der Spielend Lernen GmbH			
Jahr	Anzahl Mitarbeiter insgesamt	Anzahl der Unfälle	Unfälle in Abteilung
2010	173	2	Lager, Büro
2011	180	0	--
2012	180	0	--
2013	200	3	Lager
2014	200	0	--
2015	238	6	Lager
2016	240	0	--
2017	240	0	--
2018	250	8	Lager
2019	250	9	Lager

Berechnen Sie:

Wie viele Unfälle gab es in der Spielend Lernen GmbH durchschnittlich pro Jahr?

Lösung s. Seite 216

Aufgabe 17: Melden von Unfällen

Der Lagerist Frank Möllrich ist seit 2005 bei der Spielend Lernen GmbH beschäftigt. Vor einer Woche hatte er einen Unfall, ein ungesicherter Karton fiel aus dem Regal, neben dem er gerade stand. Frank Möllrich wollte den Karton auffangen. Er fiel unglücklich und brach sich ein Bein. Frank Möllrich wurde von seinem Arzt für mehrere Wochen als arbeitsunfähig eingestuft.

a) Unter welchen Umständen sind Arbeitsunfälle meldepflichtig?
   1. Arbeitsunfälle sind meldepflichtig, wenn der Arbeitnehmer getötet wurde oder die Verletzung des Arbeitnehmers so schwer ist, dass er mehr als drei Tage arbeitsunfähig ist.
   2. Arbeitsunfälle sind meldepflichtig, wenn der Arbeitnehmer getötet wurde oder die Verletzung des Arbeitnehmers so schwer ist, dass er mehr als fünf Tage arbeitsunfähig ist.
   3. Arbeitsunfälle sind meldepflichtig, wenn der Arbeitnehmer getötet wurde oder die Verletzung des Arbeitnehmers so schwer ist, dass er mehr als zwei Wochen arbeitsunfähig ist.
   4. Arbeitsunfälle sind meldepflichtig, wenn der Arbeitnehmer getötet wurde oder die Verletzung des Arbeitnehmers so schwer ist, dass er mehr als vier Wochen arbeitsunfähig ist.
   5. Arbeitsunfälle sind meldepflichtig, wenn der Arbeitnehmer getötet wurde oder die Verletzung des Arbeitnehmers so schwer ist, dass er mehr als sechs Wochen arbeitsunfähig ist.

b) Wann muss ein Arbeitsunfall gemeldet werden?
   1. Die Unfallanzeige ist innerhalb von drei Tagen zu erstatten, nachdem das Unternehmen von dem Unfall Kenntnis erlangt hat.
   2. Die Unfallanzeige ist innerhalb von fünf Tagen zu erstatten, nachdem das Unternehmen von dem Unfall Kenntnis erlangt hat.
   3. Die Unfallanzeige ist innerhalb von zwei Wochen zu erstatten, nachdem das Unternehmen von dem Unfall Kenntnis erlangt hat.
   4. Die Unfallanzeige ist innerhalb von vier Wochen zu erstatten, nachdem das Unternehmen von dem Unfall Kenntnis erlangt hat.
   5. Die Unfallanzeige ist innerhalb von sechs Wochen zu erstatten, nachdem das Unternehmen von dem Unfall Kenntnis erlangt hat.

Lösung s. Seite 216

Aufgabe 18: Freihalten von Rettungswegen

Überprüfen Sie bitte die folgenden Aussagen zu den Notausgängen der Spielend Lernen GmbH auf Richtigkeit. Welche Aussage ist nicht korrekt?

1. Die Notausgänge sollten frei zugänglich sein.
2. Die Notausgänge sollten deutlich gekennzeichnet sein.

3. Die Notausgänge sollten Türen haben, die sich nach innen hin öffnen.
4. Die Notausgänge sollten über beleuchtbares Notfalllicht verfügen.
5. Die Notausgänge sollten farblich gekennzeichnet und nicht verschlossen sein.

Lösung s. Seite 217

Aufgabe 19: Vorbeugender Brandschutz

In der Spielend Lernen GmbH sind einige Räume und vor allem Treppenhäuser mit Brandschutztüren versehen. Ihr Kollege Michael Schmidt schiebt einen Holzkeil unter die Brandschutztür auf seinem Flur. Der Brandschutzbeauftragte Heiner Kampmann weist Michael Schmidt jedoch darauf hin, dass dies nicht sein dürfe.

Wie beurteilen Sie seinen Einwand?

1. Heiner Kampmann hat recht, Brandschutztüren dürfen nicht verkeilt, verstellt oder festgebunden werden.
2. Heiner Kampmann hat recht, da Brandschutztüren nicht verkeilt, sondern nur festgebunden werden dürfen.
3. Heiner Kampmann hat unrecht, Brandschutztüren müssen durch einen Keil, Verstellen oder Festbinden offen gehalten werden, um im Notfall als Fluchtweg zu dienen.
4. Heiner Kampmann hat unrecht, das Verkeilen der Brandschutztür ist erlaubt, ein Verbot besteht nur für das Festbinden und Verstellen.
5. Heiner Kampmann hat recht, da das Verkeilen von Brandschutztüren nur mit feuerfesten Keilen erlaubt ist, damit diese auch einem Brand standhalten.

Lösung s. Seite 217

Aufgabe 20: Feuerlöscherprüfung

Als Brandschutzbeauftragter der Spielend Lernen GmbH gehört es auch zu Herrn Kampmanns Aufgaben, die Feuerlöscherprüfung zu initiieren. Sie unterhalten sich mit Herrn Kampmann, und er gibt Ihnen viele Informationen zu den Feuerlöschern und deren Wartung. Mit welcher Aussage liegt er falsch?

1. Feuerlöscher müssen nach den Regelungen verschiedener DIN-Verordnungen vor Ablauf von zwei Jahren überprüft werden.
2. Feuerlöscher dürfen nur von qualifizierten, sachkundigen Personen überprüft, gewartet und bei Bedarf instand gesetzt werden.
3. Neu gekaufte Feuerlöscher besitzen automatisch einen Instandhaltungsnachweis.
4. Ist die Plombe eines Feuerlöschers beschädigt oder fehlt, ist davon auszugehen, dass der Feuerlöscher benutzt wurde.
5. Feuerlöscher können verschiedene Stoffe enthalten, z. B. Schaum, Wasser, Pulver oder CO_2.

Lösung s. Seite 217

Aufgabe 21: Handeln im Brandfall

Der Brandschutzbeauftragte Heiner Kampmann hat einen Maßnahmenplan für das Verhalten im Brandfall erstellt. Er bittet Sie, zum besseren und schnelleren Verständnis der einzelnen Punkte noch einige Symbole zu ergänzen.

> # Verhalten im Brandfall
> ## Ruhe bewahren!
>
> ### 1. Brand melden
> Feuermelder betätigen!
>
> Gegebenenfalls 112 anrufen!
> - Wer meldet?
> - Was ist passiert?
> - Wie viele Betroffene?
> - Wo ist es passiert?
>
> ### 2. In Sicherheit bringen
> - Gefährdete Personen warnen!
> - Hilflose Personen mitnehmen!
> - Fenster und Türen schließen!
> - Gekennzeichneten Fluchtwegen folgen!
> - Auf Anweisungen achten!
>
> ### 3. Löschversuche unternehmen
> Feuerlöscher nutzen!

Bitte ordnen Sie die vier Symbole den jeweiligen Anweisungen zu:
1. Brand melden
2. In Sicherheit bringen
3. Löschversuche unternehmen.

Symbole:

a)  Quelle: https://www.bghm.de/arbeitsschuetzer/praxishilfen/sicherheitszeichen/brandschutzzeichen/	b)  Quelle: https://www.bghm.de/arbeitsschuetzer/praxishilfen/sicherheitszeichen/rettungszeichen/
c)  Quelle: https://www.bghm.de/arbeitsschuetzer/praxishilfen/sicherheitszeichen/rettungszeichen/	d)  Quelle: https://www.bghm.de/arbeitsschuetzer/praxishilfen/sicherheitszeichen/brandschutzzeichen/

Lösung s. Seite 217

Aufgabe 22: Maßnahmen zur Brandbekämpfung

Sie beginnen gerade Ihre Frühstückspause und treffen als Erste im Aufenthaltsraum der Spielend Lernen GmbH ein. Dort fällt Ihnen ein Schwelbrand auf, den Sie umgehend löschen.

In welcher Reihenfolge nehmen Sie folgende Schritte vor?

1. Ich beobachte die gelöschte Brandstelle und prüfe, ob sie vollständig gelöscht ist.
2. Ich entsichere den Feuerlöscher.
3. Ich gebe den Feuerlöscher zur Wiederbefüllung und Prüfung in einen Fachbetrieb.
4. Ich hole den nächstgelegenen Feuerlöscher.
5. Ich gebe kurze Pulverstöße gegen den Brand ab.

Lösung s. Seite 218

5. Umweltschutz

Aufgabe 1: Betriebsbedingte Umweltbelastungen

Die Spielend Lernen GmbH hält ihre Mitarbeiter dazu an, während ihrer Arbeitszeit Umweltbelastungen möglichst zu vermeiden. Insbesondere sollen Mitarbeiter über das betriebliche Vorschlagswesen Ideen zur Vermeidung betriebsbedingter Umweltbelastungen anbieten, die dann durch das Unternehmen geprüft und bei Umsetzung honoriert werden.

Welcher der nachfolgenden Vorschläge eignet sich nicht zur Reduzierung betriebsbedingter Umweltbelastungen?

1. Die Fahrzeuge der Außendienstmitarbeiter sollen gegen Elektro-Fahrzeuge getauscht werden.
2. Es wird ein Umweltmanagement nach EMAS eingeführt.
3. Bei dem geplanten Ausbau der Verkaufsräume wird der Flächenverbrauch einer zusätzlichen Prüfung unter umweltrelevanten Punkten unterzogen.
4. Es werden konkrete Einzelziele festgelegt, um produktionsbedingte Emissionen und Abfälle zu reduzieren.
5. Verpackungsmaterial und Kartonagen sollen zukünftig von einem günstigeren Hersteller bezogen werden.

Lösung s. Seite 219

Aufgabe 2: Umsetzung von Umweltschutzmaßnahmen in der Praxis

Ihr Ausbilder händigt Ihnen den nachfolgenden Handlungsplan für die Mitarbeiter der Spielend Lernen GmbH aus:

1.	Abfall am Arbeitsplatz vermeiden!
2.	Produkte verwenden, die selbst oder deren Verpackung recycelt werden kann.
3.	Beim Verlassen eines Raumes werden nicht benötigte Lichtquellen und Geräte aus-/abgeschaltet.
4.	Es wird auf Öko-Strom umgestellt.
5.	In der betrieblichen Kantine werden nur noch regionale und saisonale Lebensmittel verarbeitet.
6.	Die Kunden benutzen keine Plastiktüten mehr.
7.	Auf dem Dach des Bürogebäudes soll eine Photovoltaik-Anlage installiert werden.
8.	Jeder Raum des Unternehmens wird mit abschaltbaren Steckdosenleisten ausgestattet.
9.	Bürogeräte wie z. B. Drucker/Kopiergeräte werden zentralisiert.
10.	Die Beleuchtung des gesamten Unternehmens wird auf LED- und Energiesparlampen umgestellt.
11.	Als Drucker- und Kopierpapier wird ausschließlich Recyclingpapier genutzt.
12.	Radnutzung durch die Mitarbeiter soll gefördert werden.

13.	Es finden regelmäßige Mitarbeiter-Schulungen zum Thema „betrieblicher Umweltschutz" statt.
14.	Für Dienstwege oder Dienstreisen der Mitarbeiter sollen ab sofort Elektro-Fahrzeuge oder öffentliche Verkehrsmittel genutzt werden. Nach Möglichkeit ist der Gang zu Fuß oder die Fahrt mit dem Rad zu bevorzugen.

a) Sie machen Ihren Vorgesetzten darauf aufmerksam, dass Punkt 6. „Die Kunden benutzen keine Plastiktüten mehr." nicht von den Mitarbeitern, sondern von den Kunden der Spielend Lernen GmbH umgesetzt werden müsste. Er bittet Sie, den Punkt so umzuformulieren, dass die Mitarbeiter des Unternehmens aktiv werden können.

1. Es werden keine Plastiktüten mehr ausgegeben, stattdessen wird den Kunden umweltfreundlicheres Verpackungsmaterial angeboten.
2. Die Kunden bringen sich selbst Taschen oder Tüten mit.
3. Die gekauften Produkte werden von den Kunden selbst eingepackt und abgeholt.
4. Es wird ein Umweltmanagement bei den Lieferanten der Spielend Lernen GmbH eingeführt.
5. Die Kunden nutzen häufiger öffentliche Verkehrsmittel, um zu den Geschäftsräumen der Spielend Lernen GmbH zu gelangen.

b) Heinrich Weiß ist Mitarbeiter im Lager der Spielend Lernen GmbH. Er möchte den Umweltschutz in seiner Abteilung noch verbessern. Neben der Mülltrennung möchte er weitere Änderungen einführen, die sich als Umweltschutzmaßnahmen im Lager positiv auswirken können. Von welcher Maßnahme raten Sie ihm ab?

1. Wahl umweltschonender Transportmittel und Transportwege
2. Verringerung von Verpackungsmaterialien
3. Nutzung von Füllmaterialien zum Transportschutz
4. Anschaffung umweltschonender Verpackungsmaterialien
5. Umweltschonende Produktion.

c) Durch die Umsetzung von Umweltschutzmaßnahmen in der Spielend Lernen GmbH geht es nicht nur der Umwelt, sondern auch den Mitarbeitern und dem Unternehmen selbst besser. Welche Aussage trifft nicht zu?

1. Durch mehr Bewegung und ein besseres Klima innerhalb der Büroräume sind die Mitarbeiter fitter, gesünder und motivierter.
2. Mit Umweltschutzmaßnahmen kann die Spielend Lernen GmbH ihr Image verbessern.
3. Durch die Umweltschutzmaßnahmen können manche Produkte besser beworben und verkauft werden.

4. Die Spielend Lernen GmbH kann ggf. Fördermittel für Umweltschutzmaßnahmen in Anspruch nehmen.
5. Durch Umweltschutzmaßnahmen stehen den Mitarbeitern längere Pausenzeiten zur Verfügung.

Lösung s. Seite 219

Aufgabe 3: Ursachen von Umweltbelastungen

Die Umwelt wird durch viele Handlungen belastet. Dabei kann sich sowohl das Handeln einzelner Personen als auch das Handeln kleiner und mittlerer Betriebe sowie großer Konzerne belastend auf die Umwelt auswirken.

Welche Handlung stellt den Versuch dar, die Umwelt nicht zu belasten?

1. Die Mitarbeiter der Spielend Lernen GmbH fahren täglich einzeln in ihren privaten Pkw zum Betrieb.
2. Die Spielend Lernen GmbH entsorgt anfallende Abfälle aus Lager, Produktion, Büro- und Verkaufsräumen in einem großen Mischcontainer.
3. Die Spielend Lernen GmbH lässt für den neuen, energieeffizienten Anbau aus umweltfreundlichen Baustoffen 500 m² Wald zu einer ebenen Fläche betonieren.
4. Die Mitarbeiter der Spielend Lernen GmbH trinken überwiegend Kranwasser und füllen vom Unternehmen bereitgestellte Glasflaschen mehrfach nach.
5. Die Mitarbeiter der Spielend Lernen GmbH drucken aus Gründen der Ordnung und Vollständigkeit jede E-Mail aus, dabei wird das Papier nur einseitig bedruckt, um den Verbrauch der umweltbelastenden Druckerpatronen zu verringern.

Lösung s. Seite 219

Aufgabe 4: Regelungen des Umweltschutzes

Ihr Ausbilder gibt allen Auszubildenden eine gemeinsame Projektaufgabe. Er bittet Sie, drei konkrete Maßnahmen für den Umweltschutz festzulegen, deren Umsetzung zu planen und anschließend die regionale Tageszeitung anhand einer Pressemitteilung zu informieren. Er lässt Sie wissen: „Den Prinzipien des Umweltschutzes muss in diesem Unternehmen unbedingt mehr entsprochen werden."

Wobei handelt es sich nicht um ein Prinzip des Umweltschutzes?

1. Vorsorgeprinzip
2. Kooperationsprinzip
3. Grundsatz der Nachhaltigkeit
4. Nachsorgeprinzip
5. Prinzip der Eigenverantwortlichkeit.

Lösung s. Seite 220

Aufgabe 5: Kreislaufwirtschaftsgesetz

Der Zweck des Kreislaufwirtschaftsgesetzes ist es, die Kreislaufwirtschaft zur Schonung der natürlichen Ressourcen zu fördern und den Schutz von Mensch und Umwelt bei der Erzeugung und Bewirtschaftung von Abfällen sicherzustellen (vgl. § 1 KrWG).

Ausschnitt aus dem Kreislaufwirtschaftsgesetz:

 RECHTSGRUNDLAGEN

Gesetz zur Förderung der Kreislaufwirtschaft und Sicherung der umweltverträglichen Bewirtschaftung von Abfällen (Kreislaufwirtschaftsgesetz – KrWG)

§ 23 Produktverantwortung

(1) Wer Erzeugnisse entwickelt, herstellt, be- oder verarbeitet oder vertreibt, trägt zur Erfüllung der Ziele der Kreislaufwirtschaft die Produktverantwortung. Erzeugnisse sind möglichst so zu gestalten, dass bei ihrer Herstellung und ihrem Gebrauch das Entstehen von Abfällen vermindert wird und sichergestellt ist, dass die nach ihrem Gebrauch entstandenen Abfälle umweltverträglich verwertet oder beseitigt werden.

(2) Die Produktverantwortung umfasst insbesondere

1. die Entwicklung, die Herstellung und das Inverkehrbringen von Erzeugnissen, die mehrfach verwendbar, technisch langlebig und nach Gebrauch zur ordnungsgemäßen, schadlosen und hochwertigen Verwertung sowie zur umweltverträglichen Beseitigung geeignet sind,

2. den vorrangigen Einsatz von verwertbaren Abfällen oder sekundären Rohstoffen bei der Herstellung von Erzeugnissen,

3. die Kennzeichnung von schadstoffhaltigen Erzeugnissen, um sicherzustellen, dass die nach Gebrauch verbleibenden Abfälle umweltverträglich verwertet oder beseitigt werden,

4. den Hinweis auf Rückgabe-, Wiederverwendungs- und Verwertungsmöglichkeiten oder -pflichten und Pfandregelungen durch Kennzeichnung der Erzeugnisse sowie

5. die Rücknahme der Erzeugnisse und der nach Gebrauch der Erzeugnisse verbleibenden Abfälle sowie deren nachfolgende umweltverträgliche Verwertung oder Beseitigung.

(3) Im Rahmen der Produktverantwortung nach den Absätzen 1 und 2 sind neben der Verhältnismäßigkeit der Anforderungen entsprechend § 7 Absatz 4 die sich aus anderen Rechtsvorschriften ergebenden Regelungen zur Produktverantwortung und zum Schutz von Mensch und Umwelt sowie die Festlegungen des Gemeinschaftsrechts über den freien Warenverkehr zu berücksichtigen.

(4) Die Bundesregierung bestimmt durch Rechtsverordnungen auf Grund der §§ 24 und 25, welche Verpflichteten die Produktverantwortung nach den Absätzen 1 und 2 wahrzunehmen haben. Sie legt zugleich fest, für welche Er-

zeugnisse und in welcher Art und Weise die Produktverantwortung wahrzunehmen ist.

a) Welche Bedeutung hat die sogenannte Produktverantwortung?
   1. Die sogenannte Produktverantwortung bedeutet, dass Erzeugnisse so zu gestalten sind, dass bei ihrer Herstellung möglichst wenig Kosten entstehen.
   2. Die sogenannte Produktverantwortung bedeutet, dass zum Schutz von Mensch und Umwelt Produkte in möglichst kurzer Zeit herzustellen sind.
   3. Die sogenannte Produktverantwortung bedeutet, dass die Ziele der Kreislaufwirtschaft nicht angestrebt oder eingehalten werden müssen.
   4. Die sogenannte Produktverantwortung bedeutet, dass bei der Herstellung und dem Gebrauch von Produkten die Entstehung von Abfällen verhindert wird und nach dem Gebrauch entstandene Abfälle umweltverträglich verwertet oder beseitigt werden sollen.
   5. Die sogenannte Produktverantwortung bedeutet, dass insbesondere die Kennzeichnung von schadstoffhaltigen Erzeugnissen nicht notwendig ist.

b) Wie lautet die korrekte Bezeichnung des Kreislaufwirtschaftsgesetzes?
   1. Gesetz zur Förderung der Kreislaufwirtschaft
   2. Gesetz zur Förderung der Kreislaufwirtschaft und Sicherung der umweltverträglichen Bewirtschaftung von Abfällen
   3. Gesetz zur Sicherung der umweltverträglichen Bewirtschaftung von Abfällen im Wirtschaftskreislauf
   4. Gesetz zur Förderung der Kreislaufwirtschaft und Sicherung der zeitnahen Entsorgung von Abfällen
   5. Gesetz zur Sicherung der umweltverträglichen Entsorgung von Abfällen und der Förderung der Kreislaufwirtschaft.

Lösung s. Seite 220

Aufgabe 6: Verpackungsverordnung

Zum 01.01.2019 wurde die Verpackungsverordnung (VerpackV) durch das Verpackungsgesetz (VerpackG) abgelöst. Einige Regelungen wurden übernommen und sind weiterhin einzuhalten.

a) Welche Verpackungsform wird in der Verpackungsverordnung nicht klassifiziert?
   1. Einkaufsverpackungen
   2. Verkaufsverpackungen
   3. Umverpackungen
   4. Transportverpackungen
   5. Getränkeverpackungen.

b) Ihnen liegt der nachfolgende Auszug aus dem neu in Kraft getretenen Verpackungsgesetz vor:

 RECHTSGRUNDLAGEN

Gesetz über das Inverkehrbringen, die Rücknahme und die hochwertige Verwertung von Verpackungen (Verpackungsgesetz – VerpackG)

§ 1 Abfallwirtschaftliche Ziele

(1) Dieses Gesetz legt Anforderungen an die Produktverantwortung nach § 23 des Kreislaufwirtschaftsgesetzes für Verpackungen fest. Es bezweckt, die Auswirkungen von Verpackungsabfällen auf die Umwelt zu vermeiden oder zu verringern. Um dieses Ziel zu erreichen, soll das Gesetz das Verhalten der Verpflichteten so regeln, dass Verpackungsabfälle vorrangig vermieden und darüber hinaus einer Vorbereitung zur Wiederverwendung oder dem Recycling zugeführt werden. Dabei sollen die Marktteilnehmer vor unlauterem Wettbewerb geschützt werden.

(2) Durch eine gemeinsame haushaltsnahe Sammlung von Verpackungsabfällen und weiteren stoffgleichen Haushaltsabfällen sollen zusätzliche Wertstoffe für ein hochwertiges Recycling gewonnen werden.

(3) Der Anteil der in Mehrweggetränkeverpackungen abgefüllten Getränke soll mit dem Ziel der Abfallvermeidung gestärkt und das Recycling von Getränkeverpackungen in geschlossenen Kreisläufen gefördert werden. Zur Überprüfung der Wirksamkeit der in diesem Gesetz vorgesehenen Mehrwegförderung ermittelt das Bundesministerium für Umwelt, Naturschutz, Bau und Reaktorsicherheit jährlich den Anteil der in Mehrweggetränkeverpackungen abgefüllten Getränke und gibt die Ergebnisse bekannt. Ziel ist es, einen Anteil von in Mehrweggetränkeverpackungen abgefüllten Getränken in Höhe von mindestens 70 Prozent zu erreichen.

[…]

Die Spielend Lernen GmbH orientiert sich als Hersteller eigener Produkte ebenfalls am Verpackungsgesetz. Ausgehend von den vorliegenden Informationen, welche Situation trifft nicht auf die Spielend Lernen GmbH zu?

1. Die Spielend Lernen GmbH muss Verpackungsabfälle vorrangig vermeiden.
2. Die Spielend Lernen GmbH muss die Wiederverwendung von Abfällen ermöglichen.
3. Die Spielend Lernen GmbH muss das Recycling von Abfällen ermöglichen.
4. Die Spielend Lernen GmbH darf für ihre Mitarbeiter und Kunden Getränke in Mehrwegverpackungen bereitstellen.
5. Die Spielend Lernen GmbH darf keine Verpackungsabfälle produzieren.

Lösung s. Seite 221

Aufgabe 7: Umweltzeichen

In einer Fernseh-Dokumentation hat Geschäftsführer Fabian Fröhlich vom „Blauen Engel" erfahren.

Quelle: https://utopia.de/siegel/der-blaue-engel-siegel-umweltengel/

Er hat dem Bericht entnommen, dass der Blaue Engel bspw. auch für Spielzeuge aus Textilien, Holz, Kunststoff, Leder, Papier, Kautschuk und Metall gilt. Da die Spielend Lernen GmbH auch selbst Produkte herstellt, überlegt er, ob die Kennzeichnung mit dem Blauen Engel für das Unternehmen infrage kommt. Immerhin könnte die Kennzeichnung sich positiv auf das Image der Spielend Lernen GmbH auswirken und so eine verkaufsfördernde Wirkung haben.

Wie ist das weitere Vorgehen?

1. Das Logo kann kostenlos aus dem Internet kopiert und auf sämtliche Produkte der Spielend Lernen GmbH gedruckt werden.
2. Das Logo kann kostenlos aus dem Internet kopiert und auf umweltfreundlich hergestellte Produkte der Spielend Lernen GmbH gedruckt werden.
3. Die Nutzung des Logos muss schriftlich und unter Einhaltung vorgeschriebener Vergabekriterien beantragt werden.
4. Die Nutzung des Logos kann ohne eine vorherige Beantragung von Nutzungsrechten erfolgen.
5. Die Nutzung des Logos ist für Spielzeuge aus Textilien, Holz, Kunststoff, Leder, Papier, Kautschuk und Papier grundsätzlich nicht gestattet.

Lösung s. Seite 221

Aufgabe 8: Entsorgungszeichen

Bei der Inventur der Spielend Lernen GmbH helfen Sie, die derzeit vorhandenen Produkte im Verkaufsraum und im Lager zu zählen. Dabei fällt Ihnen auf, dass auf fast jeder Produktverpackung Piktogramme abgebildet sind. Auf dem Karton eines Lernspiels entdecken Sie das folgende Piktogramm:

5. Umweltschutz | Aufgaben

Welche Bedeutung hat es?
1. Das Piktogramm besagt, dass es sich um ein Fair-Trade-Produkt handelt.
2. Bei dem Piktogramm handelt es sich um die Angabe, dass die Verpackung nur einmalig verwendet werden kann.
3. Bei dem Piktogramm handelt es sich um das allgemeine Recyclingzeichen.
4. Das Piktogramm besagt, dass ausschließlich Produkte aus Glas verpackt wurden.
5. Bei dem Piktogramm handelt es sich um den sogenannten „Grünen Punkt".

Lösung s. Seite 222

Aufgabe 9: Nachhaltige Energie- und Materialverwendung

Die Umstellung auf eine nachhaltigere Produktion der Sparte „Wortschatz- und Buchstabierspiele" im vergangenen Geschäftsjahr wurde von den Kunden gut angenommen. Lana Welke, die Einkaufsleiterin der Spielend Lernen GmbH, denkt daher über eine Sortimentserweiterung nach. Hierfür wäre eine Vergrößerung des Betriebs notwendig. Insbesondere möchte Lana Welke dem immer größer werdenden Kundenwunsch entsprechen, nachhaltig hergestellte Produkte anzubieten.

Entscheiden Sie, in welchem Fall den Kriterien der Nachhaltigkeit entsprochen wird.
1. Bei der Erweiterung des Betriebs und der Herstellung der neuen Produkte sollen ökologische Aspekte wie Ressourcenschonung und Abfallvermeidung prioritär behandelt werden, ohne dabei soziale und ökonomische Ziele vollständig zu vernachlässigen.
2. Die Mitarbeiter der Spielend Lernen GmbH nehmen an regelmäßigen Schulungen zu den „Themen Nachhaltigkeit und Wirtschaftlichkeit in Unternehmen" teil.
3. Bei der Erweiterung des Betriebs und der Herstellung der neuen Produkte sollen überwiegend Kinder aus schwächeren Wirtschaftsregionen beschäftigt werden, da diese so gleichzeitig lernen und arbeiten können.
4. Die Spielend Lernen GmbH entlässt konsequent sämtliche älteren Mitarbeiter, um die Ideen der jüngeren Generationen für die Erweiterung des Sortiments sowie die Vergrößerung des Betriebs so modern wie möglich zu gestalten.
5. Bei der Erweiterung des Betriebs und der Herstellung der neuen Produkte soll nur den ökologischen Aspekten entsprochen werden, ökonomische und soziale Ziele werden hierbei nicht berücksichtigt.

Lösung s. Seite 222

Aufgabe 10: Energieverbrauch reduzieren

Zum Anfang des neuen Geschäftsjahres möchte Geschäftsführer Fabian Fröhlich einige Änderungen in der Spielend Lernen GmbH einführen. Sowohl aus Umweltschutzgründen als auch aus Gründen der Wirtschaftlichkeit soll zukünftig auch der betriebliche Energieverbrauch reduziert werden.

a) Welche der nachfolgenden Maßnahmen dient nicht dazu, den betrieblichen Energieverbrauch zu reduzieren?
   1. Einsatz länger haltbarerer und energieeffizienterer LED-Lampen statt normaler Glühbirnen
   2. Installation eines Kameraüberwachungssystems der Ladenräume
   3. Modernisierung der Fenster zur Wärmedämmung und zur Einsparung von Heizkosten
   4. Installation einer Photovoltaikanlage zur Gewinnung von Strom zur Eigennutzung
   5. Bei Neuanschaffung von Elektronikgeräten wird die Effizienzklasse bei der Entscheidung berücksichtigt.

b) Ein achtsamer Umgang mit verfügbarer Energie spart nicht nur Geld, sondern ist umweltschonend und sorgt langfristig für Versorgungssicherheit. Ihr Ausbilder teilt Sie und zwei weitere Auszubildende für das Projekt „Senkung des Energieverbrauchs in der Spielend Lernen GmbH" ein. Gemeinsam sammeln Sie Argumente, die für den achtsamen Umgang mit Energiequellen sprechen.

   Welches Argument sollten Sie noch einmal überdenken?
   1. Durch einen achtsamen Umgang mit der verfügbaren Energie wird die Umwelt geschont.
   2. Ein sparsamer Umgang mit Energie sorgt dafür, dass die Produktionskapazitäten nicht mehr voll ausgenutzt werden können.
   3. Durch einen effizienteren Einsatz von Energie reichen Energievorräte länger.
   4. Ein sparsamer Umgang mit Energie hilft, Geld zu sparen.
   5. Der Energieverbrauch steht im direkten Zusammenhang mit Umweltbelastung.

Lösung s. Seite 224

Aufgabe 11: Produktionsverfahren umweltschonend gestalten

Die Spielend Lernen GmbH möchte bei der Herstellung ihrer eigenen Produkte zukünftig noch umweltschonender handeln.

Wählen Sie aus, welche Maßnahme sich hierfür nicht eignet.

1. Die Roh- und Hilfsstoff-Lieferanten der Spielend Lernen GmbH werden auf umweltschonende Verpackungsmaterialien und -möglichkeiten überprüft.
2. Die Spielend Lernen GmbH setzt verstärkt Mehrwegbehältnisse ein und sortiert Abfälle ein zweites Mal nach, um sie dem Stoffkreislauf wieder als Rohstoffe zuzuführen.
3. Die Spielend Lernen GmbH setzt auf den verstärkten Ausstoß von CO_2 und anderen Gasen, die zur Luftverschmutzung beitragen.
4. Die Spielend Lernen GmbH implementiert ein Energiemanagement-System, um durch die genaue Übersicht die Ressourcen noch gezielter schonen zu können.
5. Statt Trinkwasser nutzt die Spielend Lernen GmbH Brunnenwasser aus eigener Förderung, um die in der Produktion genutzten Kompressorenanlagen zu kühlen. Anschließend wird das Wasser wieder dem natürlichen Kreislauf zugeführt.

Lösung s. Seite 224

Aufgabe 12: Energiebilanz/Energieeffizienz von Maschinen bewerten

Eine alte Produktionsmaschine soll überprüft und bei zu schlechten Werten durch eine neue Produktionsmaschine ersetzt werden.

Bitte bringen Sie die nachfolgenden Schritte in die richtige Reihenfolge:

1. Konkretes Einsparpotenzial ermitteln
2. Identifikation der Energieflüsse
3. Energiesparpotenzial erkennen
4. Konkrete Einsparmaßnahmen durchführen.

Lösung s. Seite 225

Aufgabe 13: Mehrfachnutzung von Transportbehältnissen

Die Spielend Lernen GmbH überlegt, ihrer Laufkundschaft künftig nur noch mehrfach nutzbare Stoffbeutel anstelle von Plastiktüten zum Verpacken der Einkäufe anzubieten. Kartonagen im Lager sollen ab sofort ebenfalls daraufhin überprüft werden, ob sie weiter- und wiederverwendet werden können, anstatt sie direkt zu entsorgen.

Welche zwei Gründe sprechen für die Mehrfachnutzung von Transportbehältnissen in der Spielend Lernen GmbH?

1. Durch die Wiederverwendung der Kartonagen erhalten die Großkunden nützliche Informationen über die Lieferanten der Spielend Lernen GmbH.
2. Stoffbeutel sind sowohl im Einkauf für die Spielend Lernen GmbH als auch im Einkauf für die Kunden des Unternehmens teurer als Plastiktüten.
3. Durch die Wiederverwendung von Kartonagen werden auch die Kunden der Spielend Lernen GmbH für das Thema Umweltschutz sensibilisiert.

4. Die Spielend Lernen GmbH nutzt nur Stoffbeutel von preisgünstigen, indischen Baumwollplantagen und fördert so die dortige Wirtschaft.
5. Die Spielend Lernen GmbH spart Kosten für die Anschaffung von Verpackungsmaterialien und Transportbehältnissen.

Lösung s. Seite 225

Aufgabe 14: Nachwachsende Rohstoffe

Im Sinne der Nachhaltigkeit setzt die Spielend Lernen GmbH auf die Nutzung nachwachsender Rohstoffe. Welches ist kein Vorteil dieser Vorgehensweise?

1. Durch die Nutzung nachwachsender Rohstoffe trägt die Spielend Lernen GmbH zur Schonung der endlichen fossilen Ressourcen bei.
2. Für die Nutzung nachwachsender Rohstoffe werden in der Landwirtschaft überwiegend Energiepflanzen angebaut, welche eine einseitige Bodennutzung gewährleisten.
3. Durch die Nutzung nachwachsender Rohstoffe können diese dem bioökonomischen Kreislauf wieder zugeführt werden.
4. Nachwachsende Rohstoffe können an vielen Stellen synthetische Stoffe und Kunststoffe einfach ersetzen.
5. Nachwachsende Rohstoffe wie Holz stehen bei angemessener Nutzung dauerhaft zur Verfügung.

Lösung s. Seite 225

Aufgabe 15: Umweltgerechter Materialeinsatz

Sie unterhalten sich in Ihrer Mittagspause mit Heinrich Weiß und Vanessa Davidson und diskutieren über den Materialeinsatz in der Spielend Lernen GmbH. Welcher Aussage können Sie nicht zustimmen?

1. Durch sparsamen Materialeinsatz in der Spielend Lernen GmbH werden Ressourcen geschont.
2. Durch Nutzung fortschrittlicher Technologie und integrierter Umweltschutzverfahren wird ein umweltgerechter Materialeinsatz gefördert.
3. Ein zertifiziertes Umweltmanagementsystem kann der Spielend Lernen GmbH dabei helfen, den Materialeinsatz umweltschonender zu gestalten und negative Auswirkungen auf die Umwelt zu verringern.
4. Die Mitarbeiter der Spielend Lernen GmbH sollten bei der Implementierung und Ausführung des Energiemanagements nicht integriert werden, da hierfür allein der Umweltschutzbeauftragte des Unternehmens zuständig ist.
5. In der Spielend Lernen GmbH sollte nicht nur umweltgerechter Materialeinsatz eine Rolle spielen, auch andere Bereiche wie z. B. die Produktion sollten umweltschonend stattfinden.

Lösung s. Seite 226

Aufgabe 16: Entsorgungsmaßnahmen

Die Entsorgung der anfallenden Abfälle in der Spielend Lernen GmbH soll neu geregelt werden. Geschäftsführer Fabian Fröhlich möchte Herrn Meyer zum Abfallbeauftragten ernennen, der sich um die Abwicklung der Entsorgungsmaßnahmen in der Spielend Lernen GmbH kümmert.

Welche Aufgabe fällt nicht in den Bereich des Abfallbeauftragten Herrn Meyer?

1. Herr Meyer sollte überprüfen, ob in der Produktion der Spielend Lernen GmbH Ausschuss entsteht, ob dieser vermieden werden kann und wie dieser entsorgt wird.
2. Herr Meyer muss die Geschäftsführung über die anfallenden Abfälle in der Spielend Lernen GmbH informieren.
3. Herr Meyer sollte in Erfahrung bringen, mit welchen Maßnahmen die Spielend Lernen GmbH ihr Abfallaufkommen zu verringern versucht, und passende Entsorgungsmaßnahmen vorschlagen, um die Entsorgung der noch vorhandenen Abfälle zu optimieren.
4. Herr Meyer muss unsachgemäße Entsorgung von Abfällen in der Spielend Lernen GmbH feststellen, diese schriftlich und anhand von Fotos dokumentieren und zur Strafanzeige bringen.
5. Herr Meyer sollte auf die Entwicklung umweltfreundlicher, abfallarmer Produktionsverfahren in der Spielend Lernen GmbH hinwirken, sodass Abfälle vermieden, verwertet und korrekt entsorgt werden.

Lösung s. Seite 226

Aufgabe 17: Vermeidung von Abfall

Trotz einiger gelungener Umweltschutzmaßnahmen in der Spielend Lernen GmbH fällt noch immer sehr viel Abfall an. Sowohl in den Verkaufsräumen als auch in den Büroräumen der Mitarbeiter und im Lager soll daher möglichst Abfall vermieden werden.

Welche Maßnahme dient nicht der Vermeidung von Abfall?

1. Die Abfallbehälter in den Büroräumen werden nur noch wöchentlich statt täglich geleert.
2. Nach Möglichkeit sollen Materialien recycelt werden, statt sie wegzuwerfen.
3. Umstellung auf ein „papierloses" Büro
4. Sanitär- und Hygieneartikel in den sanitären Anlagen werden nachgefüllt statt neu gekauft.
5. Die Kapselkaffeemaschine wird gegen eine Industriekaffeemaschine mit Filterkaffee in großen Kannen eingetauscht.

Lösung s. Seite 227

Aufgabe 18: Recycling von Abfällen

Heinrich Weiß, Mitarbeiter im Lager der Spielend Lernen GmbH, engagiert sich sehr für den Umweltschutz im Unternehmen. Vor allem möchte er seine Kollegen für das Thema Recycling sensibilisieren.

a) Was geschieht beim Recycling?
   1. Durch den Prozess des Recyclings werden Abfallprodukte aller Art wiederverwertet, wiederverwendet oder weiterverwendet.
   2. Durch den Prozess des Recyclings werden nur Abfallprodukte aus Holz wiederverwertet.
   3. Durch den Prozess des Recyclings werden nur Abfallprodukte aus Metall wiederverwertet, wiederverwendet oder weiterverwendet.
   4. Bei dem Prozess des Recyclings werden Abfallprodukte aller Art wiederverwertet oder wiederverwendet. Die Weiterverwendung spielt hierbei keine Rolle.
   5. Bei dem Prozess des Recyclings handelt es sich ausschließlich um die Wiederverwendung von Getränkeflaschen. Andere Produkte werden nicht recycelt.

b) Bei welcher der nachfolgenden Maßnahmen handelt es sich nicht um Recycling?
   1. In der Spielend Lernen GmbH werden Papier- und Folienabfälle getrennt, um diese im Anschluss wiederzuverwerten.
   2. Die Spielend Lernen GmbH entsorgt regelmäßig Restabfälle durch Verbrennen, wodurch besonders im Winter nützliche Gase und Wärme produziert werden können.
   3. Die Spielend Lernen GmbH stellt in den Pausenräumen und in der Küche Sammelkisten für Glasflaschen auf, um hierfür eine Weiterverwendung zu ermöglichen.
   4. In der Spielend Lernen GmbH wird Papiermüll in gesonderten Behältern entsorgt. Die Behälter werden durch Entsorgungsunternehmen regelmäßig geleert, das Altpapier wird zu Wellpappe, Zeitungsrotationspapier oder WC-Papier verarbeitet.
   5. Auf dem Außengelände der Spielend Lernen GmbH ist ein Bereich zur Kompostierung angelegt, auf dem Feinmaterial und Grünabfälle kompostiert werden.

Lösung s. Seite 227

Aufgabe 19: Trennung von Abfällen

Da die Spielend Lernen GmbH nicht nur Händler von Spielwaren und Lernspielzeugen ist, sondern auch selbst Spielwaren und Lernspielzeuge fertigt, fallen bei der Produktion Abfälle an, um deren Beseitigung sich die verantwortlichen Mitarbeiter kümmern müssen.

Welche zwei Punkte sollten die Mitarbeiter der Spielend Lernen GmbH bei der Trennung der Produktionsabfälle beachten?

1. Alle weiterverwertbaren, wiederverwendbaren und wiederverwertbaren Abfälle können gemeinsam in einem Container entsorgt werden.
2. Weiterverwertbare, wiederverwendbare und wiederverwertbare Abfälle müssen getrennt werden.
3. Abfälle müssen erst im Entsorgungsunternehmen getrennt werden, der Entstehungsort spielt keine Rolle.
4. Abfälle sollten direkt am Entstehungsort, der Produktionshalle der Spielend Lernen GmbH, getrennt werden.
5. Die Spielend Lernen GmbH muss lediglich Papier/Pappe sowie Verpackungsfolien und Füllmaterial aus Plastik trennen, für alle anderen Abfälle besteht kein Trenn-Bedarf.

Lösung s. Seite 227

Aufgabe 20: Abfalltrennung einhalten

In der Vergangenheit wurde in der Spielend Lernen GmbH nur wenig Wert auf Abfalltrennung gelegt. Bereits in den Büros wurden Papierabfälle, Plastik- und Bioabfälle nicht getrennt entsorgt, und auch im Lager und in den Verkaufsräumen sah es nicht anders aus. Fabian Fröhlich, Geschäftsführer der Spielend Lernen GmbH, möchte das endlich ändern. In der Produktion der Spielend Lernen GmbH hingegen funktionieren die Maßnahmen der Abfalltrennung bereits. Herr Fröhlich unterhält sich mit Carsten Meyer, einem Produktionsmitarbeiter, über die Situation.

Welcher von Herrn Meyers Vorschlägen eignet sich nicht zur Umsetzung?

1. Die Spielend Lernen GmbH kann einen Abfallbeauftragten (Betriebsbeauftragten für Abfall) einsetzen, der sich um das gesamte Abfallmanagement im Unternehmen kümmert.
2. Die Spielend Lernen GmbH kann ihren Mitarbeitern durch spezielle Abfallbehälter je Abfallart die Abfalltrennung erleichtern.
3. Die Spielend Lernen GmbH kann in regelmäßigen Abständen Besprechungen zum Thema Abfallwirtschaft einberufen, so können Probleme geschildert und Lösungen entwickelt werden.
4. Die Spielend Lernen GmbH kann einen größeren Abfallcontainer für Mischabfälle bereitstellen, damit die Abfallbehälter von den Mitarbeitern öfter geleert werden.
5. Die Spielend Lernen GmbH kann die „sauberste Abteilung" prämieren, um die Mitarbeiter zu motivieren, sich mit korrekter Abfalltrennung und -vermeidung auseinanderzusetzen.

Lösung s. Seite 228

Aufgabe 21: Wiederverwendung

Geben Sie an, bei welcher Maßnahme es sich um Wiederverwendung handelt.

1. Ein Produkt wird zum gleichen Verwendungszweck mehrfach genutzt.
2. Das ursprüngliche Produkt wird zu einem anderen als dem vorher bestimmten Zweck eingesetzt.
3. Ein Produkt wird in seine einzelnen Bestandteile zersetzt und aufbereitet. Die im Anschluss gewonnenen Altstoffe werden zur Erzeugung neuer, ggf. anderer Produkte aus dem gleichen Rohstoff/Altstoff genutzt.
4. Altstoffe durchlaufen einen neuen Produktionsprozess, wodurch Produkte mit anderen Eigenschaften entstehen.
5. Ein ursprüngliches Produkt wird als Abfall entsorgt.

Lösung s. Seite 228

Aufgabe 22: Wiederverwertung

Geben Sie an, bei welcher Maßnahme es sich um Wiederverwertung handelt.

1. Ein Produkt wird zum gleichen Verwendungszweck mehrfach genutzt.
2. Das ursprüngliche Produkt wird zu einem anderen als dem vorher bestimmten Zweck eingesetzt.
3. Ein Produkt wird in seine einzelnen Bestandteile zersetzt und aufbereitet. Die im Anschluss gewonnenen Altstoffe werden zur Erzeugung neuer, ggf. anderer Produkte aus dem gleichen Rohstoff/Altstoff genutzt.
4. Altstoffe durchlaufen einen neuen Produktionsprozess, wodurch Produkte mit anderen Eigenschaften entstehen.
5. Ein ursprüngliches Produkt wird als Abfall entsorgt.

Lösung s. Seite 228

Aufgabe 23: Weiterverwendung

Geben Sie an, bei welcher Maßnahme es sich um Weiterverwendung handelt.

1. Ein Produkt wird zum gleichen Verwendungszweck mehrfach genutzt.
2. Das ursprüngliche Produkt wird zu einem anderen als dem vorher bestimmten Zweck eingesetzt.
3. Ein Produkt wird in seine einzelnen Bestandteile zersetzt und aufbereitet. Die im Anschluss gewonnenen Altstoffe werden zur Erzeugung neuer, ggf. anderer Produkte aus dem gleichen Rohstoff/Altstoff genutzt.
4. Altstoffe durchlaufen einen neuen Produktionsprozess, wodurch Produkte mit anderen Eigenschaften entstehen.
5. Ein ursprüngliches Produkt wird als Abfall entsorgt.

Lösung s. Seite 228

Situation zu Aufgabe 24 bis 32:
Fabian Fröhlich, der Geschäftsführer der Spielend Lernen GmbH, legt Wert darauf, dass nicht nur sein Unternehmen als Ganzes, sondern auch jeder Mitarbeiter einzeln möglichst nach den Prinzipien des Umweltschutzes handelt. Daher sollen allen Mitarbeitern und Auszubildenden des Unternehmens die Prinzipien des Umweltschutzes bekannt sein.

Aufgabe 24: Prinzipien des Umweltschutzes

Die Spielend Lernen GmbH versucht, bestmöglich nach den Prinzipien des Umweltschutzes zu handeln.

Welches Prinzip stellt kein Prinzip des Umweltschutzes dar?
1. Vorsorgeprinzip
2. Ökonomisches Prinzip
3. Zukunftsprinzip
4. Prinzip der Eigenverantwortlichkeit
5. Kooperationsprinzip.

Lösung s. Seite 228

Aufgabe 25: Vorsorgeprinzip

a) Welche Erläuterung entspricht dem Vorsorgeprinzip?
   1. Das Vorsorgeprinzip besagt, dass Kosten, die mit der Vermeidung oder Beseitigung von Umweltschäden in Verbindung stehen, direkt dem Verursacher angelastet werden.
   2. Das Vorsorgeprinzip besagt, dass Schäden und Belastungen für die Umwelt bereits im Vorfeld vermieden oder so weit wie möglich verringert werden sollen.
   3. Nach dem Vorsorgeprinzip werden Kosten, die mit der Vermeidung oder der Beseitigung von Umweltschäden in Verbindung stehen, der Allgemeinheit angelastet.
   4. Handeln nach dem Vorsorgeprinzip bedeutet, beim Umweltschutz auch verantwortungsvoll an zukünftige Generationen zu denken.
   5. Das Vorsorgeprinzip besagt, dass Umweltschutz international/global stattfinden muss und nicht an nationalen Grenzen aufhören darf.

b) Gemeinsam mit den anderen Auszubildenden der Spielend Lernen GmbH legen Sie Handlungen fest, die dem Vorsorgeprinzip entsprechen. Bei welchem Punkt hat sich ein Fehler eingeschlichen?
   1. Da sich bei manchen Produkten Verpackungen nicht vollständig vermeiden lassen, achtet die Spielend Lernen GmbH darauf, dass die selbst hergestellten Produkte umweltfreundlich verpackt sind.

2. Die Spielend Lernen GmbH zahlt für verursachte Wasserverunreinigung jährlich im Nachhinein einen hohen Betrag zur Wasseraufbereitung.
3. Neue Lieferanten werden von vornherein nach ökologischen Gesichtspunkten hin ausgewählt.
4. Ein neues Produkt der Spielend Lernen GmbH wird aus umweltfreundlichem Material hergestellt.
5. Viele kleine Bestellungen werden zusammengefasst, damit diese als eine große Lieferung einmalig geliefert werden können. So entsteht weniger CO_2-Ausstoß durch Kraftfahrzeuge.

Lösung s. Seite 229

Aufgabe 26: Verursacherprinzip

a) Welche Erläuterung entspricht dem Verursacherprinzip?
1. Das Verursacherprinzip besagt, dass Kosten, die mit der Vermeidung oder Beseitigung von Umweltschäden in Verbindung stehen, direkt dem Verursacher angelastet werden.
2. Das Verursacherprinzip besagt, dass Schäden und Belastungen für die Umwelt bereits im Vorfeld vermieden oder so weit wie möglich verringert werden sollen.
3. Nach dem Verursacherprinzip werden Kosten, die mit der Vermeidung oder der Beseitigung von Umweltschäden in Verbindung stehen, der Allgemeinheit angelastet.
4. Handeln nach dem Verursacherprinzip bedeutet, beim Umweltschutz auch verantwortungsvoll an zukünftige Generationen zu denken.
5. Das Verursacherprinzip besagt, dass Umweltschutz international/global stattfinden muss und nicht an nationalen Grenzen aufhören darf.

b) Bei welcher dieser Aktionen handelt die Spielend Lernen GmbH nach dem Verursacherprinzip?
1. Ein neues Produkt der Spielend Lernen GmbH wird aus umweltfreundlichem Material hergestellt.
2. Der Anbau der Spielend Lernen GmbH nimmt eine große Fläche in Anspruch. Da es sich hierbei um besonders versiegelte Flächen handelt, zahlt die Spielend Lernen GmbH einen Ausgleichsbetrag. Des Weiteren muss sie Ausgleichsgrünflächen schaffen.
3. Ein neues Produkt der Spielend Lernen GmbH wird aus teilweise umweltschädlichen Stoffen hergestellt. Die Lieferanten der Stoffe werden seitens der Mitarbeiter der Spielend Lernen GmbH auf diesen Sachverhalt hingewiesen.
4. Der Anbau der Spielend Lernen GmbH nimmt eine große Fläche in Anspruch. Die besondere Versiegelung der Flächen wird der Allgemeinheit berechnet.

5. Trifft eine Bestellung im Lager der Spielend Lernen GmbH ein, so werden die Mitarbeiter aus der Einkaufsabteilung geholt, um die Ware entgegenzunehmen, auszupacken und den Abfall zu entsorgen – schließlich haben sie den Müll durch ihre Bestellung verursacht.

Lösung s. Seite 229

Aufgabe 27: Kooperationsprinzip

Welche Erläuterung entspricht dem Kooperationsprinzip?

1. Das Kooperationsprinzip besagt, dass Kosten, die mit der Vermeidung oder Beseitigung von Umweltschäden in Verbindung stehen, direkt dem Verursacher angelastet werden.
2. Das Kooperationsprinzip besagt, dass Schäden und Belastungen für die Umwelt bereits im Vorfeld vermieden oder so weit wie möglich verringert werden sollen.
3. Nach dem Kooperationsprinzip gelten der Umweltschutz, die Vermeidung und Beseitigung von Umweltschäden und die Pflege der Umwelt als gemeinsame Aufgabe von Staat, Unternehmen und Bürgern.
4. Handeln nach dem Kooperationsprinzip bedeutet, beim Umweltschutz auch verantwortungsvoll an zukünftige Generationen zu denken.
5. Das Kooperationsprinzip besagt, dass Umweltschutz international/global stattfinden muss und nicht an nationalen Grenzen aufhören darf.

Lösung s. Seite 229

Aufgabe 28: Gemeinlastprinzip

Welche Erläuterung entspricht dem Gemeinlastprinzip?

1. Nach dem Gemeinlastprinzip werden Kosten, die mit der Vermeidung oder der Beseitigung von Umweltschäden in Verbindung stehen, der Allgemeinheit angelastet.
2. Das Gemeinlastprinzip besagt, dass Schäden und Belastungen für die Umwelt bereits im Vorfeld vermieden oder so weit wie möglich verringert werden sollen.
3. Nach dem Gemeinlastprinzip gelten der Umweltschutz, die Vermeidung und Beseitigung von Umweltschäden und die Pflege der Umwelt als gemeinsame Aufgabe von Staat, Unternehmen und Bürgern.
4. Handeln nach dem Gemeinlastprinzip bedeutet, beim Umweltschutz auch verantwortungsvoll an zukünftige Generationen zu denken.
5. Das Gemeinlastprinzip besagt, dass Umweltschutz international/global stattfinden muss und nicht an nationalen Grenzen aufhören darf.

Lösung s. Seite 230

Aufgabe 29: Zukunftsprinzip

Welche Erläuterung entspricht dem Zukunftsprinzip?

1. Nach dem Zukunftsprinzip werden Kosten, die mit der Vermeidung oder der Beseitigung von Umweltschäden in Verbindung stehen, der Allgemeinheit angelastet.
2. Das Zukunftsprinzip besagt, dass Schäden und Belastungen für die Umwelt bereits im Vorfeld vermieden oder so weit wie möglich verringert werden sollen.
3. Nach dem Zukunftsprinzip gelten der Umweltschutz, die Vermeidung und Beseitigung von Umweltschäden und die Pflege der Umwelt als gemeinsame Aufgabe von Staat, Unternehmen und Bürgern.
4. Handeln nach dem Zukunftsprinzip bedeutet, beim Umweltschutz auch verantwortungsvoll an zukünftige Generationen zu denken.
5. Das Zukunftsprinzip besagt, dass Umweltschutz international/global stattfinden muss und nicht an nationalen Grenzen aufhören darf.

Lösung s. Seite 230

Aufgabe 30: Grundsatz der Nachhaltigkeit

Welche Erläuterung entspricht dem Grundsatz der Nachhaltigkeit?

1. Nach dem Grundsatz der Nachhaltigkeit werden Kosten, die mit der Vermeidung oder der Beseitigung von Umweltschäden in Verbindung stehen, der Allgemeinheit angelastet.
2. Der Grundsatz der Nachhaltigkeit besagt, dass erneuerbare Ressourcen eine gewisse Abbaurate nicht übersteigen dürfen. Die Aufnahmemöglichkeit der Natur von Schadstoffen darf ebenfalls nicht überschritten werden.
3. Nach dem Grundsatz der Nachhaltigkeit gelten der Umweltschutz, die Vermeidung und Beseitigung von Umweltschäden und die Pflege der Umwelt als gemeinsame Aufgabe von Staat, Unternehmen und Bürgern.
4. Handeln nach dem Grundsatz der Nachhaltigkeit bedeutet, beim Umweltschutz auch verantwortungsvoll an zukünftige Generationen zu denken.
5. Der Grundsatz der Nachhaltigkeit besagt, dass Umweltschutz international/global stattfinden muss und nicht an nationalen Grenzen aufhören darf.

Lösung s. Seite 230

Aufgabe 31: Prinzip der Eigenverantwortlichkeit

a) Welche Erläuterung entspricht dem Prinzip der Eigenverantwortlichkeit?
   1. Nach dem Prinzip der Eigenverantwortlichkeit werden Kosten, die mit der Vermeidung oder der Beseitigung von Umweltschäden in Verbindung stehen, der Allgemeinheit angelastet.
   2. Das Prinzip der Eigenverantwortlichkeit besagt, dass jede Person für ihr eigenes Handeln verantwortlich ist.

3. Nach dem Prinzip der Eigenverantwortlichkeit gelten der Umweltschutz, die Vermeidung und Beseitigung von Umweltschäden und die Pflege der Umwelt als gemeinsame Aufgabe von Staat, Unternehmen und Bürgern.
4. Handeln nach dem Prinzip der Eigenverantwortlichkeit bedeutet, beim Umweltschutz auch verantwortungsvoll an zukünftige Generationen zu denken.
5. Das Prinzip der Eigenverantwortlichkeit besagt, dass Umweltschutz international/global stattfinden muss und nicht an nationalen Grenzen aufhören darf.

Lösung s. Seite 230

Aufgabe 32: Prinzip des grenzüberschreitenden Umweltschutzes

Welche Erläuterung entspricht dem Prinzip des grenzüberschreitenden Umweltschutzes?

1. Nach dem Prinzip des grenzüberschreitenden Umweltschutzes werden Kosten, die mit der Vermeidung oder der Beseitigung von Umweltschäden in Verbindung stehen, der Allgemeinheit angelastet.
2. Das Prinzip des grenzüberschreitenden Umweltschutzes besagt, dass jede Person für ihr eigenes Handeln verantwortlich ist.
3. Nach dem Prinzip des grenzüberschreitenden Umweltschutzes gelten der Umweltschutz, die Vermeidung und Beseitigung von Umweltschäden und die Pflege der Umwelt als gemeinsame Aufgabe von Staat, Unternehmen und Bürgern.
4. Handeln nach dem Prinzip des grenzüberschreitenden Umweltschutzes bedeutet, beim Umweltschutz auch verantwortungsvoll an zukünftige Generationen zu denken.
5. Das Prinzip des grenzüberschreitenden Umweltschutzes besagt, dass Umweltschutz international/global stattfinden muss und nicht an nationalen Grenzen aufhören darf.

Lösung s. Seite 230

LÖSUNGEN

 **TIPP**

Hinweise für die Prüfung: Durchführung

1. Lesen Sie alle Aufgaben gründlich durch und beachten Sie Feinheiten in der Fragestellung.
2. Lesen Sie die gesamte Aufgabe durch und achten Sie auf besondere Wortlaute und benutzte Fachbegriffe.
3. Bearbeiten Sie zuerst die Aufgaben, zu denen Ihnen sofort etwas einfällt. So sparen Sie Zeit und können sich im Anschluss den Aufgaben widmen, bei denen Sie etwas länger über die Lösung nachdenken müssen.
4. Behalten Sie die Zeit im Blick. Für die Prüfung in Wirtschafts- und Sozialkunde sind insgesamt 60 Minuten angesetzt.
5. Beantworten Sie jede Frage, auch wenn Sie sich nicht sicher sind. Tragen Sie zu jeder Frage die geforderte Anzahl an Lösungen mit der jeweiligen Ziffer ein.
6. Nutzen Sie die Prüfungszeit bis zum Schluss aus. Überprüfen Sie Ihre Antworten, lesen Sie Fragen und Antworten noch einmal in Ruhe durch.
7. Vor der Abgabe Ihrer Prüfungsunterlagen: Kontrollieren Sie, ob Sie in der Kopfleiste des Lösungsbogens alle erforderlichen Angaben gemacht haben (Vor- und Nachname, Prüflingsnummer, IHK-Nummer. Die Angaben finden Sie auf Ihrem Einladungsschreiben der zuständigen Kammer.)
8. Pflegen Sie Gewohnheiten, denn diese beruhigen! Wenn Sie während des Lernens in der Prüfungsvorbereitung stets Ihre Lieblingsschokolade oder einen in Stücke geschnittenen Apfel gegessen haben, bringen Sie sich dies zur Prüfung mit. Gegen etwas Nervennahrung (aber bitte im Rahmen!) wird kein Prüfer etwas einwenden.
9. Bei einem Blackout: Ruhe bewahren. Schließen Sie kurz die Augen, atmen Sie tief durch und gehen Sie zu einer Aufgabe über, die Sie weniger in Panik versetzt und Sie wieder motiviert.

1. Stellung, Rechtsform und Organisationsstruktur

Lösung zu Aufgabe 1: Betriebliche Ziele

- **Ökonomische Ziele:** 2. Erhöhung des Marktanteils, Gewinnmaximierung
- **Ökologische Ziele:** 3. Umsetzung von Recycling-Maßnahmen, ressourcenschonender Einsatz von Materialien
- **Soziale Ziele:** 1. Weiterbildung ermöglichen, Zahlung von Urlaubs- und Weihnachtsgeld.

 TIPP

Betriebliche Ziele sind beispielsweise:

Ökologische Ziele	Soziale Ziele	Ökonomische Ziele
▸ Umweltschutz	▸ Strukturförderung	▸ Gewinn
▸ Nachhaltigkeit	▸ gute Arbeitsbedingungen	▸ Rentabilität
▸ Energieersparnis	▸ Mitarbeiterzufriedenheit	▸ Liquidität
▸ Recycling	▸ Arbeitsplatzsicherung	▸ Produktivität
	▸ Weiterbildungsmöglichkeiten	▸ Absatz- und Umsatzsteigerung
	▸ Urlaubs- und Weihnachtsgeld	▸ Wirtschaftlichkeit insgesamt
	▸ Jubiläumsgeschenke	▸ Ausweitung des Marktanteils

Innerhalb der Unternehmensziele wird oft auch noch in weitere Ziele untergliedert.

Sachziele sind beispielsweise:

- Qualität
- Liefersicherheit
- Kundenzufriedenheit.

Daneben gibt es noch Marktziele, Ertragsziele und Leistungsziele.

Marktziele:

- Bedürfnisbefriedigung
- Bearbeitung bestimmter Märkte/Marktsegmente
- Erreichen einer bestimmten Marktstellung.

Ertragsziele:
- Anstreben eines konkreten Umsatzes
- Erreichen einer bestimmten Rendite
- Deckungsbeitrag.

Leistungsziele:
- hervorragende schriftliche Kommunikationsfähigkeiten der Mitarbeiter
- Performance-Ziele.

Lösung zu Aufgabe 2: Ökologische Ziele

1. Falsch, der Ersatz von Dieselfahrzeugen durch Elektrofahrzeuge ist ein ökologisches Ziel.
2. Falsch, der Austausch veralteter Computer gegen energiesparendere Geräte ist ein ökologisches Ziel.
3. Falsch, den Verbrauch von Füllmaterial zu reduzieren ist ein ökologisches Ziel.
4. Falsch, die Anschaffung eines zentralen Geräts gegenüber vielen einzelnen ist ein ökologisches Ziel.
5. Richtig. Die Spielend Lernen GmbH bezieht ihr Verpackungsmaterial künftig von einem günstigeren Lieferanten.

Lösung zu Aufgabe 3: Soziale Ziele

1. Falsch, die Steigerung des Jahresumsatzes ist ein ökonomisches Ziel.
2. Falsch, die Qualitätssteigerung ist ein Sachziel.
3. Falsch, Langzeit-Kontingent-Verträge sind kein soziales Ziel.
4. Richtig, Strukturförderung ist ein soziales Ziel.
5. Falsch, Gewinnsteigerung ist ein ökonomisches Ziel.

Lösung zu Aufgabe 4: Bedeutung sozialer und ökologischer Ziele

Nr. 2: Neben ökonomischen Zielen sollten auch ökologische und soziale Ziele vereinbart und angestrebt werden, um die Spielend Lernen GmbH nachhaltig und langfristig erfolgreich zu führen.

Lösung zu Aufgabe 5: Ökonomische Ziele

a) 1. Richtig, bei der Steigerung von Absatz und Umsatz, Gewinnerzielung, Produktivität und Erhöhung des Marktanteils handelt es sich um ökonomische Ziele.
   2. Falsch, Recycling, Nachhaltigkeit, Umweltschutzmaßnahmen und Vermeidung von Abfall sind ökologische Ziele.

3. Falsch, Sicherung von Arbeitsplätzen, Strukturförderung und der Ausbau sozialer Leistungen sind soziale Ziele.
4. Falsch, Zahlung von Urlaubs- und Weihnachtsgeld, Jubiläumsgeschenke und Pensionen sind soziale Ziele.
5. Falsch, das Bauen von Sportanlagen für die Mitarbeiter der Spielend Lernen GmbH ist ein soziales Ziel.

b) ▸ **Ökonomische Ziele:** 1. Steigerung von Absatz und Umsatz, Gewinnerzielung, Produktivität, Erhöhung des Marktanteils
   ▸ **Ökologische Ziele:** 2. Recycling, Nachhaltigkeit, Umweltschutzmaßnahmen, Vermeidung von Abfall
   ▸ **Soziale Ziele:** 3. Sicherung von Arbeitsplätzen, Strukturförderung, Ausbau sozialer Leistungen.

Lösung zu Aufgabe 6: Sachziele

1. Falsch, durch die konkreten Angaben von Datum und Prozent handelt es sich bereits um ein konkretes Sachziel.
2. Falsch, durch die konkreten Angaben von fünf Jahren und drei Ausbildungsplätzen handelt es sich bereits um ein konkretes Sachziel.
3. Falsch, durch die konkrete Angabe „ab sofort" und „Lieferung innerhalb 24 Stunden" handelt es sich bereits um ein konkretes Sachziel.
4. Richtig. Das Ziel muss noch durch eine Zeitangabe und durch Angabe einer konkreten Maßnahme definiert werden.
5. Falsch, durch die konkreten Angaben zu Mengen und Monat handelt es sich bereits um ein konkretes Sachziel.

Lösung zu Aufgabe 7: Zielkonflikte

1. Falsch, es kann sowohl Urlaubs- als auch Weihnachtsgeld gezahlt werden.
2. Falsch, die Produkte können sowohl nachhaltig hergestellt werden, gleichzeitig kann die Umweltverträglichkeit der Produkte geprüft werden.
3. Falsch, beide Ziele stehen nicht in Konflikt zueinander.
4. Richtig, Arbeitsplätze zu sichern und gleichzeitig die Personalkosten zu verringern, kann zu einem Zielkonflikt führen.
5. Falsch, denn wird die Produktivität erhöht, wirkt sich dies idealerweise auch positiv auf die Rentabilität des Unternehmens aus.

LÖSUNGEN

Lösung zu Aufgabe 8: Indifferente Ziele (Zielneutralität)

a) Nr. 3: Indifferente Ziele sind Ziele, die von einem zweiten Ziel unabhängig sind und daher weder positive noch negative Auswirkungen auf andere Ziele haben.

b) Nr. 1: Die Verkaufsabteilung hat sich zum Ziel gesetzt, den Umsatz im kommenden Geschäftsjahr um 10 % zu steigern. Die Spielend Lernen GmbH hat sich zum Ziel gesetzt, den Aufenthalts- und Pausenraum für die Mitarbeiter zu renovieren.

Und

Nr. 5: Die Mitarbeiter der Buchhaltung haben vereinbart, im kommenden Geschäftsjahr Mahnläufe täglich statt wöchentlich durchzuführen mit dem Ziel, schnellere Zahlungseingänge säumiger Kunden zu erhalten. Unter den Mitarbeitern im Lager wurde das Ziel gesetzt, keinen Platz zum Ende eines Arbeitstages mehr unaufgeräumt zu verlassen.

Lösung zu Aufgabe 9: Konkurrierende Ziele (Zielkonflikt)

a) Nr. 2: Konkurrierende Ziele sind Ziele, deren Erreichen sich negativ auf weitere Ziele auswirkt.

b) Nr. 2: Die Verkaufsabteilung hat sich zum Ziel gesetzt, den Umsatz im kommenden Geschäftsjahr um 10 % zu steigern. Die Spielend Lernen GmbH hat sich zum Ziel gesetzt, die Fahrzeuge der Außendienstmitarbeiter im Verkauf zu verringern.

Lösung zu Aufgabe 10: Komplementäre Ziele (Zielharmonie)

a) Nr. 1: Komplementäre Ziele sind Ziele, deren Erreichen sich positiv auf weitere Ziele auswirkt.

b) Nr. 3: Die Spielend Lernen GmbH hat sich zum Ziel gesetzt, die Fahrzeuge der Außendienstmitarbeiter im Verkauf zu verringern. Die Mitarbeiter der Verkaufsabteilung sowie die Verkäufer im Außendienst haben sich das Ziel gesetzt, aus Gründen des Umweltschutzes öfter öffentliche Verkehrsmittel statt ihrer Dienstfahrzeuge zu nutzen.

Und

Nr. 4: Die Spielend Lernen GmbH hat sich zum Ziel gesetzt, all ihren Mitarbeitern und Auszubildenden höhere Gehälter zu zahlen als üblich. Geschäftsführer Fabian Fröhlich und Personalleiter Florian König haben sich zum Ziel gesetzt, die Mitarbeiterzufriedenheit in ihrem Unternehmen im kommenden Jahr zu steigern.

LÖSUNGEN

Lösung zu Aufgabe 11: Aufgabenfelder des Betriebs

a) ▸ **Leitung:** 4. Geschäftsführer Fabian Fröhlich und Personalleiter Florian König besetzen die freien Führungsstellen mit passenden Bewerbern.
   ▸ **Finanzen:** 1. Geschäftsführer Fabian Fröhlich beantragt und erhält ein Darlehen für den geplanten Anbau einer weiteren Produktionshalle.
   ▸ **Produktion:** 3. Maria Gräwer überprüft die Qualität des neu hergestellten Produkts sowie die Durchführung der festgelegten Arbeitsschritte unter qualitativen Gesichtspunkten.
   ▸ **Verwaltung:** 2. Die Auszubildende Vanessa Davidson bereitet eine Mitarbeiterschulung zum Thema „Soziale Aufgaben der Spielend Lernen GmbH" vor.

b) ▸ **Beschaffung:** 2. Auszubildender Michael Schmidt sucht im Internet nach Bezugsquellen für Büromaterial.
   ▸ **Lagerung:** 1. Heinrich Weiß nimmt eine Warensendung entgegen, die er anschließend auf Vollständigkeit und Richtigkeit überprüft.
   ▸ **Verkauf:** 3. Verkaufsmitarbeiter Christian Bauer erkundet die Marktchancen für ein neu am Markt einzuführendes Produkt.

Lösung zu Aufgabe 12: Faktoren zur Leistungserstellung

1. **Leistungsfaktor Arbeitskraft:**
   b) Ein Mitarbeiter der Spielend Lernen GmbH arbeitet täglich in der Produktion der Spielend Lernen GmbH.
2. **Leistungsfaktor Dienstleistungen:**
   a) Die Schulbuchbestellung eines Kunden wird zusammengestellt und um einige Schulhefte ergänzt.
3. **Leistungsfaktor Werkstoffe:**
   d) Die Spielend Lernen GmbH kauft und verarbeitet Holz und Kunststoffe sowie Schrauben, Nieten und Kleber in ihren Produkten.
4. **Leistungsfaktor Betriebsmittel:**
   c) Die Spielend Lernen GmbH nutzt eine Produktionsmaschine zur Herstellung eigener Produkte in Serienfertigung.

Lösung zu Aufgabe 13: Betriebswirtschaftliche Produktionsfaktoren

Elementarfaktoren:

▸ Nr. 1: Sämtliche Werkstoffe, die für die Produktion benötigt werden, werden den Mitarbeitern in der Spielend Lernen GmbH bereitgestellt.
▸ Nr. 2: Um eigene Produkte herstellen zu können, benötigt die Spielend Lernen GmbH eine eigene Produktionsmaschine, die sich in einer speziell hergerichteten Produktionshalle befinden muss.
▸ Nr. 4: Marietta Müller sortiert am Fließband den Produktionsausschuss.

Dispositiver Faktor:

- Nr. 3: Die Unternehmensleitung strukturiert und gestaltet die Abläufe innerhalb der Spielend Lernen GmbH.
- Nr. 5: Fabian Fröhlich übernimmt Führungsaufgaben und die Verantwortung der Unternehmensführung.

 MERKE

Betriebswirtschaftliche Produktionsfaktoren
Unter den klassischen Produktionsfaktoren werden Arbeit, Boden, Kapital und Wissen verstanden. Die betriebswirtschaftlichen Produktionsfaktoren leiten sich aus den klassischen Produktionsfaktoren ab und gliedern sich in Elementarfaktoren und den dispositiven Faktor.

Elementarfaktoren	Dispositiver Faktor
▸ Objektbezogene, menschliche Arbeit ohne Entscheidungsbefugnisse	▸ Planung, Unternehmensführung
▸ Zur Durchführung der Produktion notwendige Betriebsmittel wie Gebäude, Anlagen, Maschinen	▸ Organisation des Betriebs, Strukturierung innerbetrieblicher Abläufe
▸ Sämtliche für die Produktion benötigten Werkstoffe (Roh-, Hilfs- und Betriebsstoffe).	▸ Irrationale Wurzel = unternehmerisches Bauchgefühl/Instinkt.

Lösung zu Aufgabe 14: Werkstoffe

1. Falsch, denn Werkstoffe umfassen Roh-, Hilfs- und Betriebsstoffe.
2. Falsch, denn Rohstoffe stellen jeweils den Hauptbestandteil der Produkte der Spielend Lernen GmbH dar.
3. Richtig, Werkstoffe stehen mit der Fertigung eines Produkts in Verbindung.
4. Falsch, Betriebsstoffe werden zur Fertigstellung des Produkts benötigt.
5. Richtig, denn bei Werkstoffen handelt es sich um mehr Stoffe, als nur Materialien aus Holz/Pflanzen. Werkstoffe umfassen Roh-, Hilfs- und Betriebsstoffe.

Lösung zu Aufgabe 15: Betriebsmittel

1. Falsch, Roh-, Hilfs- und Betriebsstoffe sind Werkstoffe.
2. Falsch, Mittel zu Finanzierungszwecken sind finanzielle Mittel.
3. Richtig, Betriebsmittel in der Spielend Lernen GmbH sind die Produktionsmaschine sowie die Produktionshalle und weitere Anlagen.

4. Falsch, auch die Produktionshalle und weitere Gebäude sind den Betriebsmitteln zuzuordnen.
5. Falsch, zu Betriebsmitteln gehören Produktions- und andere Maschinen, Gebäude und Hallen auf dem Betriebsgelände, Firmenfahrzeuge und die Betriebs- und Geschäftsausstattung.

Lösung zu Aufgabe 16: Dispositive Arbeit

Nr. 1: Florian König plant als Personalleiter den Personalbedarf, organisiert (neues) Personal und dessen Einsatz, entscheidet über einzustellende Auszubildende und kontrolliert laufend, ob der Spielend Lernen GmbH genügend qualifiziertes Personal zur Verfügung steht.

Und

Nr. 4: Lana Welke, Einkaufsleiterin der Spielend Lernen GmbH mit Prokura, bespricht einmal jährlich mit den Mitarbeitern der Einkaufsabteilung die Zielplanung für das kommende Geschäftsjahr. Dabei vergleicht sie Ist- und Soll-Zustand, legt Ziele fest, kontrolliert deren Erreichung und organisiert alle wichtigen Faktoren zur Erreichung der Ziele, koordiniert bspw. notwendige Fortbildungsmaßnahmen.

Lösung zu Aufgabe 17: Stellung des Betriebs

Nr. 4: Höhe der Einkommen der Geschäftsführung.

Lösung zu Aufgabe 18: Abgrenzung des Betriebs zu anderen Wirtschaftszweigen

1. Falsch, dem Wirtschaftszweig Erziehung und Unterricht sind z. B. Schulen, Kindergärten und Institutionen in der Erwachsenenbildung zuzuordnen.
2. Falsch, dem Wirtschaftszweig Information und Kommunikation sind z. B. das Verlagswesen, Telekommunikationsanbieter und die Herstellung von Film- und Tonaufnahmen zuzuordnen.
3. Richtig, die Spielend Lernen GmbH ist dem Wirtschaftszweig Handel zuzuordnen.
4. Falsch, dem Wirtschaftszweig Öffentliche Verwaltung, Verteidigung und Sozialversicherung sind z. B. Tätigkeiten der allgemeinen öffentlichen Verwaltung, der Rechtspflege, der öffentlichen Sicherheit und Ordnung und die Verwaltung der gesetzlichen Sozialversicherung zuzuordnen.
5. Falsch, dem Wirtschaftszweig Land- und Forstwirtschaft sind z. B. Unternehmen, die Teichwirtschaft und Fischzucht betreiben, Unternehmen, die pflanzliche oder tierische Erzeugnisse herstellen oder auch Imkerei, Förster und Holzfäller zuzuordnen.

LÖSUNGEN

 INFO

Definition Wirtschaftszweig
Ein Wirtschaftszweig ist eine produzierende institutionelle Einheit. Einzelne Produktionseinheiten können zu einem Wirtschaftszweig zusammengefasst werden, wenn sie den gleichen Schwerpunkt haben. Der Schwerpunkt der wirtschaftlichen Tätigkeit lässt sich anhand der Beschäftigtenzahl ermitteln.

Lösung zu Aufgabe 19: Erweiterter Wirtschaftskreislauf

1. Falsch, der erweiterte Wirtschaftskreislauf enthält vier Sektoren.
2. Richtig, der erweiterte Wirtschaftskreislauf enthält vier Sektoren: Unternehmen, Haushalte, Banken, Staat.
3. Falsch, die Unternehmen investieren nicht in Banken und Kreditinstitute.
4. Richtig, anhand des erweiterten Wirtschaftskreislaufs kann der Güter- und Geldfluss dargestellt werden.
5. Falsch, auch Steuerzahlungen werden im erweiterten Wirtschaftskreislauf berücksichtigt.

Lösung zu Aufgabe 20: Rechtsform des Ausbildungsbetriebs

a) Nr. 3, denn für die Rechtsform der GmbH wurde ein gesetzliches Stammkapital von 25.000 € festgelegt.

b) Nr. 4, denn für die Rechtsform der GmbH ist bei Gesellschaftsgründung ein schriftlicher Gesellschaftsvertrag zwingend erforderlich.

Lösung zu Aufgabe 21: Handelsregister

Nr. 1: Das Handelsregister ist ein öffentliches Register, das aus drei Abteilungen besteht: Abteilung A (HRA), Abteilung B (HRB) und Abteilung C (HRC).

 MERKE

Das Handelsregister ist ein öffentliches Verzeichnis/Register, in dem alle Kaufleute unter ihrer Firma verzeichnet sind. Die Firma ist dabei der Name, unter dem der Kaufmann oder die Kauffrau ihre Geschäfte führt (in diesem Buch die Spielend Lernen GmbH). Bei Anmeldung wird der Firma eine Handelsregisternummer zugeteilt. Das Handelsregister wird von den Gerichten elektronisch geführt.

Es besteht aus zwei Abteilungen:

Handelsregister Abteilung A	Handelsregister Abteilung B
Abkürzung: HRA	Abkürzung: HRB
► für Einzelkaufleute ► für Personengesellschaften	für Kapitalgesellschaften
Beispiele: ► KG ► GmbH & Co. KG ► AG & Co. KG ► OHG	**Beispiele:** ► GmbH ► AG

Eintragungen in das Handelsregister können deklaratorisch oder konstitutiv sein.

► Deklaratorisch: Die Eintragung informiert darüber, dass Lana Welke seit dem 01.01. Prokuristin ist. Die Prokura gilt aber bereits zum Zeitpunkt ihrer Erteilung.

► Konstitutiv: Die Rechtswirkung ist erst durch die Eintragung in das Handelsregister gegeben.

Die Eintragung in das Handelsregister enthält folgende Informationen:

► Firma
► Sitz
► Niederlassungen
► Zweigniederlassungen
► Unternehmensgegenstand
► vertretungsberechtigte Personen
► Rechtsform des Unternehmens
► Stammkapital
► Name des Geschäftsinhabers.

Lösung zu Aufgabe 22: Unternehmensformen

Nr. 5, denn für die Gründung einer GbR (Gesellschaft bürgerlichen Rechts) sind mindestens zwei Gründer erforderlich. Eine Mindesteinlage oder ein gewisses Stammkapital ist nicht vorgeschrieben.

LÖSUNGEN

Lösung zu Aufgabe 23: Einzelunternehmung

1. Richtig, Florian König hat die alleinige Entscheidungsbefugnis.
2. Falsch, Florian König hat die alleinige Entscheidungsbefugnis, er muss nicht mit einer weiteren Person gemeinsam entscheiden.
3. Falsch, bei einer Einzelunternehmung haftet Florian König unbeschränkt mit dem Geschäfts- und seinem Privatvermögen.
4. Richtig, Florian König muss keine vorgeschriebene Mindesteinlage erbringen.
5. Falsch, für eine Einzelunternehmung ist kein Stammkapital vorgeschrieben.

Lösung zu Aufgabe 24: Personengesellschaft

1. Richtig, bei der GmbH handelt es sich um eine Kapitalgesellschaft.
2. Falsch, bei der OHG handelt es sich um eine Personengesellschaft.
3. Falsch, bei der GbR handelt es sich um eine Personengesellschaft.
4. Falsch, bei der KG handelt es sich um eine Personengesellschaft.
5. Richtig, bei der KGaA handelt es sich um eine Kapitalgesellschaft.

Lösung zu Aufgabe 25: Kapitalgesellschaft

1. Richtig, bei der KG handelt es sich um eine Personengesellschaft.
2. Falsch, bei der KGaA handelt es sich um eine Kapitalgesellschaft.
3. Richtig, bei der Gesellschaft bürgerlichen Rechts (GbR) handelt es sich um eine Personengesellschaft.
4. Falsch, bei der AG handelt es sich um eine Kapitalgesellschaft.
5. Falsch, bei der GmbH handelt es sich um eine Kapitalgesellschaft.

Lösung zu Aufgabe 26: Auswirkung der Rechtsform bei Aufträgen

a)
1. Falsch, bei einer Insolvenz der Lernpuzzle GmbH haftet das Unternehmen nur mit dem Gesellschaftsvermögen.
2. Richtig, bei einer Insolvenz der Lernpuzzle GmbH ist die Haftung auf die Kapitaleinlage beschränkt.
3. Falsch, bei einer Insolvenz der Lernpuzzle GmbH findet die Haftung mit dem Gesellschaftsvermögen statt. Das Mindeststammkapital einer GmbH beträgt 25.000 €.
4. Falsch, eine GmbH hat keine Kommanditisten, sondern eine KG.
5. Falsch, eine GmbH hat keine Aktionäre, sondern eine AG.

b) 1. Richtig, vor der Annahme eines Großauftrags kann die Spielend Lernen GmbH die Bonität ihres Kunden prüfen.
   2. Falsch, die Spielend Lernen GmbH muss ihre Bonität nicht gegenüber ihrem Kunden, der Lernpuzzle GmbH, nachweisen.
   3. Falsch, die Annahme von Großaufträgen sollte nur mit schriftlicher Bestätigung erfolgen.
   4. Falsch, die Abwicklung von Großaufträgen kann auch mit Neukunden durchgeführt werden.
   5. Falsch, da die Annahme des Großauftrags zwar mit schriftlicher Bestätigung erfolgen sollte, die Bestätigung jedoch nicht die Zahlung sicherstellt.

Lösung zu Aufgabe 27: Regelungen zur Vertretung

a) Nr. 3, denn in einer Kommanditgesellschaft haben die persönlich haftenden Gesellschafter die Entscheidungsbefugnis. In besonderen Fällen kann eine Beteiligung der Kommanditisten erforderlich sein.

b) 1. Falsch, Lana Welke darf ihre Prokura nicht übertragen.
   2. Falsch, Prokuristen dürfen das Betriebsgelände nicht veräußern.
   3. Falsch, der Jahresabschluss muss vom Geschäftsführer unterzeichnet werden.
   4. Falsch, Prokuristen dürfen keine Insolvenz für das Unternehmen anmelden.
   5. Richtig, Lana Welke darf Arbeitsverträge mit neuen Mitarbeitern schließen.

Lösung zu Aufgabe 28: Regelungen zur Haftung

Nr. 1, denn ein Einzelunternehmer haftet unbeschränkt mit dem Geschäfts- und dem Privatvermögen.

Lösung zu Aufgabe 29: Regelungen zur Gewinnverteilung

Nr. 4: Der Gewinn wird nach dem Verhältnis der Geschäftsanteile verteilt.

Lösung zu Aufgabe 30: Geschäftsführung bei der Einzelunternehmung

1. Falsch, die Einzelunternehmung benötigt nur einen Inhaber, der die alleinige Entscheidungsbefugnis hat.
2. Richtig, bei der Einzelunternehmung hat der Inhaber die alleinige Entscheidungsbefugnis.
3. Falsch, eine AG muss einen Vorstand und einen Aufsichtsrat haben und eine Hauptversammlung für die Aktionäre durchführen.
4. Falsch, bei der Einzelunternehmung muss kein Prokurist bestellt werden.
5. Falsch, eine Einzelunternehmung benötigt den Inhaber. Kommanditisten gibt es in einer KG.

Lösung zu Aufgabe 31: Geschäftsführung bei der GmbH

1. Richtig, die GmbH kann einen oder mehrere Geschäftsführer haben, Prokuristen dürfen bestellt werden.
2. Falsch, bei der GmbH hat der Geschäftsführer die Entscheidungsbefugnis. Inhaber und Geschäftsführer können zwei unterschiedliche Personen sein.
3. Falsch, eine AG muss einen Vorstand und einen Aufsichtsrat haben und eine Hauptversammlung für die Aktionäre durchführen.
4. Falsch, eine GmbH darf mehrere Geschäftsführer haben.
5. Falsch, Prokuristen dürfen bestellt werden.

Lösung zu Aufgabe 32: Haftung bei der Einzelunternehmung

1. Richtig, bei der Einzelunternehmung gilt unbeschränkte Haftung, die auch das Privatvermögen mit einbezieht.
2. Falsch, der Einzelunternehmer haftet unbeschränkt mit dem Geschäfts- und Privatvermögen.
3. Falsch, der Einzelunternehmer haftet unbeschränkt mit dem Geschäfts- und Privatvermögen, eine Haftungsbeschränkung tritt nicht ein.
4. Falsch, der Einzelunternehmer haftet unbeschränkt mit dem Geschäfts- und Privatvermögen, sich „freizukaufen" ist nicht möglich.
5. Falsch, der Einzelunternehmer haftet unbeschränkt mit dem Geschäfts- und Privatvermögen. Die Einzelunternehmung hat keine Kommanditisten.

Lösung zu Aufgabe 33: Haftung bei der GmbH

1. Falsch, bei der Einzelunternehmung gilt unbeschränkte Haftung, die auch das Privatvermögen mit einbezieht. Die GmbH haftet nur mit dem Gesellschaftsvermögen, die Haftungsbeschränkung tritt jedoch erst mit der Eintragung ins Handelsregister ein.
2. Falsch, die GmbH haftet nur mit dem Gesellschaftsvermögen, die Haftungsbeschränkung tritt jedoch erst mit der Eintragung ins Handelsregister ein.
3. Richtig, die GmbH haftet nur mit dem Gesellschaftsvermögen, die Haftungsbeschränkung tritt jedoch erst mit der Eintragung ins Handelsregister ein.
4. Falsch, die GmbH haftet nur mit dem Gesellschaftsvermögen, die Haftungsbeschränkung tritt jedoch erst mit der Eintragung ins Handelsregister ein. Sich „freizukaufen" ist nicht möglich.
5. Falsch, die GmbH haftet nur mit dem Gesellschaftsvermögen, die Haftungsbeschränkung tritt jedoch erst mit der Eintragung ins Handelsregister ein. Die KG hat Kommanditisten, die GmbH nicht.

Lösung zu Aufgabe 34: Gewinnverteilung bei der Einzelunternehmung

1. Falsch, bei der Einzelunternehmung fallen sämtliche Gewinne an den Einzelkaufmann.
2. Falsch, bei der Einzelunternehmung fallen sämtliche Gewinne an den Einzelkaufmann.
3. Richtig, bei der Einzelunternehmung fallen sämtliche Gewinne an den Einzelkaufmann.
4. Falsch, Gewinnanteile pro Aktie gibt es nur in einer AG.
5. Falsch, bei der Einzelunternehmung fallen sämtliche Gewinne an den Einzelkaufmann.

Lösung zu Aufgabe 35: Gewinnverteilung bei der GmbH

1. Falsch, in der GmbH werden die Gewinne nach dem Verhältnis der Geschäftsanteile verteilt.
2. Richtig, in der GmbH werden die Gewinne nach dem Verhältnis der Geschäftsanteile verteilt.
3. Falsch, Gewinnanteile pro Aktie gibt es nur in einer AG.
4. Falsch, in der KG erhält jeder Gesellschafter 4 % auf seinen Kapitalanteil, der restliche Gewinn wird in angemessenem Verhältnis der Anteile verteilt.
5. Falsch, in der GmbH werden die Gewinne nach dem Verhältnis der Geschäftsanteile verteilt.

Lösung zu Aufgabe 36: Gewinnverteilung vornehmen

Nr. 2: Da Fabian Fröhlich und Lana Welke gleich viele Geschäftsanteile der Spielend Lernen GmbH besitzen, wird nach dem Verhältnis der Geschäftsanteile der Gewinn je zur Hälfte verteilt.

Lösung zu Aufgabe 37: Investition und Finanzierung

1. Richtig, bei der Beschaffung des Kapitals für die Spielend Lernen GmbH handelt es sich um die Finanzierung.
2. Falsch, Investition bedeutet, das beschaffte Kapital wird ausgegeben, es wird etwas damit gekauft.
3. Falsch, die Finanzierung ist die Beschaffung. Die Verwendung ist die Investition.
4. Richtig, die Verwendung des beschafften Kapitals durch die Spielend Lernen GmbH ist eine Investition.
5. Falsch, die Beschaffung ist die Finanzierung. Die Verwendung ist die Investition.

Lösung zu Aufgabe 38: Finanzierungsarten
Nr. 2: Die Spielend Lernen GmbH erhält ein Darlehen von der Nordost Bank.

Lösung zu Aufgabe 39: Finanzierungsarten unterscheiden
Nr. 5, denn bei der Außenfinanzierung stammen die finanziellen Mittel von externen Kapitalgebern.

 INFO

Finanzierung ist die Beschaffung des Kapitals, Investition ist die Verwendung des Kapitals.

Außenfinanzierung	Die finanziellen Mittel stammen von außerhalb des Unternehmens.
Innenfinanzierung	Die finanziellen Mittel stammen aus dem Unternehmen selbst, z. B. durch Umsätze, Gewinne und Rückstellungen.

Lösung zu Aufgabe 40: Innenfinanzierung
1. Falsch, bei der Finanzierung durch ein Bankdarlehen handelt es sich um eine Fremdfinanzierung.
2. Falsch, bei der Inanspruchnahme eines Kontokorrentkredits handelt es sich um eine Fremdfinanzierung.
3. Falsch, bei der Finanzierung durch Beteiligungen handelt es sich um eine Außenfinanzierung.
4. Falsch, bei der Finanzierung durch externe Geldgeber handelt es sich um eine Außenfinanzierung.
5. Richtig, bei der Finanzierung aus Rückstellungen handelt es sich um eine Innenfinanzierung.

Lösung zu Aufgabe 41: Selbstfinanzierung, Fremdfinanzierung
Selbstfinanzierung:
Nr. 2: Die Spielend Lernen GmbH nutzt einen Teil des erwirtschafteten Gewinns, um die Maschine anschaffen zu können.

Fremdfinanzierung:
Nr. 1: Die Spielend Lernen GmbH erhält von der Nordost Bank ein Darlehen.

Lösung zu Aufgabe 42: Außenfinanzierung
Nr. 2, denn bei allen weiteren Lösungsmöglichkeiten kommt das Kapital aus dem Unternehmen selbst, somit handelt es sich um Innenfinanzierung.

Lösung zu Aufgabe 43: Fremdfinanzierung

Nr. 1: Durch die erhöhte Liquidität kann die Spielend Lernen GmbH die Maschine zeitnah anschaffen.

Lösung zu Aufgabe 44: Kreditfinanzierung

Nr. 4: Kreditfinanzierung ist der Außenfinanzierung zuzuordnen.

Lösung zu Aufgabe 45: Lieferantenkredit

Nr. 3: Die Ware wird bei Lieferung bar durch die Spielend Lernen GmbH bezahlt.

Lösung zu Aufgabe 46: Kontokorrentkredit

Nr. 2: Die Bank gestattet der Auszubildenden Vanessa Davidson, ihr privates Konto bis zu einem bestimmten Kreditbetrag zu überziehen. Die Zinsen berechnet die Bank dabei nach dem jeweiligen Saldo.

Lösung zu Aufgabe 47: Kreditzinsen berechnen

8.600 €

86.000 € · 4 % · 30 : 12 = 8.600 €

Auszahlung: 86.000 €

Zinssatz: 4 %

Lösung zu Aufgabe 48: Darlehen

Nr. 3, denn bei einem Fälligkeitsdarlehen ist das gesamte Darlehen zu einem Fixtermin zur Rückzahlung fällig.

Lösung zu Aufgabe 49: Selbstfinanzierung

Nr. 5, denn bei der Selbstfinanzierung kommt das Kapital aus der Spielend Lernen GmbH selbst.

Lösung zu Aufgabe 50: Beteiligungsfinanzierung

Nr. 1, denn bei einer Beteiligungsfinanzierung stammt das Eigenkapital durch Kapitaleinlagen von den Gesellschaftern eines Unternehmens.

Lösung zu Aufgabe 51: Leasing

1. Falsch, das Leasingunternehmen bleibt Eigentümer der Fahrzeuge, die Spielend Lernen GmbH ist im Besitz der Fahrzeuge.
2. Richtig, durch die monatlichen Raten wird die Liquidität geschont.
3. Falsch, die geleasten Fahrzeuge verursachen eine monatlich zu zahlende Leasingrate.
4. Richtig, die geleasten Fahrzeuge können nach Auslauf des Leasings übernommen oder abgestoßen werden.
5. Falsch, durch das Leasing der Fahrzeuge erhöht sich die Summe der Bilanz nicht.

Lösung zu Aufgabe 52: Factoring

1. Falsch, die Liquidität zu erhöhen ist ein Vorteil.
2. Falsch, das Risiko von Zahlungsausfällen übernimmt das Factoringunternehmen, es sinkt also für die Spielend Lernen GmbH.
3. Richtig, Factoring kann unter Umständen mit hohen Kosten für die Spielend Lernen GmbH verbunden sein.
4. Falsch, wirkt sich das Factoring positiv auf die Eigenkapitalquote der Spielend Lernen GmbH aus, ist das ein Vorteil.
5. Falsch, die Spielend Lernen GmbH darf ihren Kunden auch weiterhin Zahlungsziele einräumen.

Lösung zu Aufgabe 53: Optimale Finanzierungsart finden

1. Richtig, ein Annuitätendarlehen ist der Fremdfinanzierung zuzuordnen und eignet sich zur Finanzierung eines Anbaus.
2. Falsch, Leasing eignet sich für Fahrzeuge oder Maschinen, die zu einem späteren Zeitpunkt zurückgegeben oder gekauft werden, wenn der Leasingvertrag ausläuft.
3. Falsch, bei der Finanzierung durch Rückstellungen handelt es sich um eine Innenfinanzierung.
4. Falsch, eine Beteiligungsfinanzierung gehört sowohl zur Eigen- als auch zur Außenfinanzierung, nicht jedoch zur Fremdfinanzierung.
5. Falsch, Abschreibungen sind keine Finanzierungsart.

Lösung zu Aufgabe 54: Mittelherkunft und Mittelverwendung

Mittelherkunft:
Nr. 1: Fabian Fröhlich bringt 50.000 € als Kapitaleinlage in die Spielend Lernen GmbH ein.

Nr. 4: Die Bank gewährt der Spielend Lernen GmbH ein Darlehen i. H. v. 230.000 €.

LÖSUNGEN

Mittelverwendung:

Nr. 2: Die Spielend Lernen GmbH investiert 230.000 € in eine neue Produktionsmaschine.

Nr. 3: Die Spielend Lernen GmbH stattet die Besprechungsräume mit neuen, hochwertigen Büromöbeln aus.

 INFO

Die Mittelherkunft findet sich auf der Passiva-Seite der Bilanz. Sie beschäftigt sich damit, aus welchen Quellen der Kapitalbedarf gedeckt wird.

Die Mittelverwendung findet sich auf der Aktiva-Seite der Bilanz. Hier werden Anlagevermögen und Umlaufvermögen aufgeführt. Diese Seite zeigt, wie das Kapital im Unternehmen bzw. durch das Unternehmen investiert wird.

Lösung zu Aufgabe 55: Sicherheiten im Kreditgeschäft

a) Nr. 4: Die Spielend Lernen GmbH bietet der Bank eine Hypothek auf die bereits bebauten Grundstücke als Sicherheit an.

b)
1. Falsch, die Bank benötigt eine aktuelle Bilanz.
2. Falsch, die Bank benötigt die Gewinn- und Verlustrechnung.
3. Falsch, die Bank benötigt den Grundbuchauszug.
4. Richtig, die Lieferantenliste wird von der Bank nicht benötigt.
5. Richtig, der Produktkatalog wird von der Bank nicht benötigt.

Lösung zu Aufgabe 56: Vor- und Nachteile von Kreditsicherungen

1. Richtig, die Bank kann die Maschine ohne Vollstreckungstitel veräußern, falls die Spielend Lernen GmbH die Raten nicht ordnungsgemäß bedient.
2. Falsch, die Nutzung der Maschine durch die Mitarbeiter ist kein Vorteil für die Bank.
3. Falsch, die Maschine kann nicht zeitgleich als Sicherheit für weitere Kredite verwendet werden, wenn sie voll belastet ist.
4. Falsch, die Bank erhält keinen Anteil von 2 % aller mit der Maschine hergestellten Güter. Sie erhält die Zinsen für das bereitgestellte Kapital.
5. Falsch, denn hat die Spielend Lernen GmbH das Darlehen ausgeglichen, geht die Produktionsmaschine vollständig in das Eigentum des Unternehmens über.

Lösung zu Aufgabe 57: Eigentumsvorbehalt

Nr. 1: Durch den Eigentumsvorbehalt bleibt die Spielend Lernen GmbH so lange Eigentümerin der von den Kunden gekauften Ware, bis diese bezahlt wurde.

LÖSUNGEN

Lösung zu Aufgabe 58: Selbstschuldnerische Bürgschaft

Nr. 2, denn bei einer selbstschuldnerischen Bürgschaft kann Fabian Fröhlich zur Zahlung aufgefordert werden, sobald der Hauptschuldner in Zahlungsverzug gerät.

Lösung zu Aufgabe 59: Grundschuld, Lombardkredit, Sicherungsübereignung

a) Nr. 5: Die Belastung wird in das Grundbuch eingetragen.
b) Nr. 2: Die Bank erhält von der Spielend Lernen GmbH eine Eigentumsübertragung an der neuen Produktionsmaschine.
c) Nr. 2: Lombardkredit.

 TIPP

Sicherheiten im Kreditgeschäft

Einfacher Eigentumsvorbehalt	Der einfache Eigentumsvorbehalt besagt, dass der Käufer den Kaufgegenstand ausgehändigt bekommt, obgleich er den vollständigen Kaufpreis noch nicht bezahlt hat. Der Käufer ist bis zur vollständigen Kaufpreiszahlung nur Besitzer der Ware, der Verkäufer bleibt bis zur vollständigen Zahlung der Eigentümer. Mit vollständiger Kaufpreiszahlung geht das Eigentum auf den Käufer über.
Selbstschuldnerische Bürgschaft	Die selbstschuldnerische Bürgschaft besagt, dass der Bürge bei Zahlungsverzug des eigentlichen Schuldners für den Schuldner eintritt und im Rahmen der zu zahlenden Schulden so behandelt wird, als sei er selbst der Schuldner. Der selbstschuldnerische Bürge haftet mit seinem privaten Vermögen.
Grundpfandrecht	Grundpfandrechte sind unterteilt in Grundschuld und Hypothek. Diese werden in das Grundbuch einer Immobilie eingetragen, wenn diese bspw. über einen Bankkredit finanziert wird. Zahlt der Schuldner nicht, hat dann die Bank das Recht, die Immobilie zu verwerten.
Lombardkredit	Ein Lombardkredit stellt einen kurz- bis mittelfristigen Kredit dar, gegen den Wertpapiere, Bankguthaben oder bewegliche Sachen verpfändet werden.
Sicherungsübereignung	Bei der Sicherungsübereignung überträgt der Schuldner dem Gläubiger das Eigentum an einer beweglichen Sache (bspw. an einer Produktionsmaschine), um so eine Schuld zu besichern. Hierbei hat der Gläubiger die Pflicht, das Eigentum an dem besicherten Gut auf den Schuldner zurück zu übertragen, sobald die Schuld beglichen ist. Die Vereinbarungen werden in einem Sicherungsvertrag schriftlich festgehalten.

LÖSUNGEN

Lösung zu Aufgabe 60: Aufgaben und Ziele betrieblicher Organisation

Nr. 5: Durch von den Vorgesetzten statisch festgelegte zeitliche Arbeitsabläufe, Zeitfolgen und Abgabetermine haben die Mitarbeiter der Spielend Lernen GmbH die Möglichkeit, ihre Arbeitszeit völlig eigenständig einzuteilen.

INFO

Sinn und Bedeutung betrieblicher Organisation

Organisation bedeutet, dass die Aufgaben innerhalb eines Betriebs funktional verteilt sind bzw. werden. Anfallende Aufgaben werden auf verschiedene Personen/Personengruppen verteilt. All diese Aufgaben entstehen infolge eines gemeinsamen Ziels (bspw. wirtschaftliches Handeln in einem Unternehmen, Umsatz- und Gewinnsteigerung, Liquidität etc.). Es wird in Aufbau- und Ablauforganisation unterschieden. Die Aufbauorganisation legt Hierarchien und Zuständigkeiten innerhalb eines Betriebs fest, sie lässt sich anhand von Organigrammen visualisieren. Die Ablauforganisation regelt die Betriebsabläufe, sie wird auch als Prozessorganisation bezeichnet.

Eine Betriebsorganisation ist dann sinnvoll, wenn in einem Betrieb die gleichen Aufgaben immer wieder ausgeführt werden müssen. Durch die Betriebsorganisation kann dann geregelt werden,

- wer diese Aufgabe
- wann
- über welchen Zeitraum
- an welchem Ort
- zu welchen Konditionen

übernimmt.

Grundsätzlich gilt: Je nachvollziehbarer und deutlicher die Gliederung der Strukturen, desto effizienter und störungsfreier das Ineinandergreifen der einzelnen Bereiche.

Lösung zu Aufgabe 61: Organisationsanlässe

Neuorganisation:
Nr. 1: Fabian Fröhlich gründet mit einem Geschäftspartner ein weiteres Unternehmen.

Nr. 4: Die Spielend Lernen GmbH errichtet eine Filiale in der Dortmunder Innenstadt.

Reorganisation:
Nr. 2: Die Spielend Lernen GmbH wächst, sie bietet immer mehr Mitarbeitern Arbeitsplätze.

Nr. 3: In der Spielend Lernen GmbH werden technische Neuerungen vorgestellt, bisherige Schwachstellen im Produktionsprozess sollen beseitigt werden.

 INFO

Das Prinzip der Arbeitsteilung ermöglicht es Mitarbeitern als Teil eines Teams oder einer Gruppe, sich innerhalb eines komplexen Arbeitsablaufs auf einzelne Aufgaben zu konzentrieren und durch die regelmäßige Ausführung dieser Aufgaben Erfahrungen sowie Kenntnisse zu sammeln. Auf diese Weise entstehen Spezialisierungen.

In einem Unternehmen müssen viele unterschiedliche betriebliche Aufgaben erfüllt werden. Die im Unternehmen anfallenden Arbeiten werden aufgrund der immer stärker ausgeprägten Spezialisierungen in kleinere Teilaufgaben zerlegt. Dadurch wird es zunehmend schwieriger, den Überblick über den Gesamtzusammenhang zu behalten und die Erreichung der gemeinsamen Unternehmensziele durch die Erfüllung der verschiedenen Einzeltätigkeiten sicherzustellen.

An diesem Punkt setzt die betriebliche Organisation an, indem sie Regeln für die zielgerichtete Zusammenarbeit der Mitarbeiter in einem Unternehmen festlegt und deren Einhaltung kontrolliert. Diese Regeln werden insgesamt als Betriebsorganisation bezeichnet und können neben den betroffenen Personen auch die benötigten betrieblichen Sachmittel, wie z. B. Computer, Maschinen oder Rohstoffe umfassen.

Neuorganisation: Eine Neuorganisation wird dann durchgeführt, wenn ein Unternehmen neu gegründet oder eine neue Abteilung innerhalb des Unternehmens ins Leben gerufen wird. Wenn Arbeit noch nicht organisiert wurde und zum ersten Mal organisiert wird, spricht man ebenfalls von Neuorganisation.

Reorganisation: Werden Abteilungen innerhalb eines Unternehmens umstrukturiert und Aufgaben anders verteilt und ausgeführt als bisher, spricht man von Reorganisation. Bereits bestehende Strukturen werden dabei überdacht und anders geordnet.

Lösung zu Aufgabe 62: Aufbauorganisation

Nr. 2: Zukünftig soll es eine eigene Abteilung für Marketingmaßnahmen in der Spielend Lernen GmbH geben.

Lösung zu Aufgabe 63: Ablauforganisation

Nr. 3: In der Spielend Lernen GmbH werden drei neue Stellen gebildet.

INFO

Ablauforganisation (auch: Prozessorganisation)	Aufbauorganisation
Gestaltung der Arbeitsprozesse	Bildung der Organisationsstruktur
statisch	dynamisch
Ordnung der Arbeitsinhalte z. B. nach Verrichtung	Zuordnung: Aufgaben zu Stellen
Bestimmung des zeitlichen Arbeitsablaufes: Arbeitsfolge, Zeitfolge, Zeitpunkt, Dauer	Bildung von Stellen und Abteilungen
Gestaltung des räumlichen Arbeitsablaufes, z. B. Feststellung möglichst kurzer Transportwege	Verteilung der Aufgaben und Kompetenzen
Darstellung: Prozesslandkarte, Prozessogramm	Darstellung: Organigramm

Lösung zu Aufgabe 64: Ausführende Stelle, Instanz und Stabsstelle

Ausführende Stelle:
Nr. 2: Frau Maier räumt die Regale in den Verkaufsräumen der Spielend Lernen GmbH ein, sie verkauft den Kunden die Produkte des Unternehmens und berät sie, wenn sie Fragen haben.

Instanz:
Nr. 1: Der Personalleiter Florian König gibt der Auszubildenden Vanessa Davidson Anweisungen, sie übernimmt die Personalplanung sowie die Bewerbungsvorgänge und er stellt neue Mitarbeiter ein.

Stabsstelle:
Nr. 3: Lena Große ist in der Rechtsabteilung der Spielend Lernen GmbH beschäftigt, ihre Hauptaufgabe ist es, Geschäftsführer Fabian Fröhlich in sämtlichen Rechtsfragen zu beraten.

INFO

Ausführende Stelle	Stellen ohne eigene Weisungs- und Entscheidungsbefugnisse, die hauptsächlich mit der Umsetzung der Anordnungen der Leitungsstellen beauftragt sind.
Instanz	Auch Leitungsstellen genannt, sind Stellen mit Weisungs- und Entscheidungsbefugnissen, die primär Funktionen aus den Bereichen „Entscheidung, Anordnung, Überwachung und Koordination" erfüllen.
Stabsstelle	Stellen, die keine eigenen Weisungs- und Entscheidungsbefugnisse besitzen, sondern eine zugeordnete Leitungsstelle unterstützen und entlasten. Die Aufgaben von Stabsstellen weisen häufig eine sehr hohe Spezialisierung auf und setzen besondere Fachkenntnisse voraus.

Lösung zu Aufgabe 65: Organisation, Disposition und Improvisation

a) Nr. 5: Organisation bedeutet, dass Aufgaben funktional verteilt sind/werden. Anfallende Aufgaben werden auf verschiedene Personen/Gruppen verteilt.

b) **Organisation:**
Nr. 1: In der Spielend Lernen GmbH bestehen langfristige, seit Jahren festgelegte Regelungen für die Einreichung der Urlaubsanträge sowie die Urlaubsplanung der Mitarbeiter insgesamt.

Improvisation:
Nr. 2: Bei einem plötzlichen, heftigen Sturm während der Geschäftszeiten wird das Dach der Spielend Lernen GmbH beschädigt. Wasser gelangt in die Verkaufsräume und droht, weiteren Schaden anzurichten. Die Mitarbeiter entscheiden sich spontan, alle Waren, die nass werden könnten, kurzfristig an anderen Stellen des Verkaufsraums zu platzieren.

Disposition:
Nr. 3: Die Räumlichkeiten der Spielend Lernen GmbH sollen schon seit Längerem renoviert und saniert werden. Nun sollen die Arbeiten im Büro des Ausbilders Bernd Jung beginnen, die Renovierung wird etwa drei Monate dauern. Es wird festgelegt, dass Herr Jung während dieser Zeit im Fall einer notwendigen Unterweisung seiner Auszubildenden den Besprechungsraum Nr. 3 nutzen soll.

c) 1. Falsch, die Mitarbeiter zu demotivieren ist kein Vorteil guter Unternehmensorganisation.

2. Richtig, Kostenersparnis durch dauerhaft verringerten Planungsaufwand.

3. Falsch, eingeschränkte Flexibilität der Mitarbeiter ist kein Vorteil guter Unternehmensorganisation. Erweiterte Flexibilität ist ein Vorteil.

4. Falsch, besondere Ereignisse müssen berücksichtigt werden.

5. Falsch, eine gute Organisation sollte die Kreativität fördern und innovative Ideen der Mitarbeiter zulassen.

d) Nr. 4: Eingeschränkte Entscheidungsspielräume der Mitarbeiter wirken demotivierend.

 **INFO**

Im Rahmen der Organisation bedeutet der Begriff „Disposition", dass mittel- und langfristige Regelungen sowie fallweise Regelungen, also Regelungen für besondere Vorgänge oder Situationen, getroffen werden. Die Regelungen können von Fall zu Fall variieren.

Beispiele:
Ein Mitarbeiter im Verkauf darf den Kunden bei Erfüllung zuvor festgelegter Kriterien einen Rabatt von 1 bis 5 % gewähren.

Ein Mitarbeiter im Einkauf darf Bestellungen bis zu einem Warenwert von 10.000 € selbstständig tätigen, bei höherem Wert muss eine Rücksprache mit dem Vorgesetzten erfolgen.

Die Mitarbeiter der Buchhaltung dürfen Zahlungsvereinbarungen mit Kunden eigenständig um bis zu zehn Tage anpassen, sofern es sich um einen Betrag unter 500 € handelt.

Es muss immer dann improvisiert werden, wenn eine neue Situation auftritt, die so vorher noch nicht aufgetreten ist und daher keine Handlungsempfehlungen oder Anweisungen vorhanden sind, auf die zurückgegriffen werden kann. Bei der Improvisation handelt es sich daher um eine provisorische, spontane Entscheidung, die in einer bzw. für eine einmalige, zeitlich begrenzte Situation getroffen wird.

	Organisation	Disposition
Vorteile	▸ Betriebsablauf kann reibungslos funktionieren und ist übersichtlich ▸ Sicherung der Qualität und der Stabilität ▸ ständige Arbeitsanweisungen entfallen durch Festlegung bestimmter Arbeitsschritte ▸ Vorgaben und Regelungen erleichtern die Einarbeitung neuer Mitarbeiter ▸ Effizienz ▸ Verbesserung der Koordination ▸ Kostenersparnis durch dauerhaft verringerten Planungsaufwand.	▸ Mitarbeiter dürfen im eigenen Ermessen Entscheidungen treffen ▸ erhöhte Mitarbeitermotivation ▸ flexible Anpassung an inner- und außerbetriebliche Anforderungen und Situationen wird ermöglicht.

	Organisation	Disposition
Nachteile	▸ Organisation kann zu Kreativitätshemmnissen führen ▸ Einschränkung der Flexibilität ▸ ggf. Demotivation der Mitarbeiter durch fehlenden Entscheidungsspielraum ▸ keine Berücksichtigung besonderer Ereignisse.	▸ die Mitarbeiter können Fehlentscheidungen treffen ▸ höhere Kosten und höherer Zeitaufwand durch Fehlentscheidungen, die korrigiert werden müssen ▸ es sollte eine regelmäßige Kontrolle stattfinden.

Lösung zu Aufgabe 66: Vollmachten

a) 1. Falsch, als Geschäftsführer der Spielend Lernen GmbH ist Fabian Fröhlich berechtigt, Florian König Prokura zu erteilen.

2. Falsch, die Prokura muss ins Handelsregister eingetragen werden.

3. Falsch, die Prokura erlischt durch Widerruf, bei Geschäftsaufgabe, Beendigung des Arbeitsverhältnisses, Insolvenzeröffnung für das Unternehmen oder durch eine Geschäftsunfähigkeit oder den Tod des Prokuristen.

4. Falsch, die Prokura ermächtigt nicht dazu, die Bilanz und das Inventar zu unterzeichnen.

5. Richtig, die Prokura von Florian König beginnt im Innenverhältnis mit ausdrücklicher Erklärung, im Außenverhältnis mit Eintragung ins Handelsregister.

b) Nr. 1: Beide erhalten einen das jeweilige Vollmachtsverhältnis ausdrückenden Zusatz zur Unterzeichnung.

Exkurs zum Thema Vollmachten
Vollmachten in hierarchischer Form:

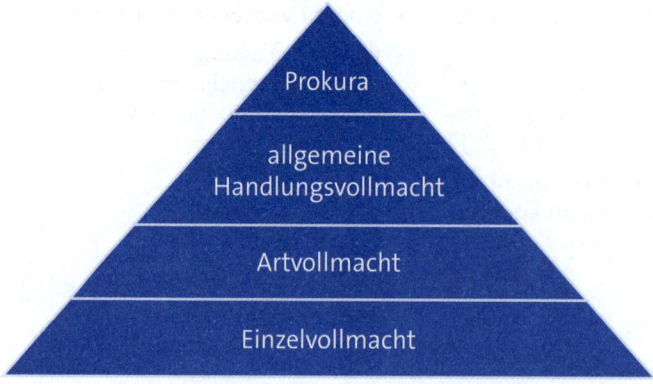

Man unterscheidet verschiedene Arten der Prokura:

- **Einzelprokura:** Eine Person allein ist befugt.
- **Gesamtprokura:** Mehrere Personen gemeinsam sind befugt und dürfen nur gemeinschaftlich handeln.
- **Filialprokura:** Prokura beschränkt sich auf den Betrieb einer Filiale.

Ein Prokurist unterschreibt mit ppa., das heißt ausgeschrieben „per procura autoritate" und bedeutet „mit der Macht der Prokura".

Prokuristen dürfen	Gesetzlich verboten ist
▸ Gewöhnliche Geschäfte und Rechtshandlungen durchführen, z. B. Kaufverträge abschließen, Personal einstellen, Personal entlassen	▸ Eid leisten ▸ Bilanz und Steuererklärung unterschreiben ▸ Handelsregistereintragungen anmelden ▸ Insolvenzverfahren anmelden
▸ Außergewöhnliche gerichtliche Geschäfte und Rechtshandlungen durchführen, z. B. Prozesse für den Betrieb führen, Strafanzeige in geschäftlichen Dingen stellen, Prozessvollmacht erteilen	▸ Geschäft verkaufen ▸ Gesellschafter aufnehmen ▸ Prokura erteilen.
▸ Außergewöhnliche außergerichtliche Geschäfte und Rechtshandlungen durchführen, z. B. Darlehen aufnehmen, Geschäftszweig ändern, Schenkungen und Spenden tätigen.	Für den Verkauf und die Belastung von Grundstücken benötigt ein Prokurist eine besondere Vollmacht.

Die Prokura endet:

- Mit der Beendigung des Rechtsverhältnisses, mit dem sie verbunden ist
- Durch den Widerruf vonseiten eines Geschäftsinhabers
- Durch den Tod des Prokuristen
- Beim Wechsel des Geschäftsinhabers nur dann, wenn der neue Inhaber sie widerruft.

Auch das Erlöschen der Prokura ist durch den Unternehmer im Handelsregister eintragen zu lassen.

Auch bei der Vollmacht wird je nach Art unterschieden in:

Generalvollmacht oder allgemeine Handlungsvollmacht	Artvollmacht	Einzelvollmacht
▶ Berechtigt zu sämtlichen Rechtsgeschäften, die der gesamte Betrieb gewöhnlich zur Folge hat ▶ Z. B. Grundstücke verkaufen, Zahlungsgeschäfte erledigen, verkaufen, Mitarbeiter einstellen oder entlassen, einkaufen ▶ Unterschrift: i. V. = in Vollmacht.	▶ Berechtigt zur Vornahme einer bestimmten Art von Rechtsgeschäften, die im Handelsgewerbe vorkommen ▶ Ohne Zeitbegrenzung ▶ Z. B. für Einkäufer, Kassierer ▶ Unterschrift: i. A. = im Auftrag.	▶ Berechtigt zur Vornahme eines einzelnen Rechtsgeschäfts ▶ Z. B. Quittieren einer Rechnung, Verkauf eines Hauses, Führung eines Prozesses ▶ Unterschrift: i. A. = im Auftrag.

Die Erteilung der Vollmacht kann mündlich, schriftlich oder sogar stillschweigend durch Duldung bestimmter Handlungen erfolgen. Sie erlischt:

▶ Mit der Beendigung des Rechtsverhältnisses, mit dem sie verbunden ist

▶ Durch den Widerruf von Personen, die Vollmacht erteilen können

▶ Beim Wechsel des Geschäftsinhabers nur dann, wenn der neue Inhaber sie widerruft

▶ Bei Einzelvollmacht nach Ende des Auftrags.

Handlungsbevollmächtigte dürfen	Gesetzlich verboten ist
Gewöhnliche Geschäfte und Rechtshandlungen durchführen, z. B. Kaufverträge abschließen, Personal einstellen oder entlassen.	▶ Eid leisten ▶ Bilanz und Steuererklärung unterschreiben ▶ Handelsregistereintragungen anmelden ▶ Insolvenzverfahren anmelden ▶ Geschäft verkaufen ▶ Gesellschafter aufnehmen ▶ Prokura erteilen.

Gemäß § 54 Abs. 2 HGB benötigen Handlungsbevollmächtigte eine besondere Erlaubnis für:

▶ Die Veräußerung oder Belastung von Grundstücken

▶ Die Aufnahme von Darlehen

▶ Die Prozessführung.

Lösung zu Aufgabe 67: Leitungssysteme

a) ▸ Matrixorganisation: Abbildung 4
   ▸ Einliniensystem: Abbildung 1
   ▸ Stabliniensystem: Abbildung 2
   ▸ Mehrliniensystem: Abbildung 3.

 INFO

Leitungssysteme
Ein Leitungssystem gibt an, wie die Hierarchie innerhalb eines Unternehmens aufgebaut ist und welche Abteilung beispielsweise einer anderen Abteilung untergeordnet ist. Ein Leitungssystem gibt Aufschluss über Kommunikationsbeziehungen zwischen den einzelnen Leitungsebenen hinsichtlich der Weisungsbefugnisse und legt Kompetenzen einzelner Instanzen fest. Soll zu einem Leitungssystem ein Schaubild erstellt werden, so wird ein solches Schaubild als Organigramm bezeichnet.

Anhand eines Leitungssystems sind Strukturen und Ordnungen in einem Unternehmen klar ersichtlich und können sogar durch Organigramme dargestellt werden. Durch das Bestehen von Leitungssystemen sind Entscheidungswege und -befugnisse sichtbar, verständlich und nachvollziehbar.

Besonderheiten:

▸ Einliniensystem: z. B. kurze Entscheidungsinstanzen
▸ Stabliniensystem: z. B. klare Kompetenzabgrenzung
▸ Mehrliniensystem: z. B. Fachwissen der Vorgesetzten
▸ Matrixorganisation: z. B. Verbindung von Funktionen und Objekten.

Vorteile von Organigrammen	Nachteile von Organigrammen
▸ Zuständigkeiten sind geregelt ▸ kritische Geschäftsentscheidungen können durch ein vorliegendes Organigramm unterstützt werden ▸ effiziente Gestaltung des Informationsaustausches ▸ hierarchische Strukturen (Organisationsform) sind leicht zu erkennen.	▸ für die Anfertigung eines Organigramms gibt es keine einheitliche DIN-Norm ▸ die Darstellungstechnik ist ggf. problematisch ▸ ein Organigramm vereinfacht Zuständigkeiten ggf. sehr stark ▸ zur Anfertigung eines Organigramms wird eine spezielle Software benötigt, ohne die die Erstellung aufwendig und zeitintensiv ist ▸ für die Software zur Erstellung von Organigrammen ist mit Anschaffungskosten zu rechnen.

b) Nr. 5, denn für die Anfertigung von Organigrammen gibt es keine einheitliche DIN-Norm.

c) Nr. 4: Die Personalabteilung und die Marketing-Abteilung der Spielend Lernen GmbH befinden sich auf einer Ebene.

 INFO

Zusammenfassung Organisationssysteme

Organigramm	Vorteile	Nachteile
Stabliniensystem	Entlastung von Linieninstanzen und Vorgesetzten, Spezialwissen wird genutzt, klare Kompetenzabgrenzung	höhere Kosten für Stabsmitarbeiter, überdimensionierte Stabsstrukturen können Entscheidungen verlangsamen
Einliniensystem	klare Wege, klare Entscheidungsinstanzen	Weg dauert zu lange, für große Unternehmen ungeeignet
Mehrliniensystem	kurze Informationswege, bessere Mitarbeiterkontrolle, Fachwissen der Vorgesetzten	mehrere Personen sind weisungsbefugt, Kompetenzgerangel, Fehlerzuweisung kompliziert
Spartenorganisation	Spezialisten mit Produktwissen, die sich auch mit dem Produkt identifizieren	Abteilungen sind doppelt, Mehraufwand
Matrixorganisation	verbindet Funktionen und Objekte, permanente Ansprechpartner, kurze Kommunikationswege	für ungeschulte Personen kompliziert, Kompetenzkonflikte, zusätzlicher Planungsaufwand, hoher Kommunikationsaufwand

Lösung zu Aufgabe 68: Linienorganisation

Nr. 5: Abmahnsystem.

 MERKE

Das Mehrliniensystem wird auch Funktionssystem genannt und gehört zur Linienorganisation.

Lösung zu Aufgabe 69: Vor- und Nachteile der Linienorganisation

1. Falsch, die Entlastung der Linieninstanzen und Vorgesetzten ist ein Vorteil
2. Richtig, dass im Mehrliniensystem mehrere Personen weisungsbefugt sind und sich die Fehlerzuweisung kompliziert gestaltet, ist ein Nachteil.
3. Falsch, kurze Informationswege sind ein Vorteil.

4. Falsch, klare Entscheidungsinstanzen sind ein Vorteil.
5. Falsch, für die Mitarbeiter zugängliches Spezialwissen ist ein Vorteil.

Lösung zu Aufgabe 70: Einliniensystem

Nr. 3: Bei einem Einliniensystem gibt es keine klaren Entscheidungsinstanzen.

 INFO

Stille-Post-Problem:
Informationen gehen auf dem Weg vom Sender zum Empfänger verloren oder werden verfälscht.

Lösung zu Aufgabe 71: Vor- und Nachteile des Einliniensystems

Nr. 1: Das Einliniensystem verbindet Funktionen und Objekte miteinander.

 MERKE

Die Matrixorganisation verbindet Funktionen und Objekte miteinander.

Lösung zu Aufgabe 72: Mehrliniensystem

Nr. 3.

Lösung zu Aufgabe 73: Vor- und Nachteile des Mehrliniensystems

Nr. 3: Mehrere Vorgesetzte müssen sämtliche Bereiche betreuen, eine Spezialisierung ist nicht mehr möglich.

 MERKE

Da es bei einer Mehrlinienorganisation mehrere Vorgesetzte gibt, können sich einzelne Vorgesetzte auf unterschiedliche Fachbereiche spezialisieren.

Lösung zu Aufgabe 74: Stablinienorganisation

Organigramm Nr. 1.

Lösung zu Aufgabe 75: Spartenorganisation

Organigramm Nr. 3.

LÖSUNGEN

Lösung zu Aufgabe 76: Organigramm

1. Falsch, da Heinrich Weiß und Florian König auf einer Ebene sind, können sie sich gemeinsam über eine mögliche Kündigung des Mitarbeiters austauschen. Keiner von beiden ist gegenüber dem jeweils anderen höhergestellt und somit weisungsbefugt.
2. Richtig, Daniel Fechner darf Fabian Fröhlich im Rechtsstreit mit der Firma Demolier KG zu seinen nächsten möglichen Schritten beraten.
3. Richtig, Fabian Fröhlich darf Florian König anweisen, für die neu zu gründende Marketingabteilung drei neue Mitarbeiter einzustellen.
4. Falsch, da Lana Welke und Heinrich Weiß auf einer Ebene sind, ist keiner von beiden gegenüber dem jeweils anderen höhergestellt und somit weisungsbefugt. Lana Welke trägt außerdem die Einkaufsleitung, die Personalplanung im Lager betrifft sie somit nicht.
5. Falsch, Fabian Fröhlich kann Florian König anweisen. Florian König ist Fabian Fröhlich unterstellt.

Lösung zu Aufgabe 77: Projektorganisation

Nr. 4, denn tägliche Routinearbeiten sind regelmäßig wiederkehrende Tätigkeiten. Hierbei handelt es sich nicht um ein besonderes Merkmal eines Projekts.

Lösung zu Aufgabe 78: Projektverlauf

Nr. 3: Für das Projekt „Azubi-Website" werden Rahmenbedingungen definiert.

Nr. 5: Einzelne Schritte für das Erstellen der Website, das Erstellen der Inhalte sowie Zuständigkeiten werden geplant und verteilt.

Nr. 1: Vanessa Davidson erstellt Texte für die Website, Martin Schmidt macht Fotos für die Website, Markus Dever meldet die Internet-Adresse an und lädt die erstellten Daten hoch.

Nr. 4: Gemeinsam kontrollieren die zuständigen Auszubildenden ihre Arbeit und die Umsetzung des Projekts.

Nr. 2: Die Azubi-Website wird der Geschäftsführung der Spielend Lernen GmbH vorgestellt.

Lösung zu Aufgabe 79: Arbeits- und Geschäftsprozesse

Nr. 2: Ein Kunde bestellt telefonisch Ware bei Herrn Hahne im Verkauf.

Nr. 5: Herr Hahne nimmt den Auftrag eines Kunden auf und gibt diesen zur Zusammenstellung ins Lager weiter.

Nr. 4: Die Bestellung eines Kunden wird im Lager zur Abholung vorbereitet.

Nr. 1: Ein Kunde holt zuvor bestellte Ware bei der Spielend Lernen GmbH ab und bezahlt die Ware vor Ort.

Nr. 3: Der unterzeichnete Lieferschein wird der als bezahlt markierten Rechnung zugeordnet, die bezahlte Rechnung wird in der Buchhaltung bearbeitet.

Lösung zu Aufgabe 80: Ablaufdiagramm interpretieren
Nr. 4: Hat der Auszubildende das 18. Lebensjahr nicht vollendet, lassen Sie ihn den Ausbildungsvertrag ohne Zustimmung seiner Erziehungsberechtigten unterzeichnen.

Lösung zu Aufgabe 81: Ablaufplanung, Pufferzeiten
Nr. 2, denn wird die Pufferzeit von 17:30 - 18:30 Uhr nicht benötigt, kann sie einfach entfallen. Eine unnötige Verlängerung der Produktvorstellung findet somit nicht statt.

Lösung zu Aufgabe 82: Ereignisgesteuerte Prozesskette interpretieren
Nr. 2: Ereignisse werden als Sechsecke dargestellt.

Und

Nr. 4: Bei Erhalt einer Kundenanfrage muss zunächst die Möglichkeit der Kreditversicherung des Kunden geprüft werden.

Lösung zu Aufgabe 83: Job Enlargement

Nr. 3: Durch Job Enlargement kann der Monotonie bei der Arbeit vorgebeugt werden und die Arbeit der Mitarbeiter spannender und abwechslungsreicher sein.

Und

Nr. 4: Durch Job Enlargement können das Leistungsvermögen und die Flexibilität der Mitarbeiter der Spielend Lernen GmbH gesteigert werden.

Lösung zu Aufgabe 84: Job Enrichment

Nr. 3: Durch Job Enrichment kann der Monotonie bei der Arbeit vorgebeugt werden und die Arbeit der Mitarbeiter spannender und abwechslungsreicher sein.

Und

Nr. 4: Durch Job Enrichment können die Produktivität, die Kreativität und die Motivation der Mitarbeiter der Spielend Lernen GmbH gesteigert werden.

Lösung zu Aufgabe 85: Projektarbeit

- **Phase Projekt-Definition:** 2. Die Projekt-Gruppe legt gemeinsam fest, was das Ziel der Azubi-Schnuppertage sein soll.
- **Phase Projekt-Planung:** 4. Die Projekt-Gruppe erstellt einen Strukturplan und einen Ablaufplan für das Projekt „Azubi-Schnuppertage".
- **Phase Projekt-Durchführung:** 1. Die einzelnen Phasen und Fortschritte bei der Umsetzung des Projekts „Azubi-Schnuppertage" werden schriftlich dokumentiert.
- **Phase Projekt-Abschluss:** 3. Die Projekt-Gruppe reflektiert gemeinsam die Umsetzung des abgeschlossenen Projekts „Azubi-Schnuppertage".

Lösung zu Aufgabe 86: Telearbeit

a) Nr. 4: Bei der Telearbeit sollte an Feiertagen oder im Urlaub weitergearbeitet werden.

b) Nr. 2: Direkte Kostenersparnis für Büroflächen.

Lösung zu Aufgabe 87: Job Rotation

Nr. 3: Die Spielend Lernen GmbH strukturiert Aufgaben und Arbeitsbereiche nach dem Prinzip der Job Rotation.

LÖSUNGEN

 INFO

Job Enlargement	Job Enlargement stellt eine Arbeitserweiterung dar. Ein Mitarbeiter wird mit weiteren, verschiedenen Tätigkeiten seines Anforderungsniveaus betraut (Horizontale Umstrukturierung).
Job Enrichment	Job Enrichment stellt eine Arbeitsbereicherung dar. Ein Mitarbeiter wird mit weiteren Tätigkeiten mit erhöhtem Anforderungsniveau betraut (Vertikale Umstrukturierung).
Projektarbeit	Bei einem Projekt und der entsprechenden Projektarbeit wird ein einmaliges, zielgerichtetes Vorhaben durchgeführt, bei dessen Umsetzung zur Zielerreichung vorher festgelegte Faktoren berücksichtigt werden müssen. Für die Projektarbeit werden meist Projektteams für die Dauer des Projekts zusammengestellt.
Telearbeit	Telearbeit ist eine auf Kommunikations- und Informationstechnik gestützte Tätigkeit, die ausschließlich oder zeitweise an einem außerhalb der Unternehmenszentrale liegenden Platz verrichtet wird.
Job Rotation	Job Rotation stellt einen Wechsel von Aufgaben oder Funktionen eines Mitarbeiters durch das Rotationsprinzip dar. Job Rotation kann planmäßig und regelmäßig an den Arbeitsplätzen stattfinden.
Homeoffice	Das Homeoffice ist geeignet für Arbeitsaufgaben mit hoher Ergebnisorientierung und Termingebundenheit, bei selbstständigen Projektarbeiten und für alle Arbeitsaufgaben, die sich von Tätigkeiten in der Unternehmenszentrale abtrennen lassen.

2. Produkt- und Dienstleistungsangebot

Lösung zu Aufgabe 1: Unterscheidung von Sach- und Dienstleistungsbetrieb

Nr. 4: Die Spielend Lernen GmbH ist hauptsächlich ein Sachleistungsbetrieb, bietet aber auch immaterielle Dienste an.

 MERKE

> **Sachleistungsbetrieb:** Herstellung materieller Güter
>
> **Dienstleistungsbetrieb:** Anbieten immaterieller Güter und Dienste

Lösung zu Aufgabe 2: Leistungsspektrum und Spezialisierung des Ausbildungsbetriebs

a) Nr. 2: Als Spezialist für Lernspielzeuge gilt die Spielend Lernen GmbH als absolutes Experten-Unternehmen und hat in diesem Bereich wenige Mitbewerber.

 INFO

> Als Spezialist für Lernspielzeuge hat die Spielend Lernen GmbH wenige Mitbewerber.
>
> Durch Spezialisierungsmaßnahmen in der Spielend Lernen GmbH werden die Funktionalität und die Produktivität gestärkt.
>
> Zur Spezialisierung benötigt die Spielend Lernen GmbH eine entsprechend aufgebaute Organisations- bzw. Unternehmensstruktur.
>
> Die Spezialisierung der Spielend Lernen GmbH lässt sich leicht kommunizieren und verstärkt die Kompetenzwirkung des Unternehmens auf seine Kunden.

b) Nr. 3, denn standardisierte Durchschnittsleistungen helfen nicht, individuelle Problemlösungen zu schaffen. Dafür braucht es die Spezialisierung und eine Einzelbetrachtung des Problems.

Lösung zu Aufgabe 3: Wirtschaftssektoren

a) ▸ **Primärsektor:** 3. Urproduktion
   ▸ **Sekundärsektor:** 1. Industrieller Sektor
   ▸ **Tertiärer Sektor:** 4. Dienstleistungssektor
   ▸ **Quartärsektor:** 2. Informationssektor.

b) ▸ **Primärsektor:** 3. Ernte von Getreide und anderen landwirtschaftlichen Erzeugnissen
   ▸ **Sekundärsektor:** 4. Verarbeitung von Rohstoffen, Energie- und Wasserversorgung
   ▸ **Tertiärer Sektor:** 1. Unternehmen bieten ihren Kunden Dienstleistungen an
   ▸ **Quartärsektor:** 2. Informationen, Daten und Wissen werden erstellt, verarbeitet und verkauft.

INFO

Oft findet nur eine Unterteilung der ersten drei Wirtschaftssektoren statt, dann sind die Tätigkeiten und Bereiche aus dem Quartärsektor dem Tertiärsektor zuzuordnen. Das Wort „Sektor" kann aus dem Lateinischen abgeleitet werden, wo es so viel wie „sector = etwas, das schneidet" bedeutet. Ein Sektor ist also eine Abgrenzung, eine Unterteilung in einen bestimmten Bereich.

Sektor	Wird auch genannt	Eigenschaften/Bereiche
Primärsektor	Primärer Sektor, erster Sektor, Urproduktion	▸ Ursprüngliche Produktion ▸ Rohstoffe werden zur weiteren Verarbeitung abgebaut/geerntet. ▸ Unverarbeitete Güter werden aus der Natur/Landwirtschaft beschafft. ▸ Arbeitsintensiver Sektor, da viel körperliche Arbeit.
Sekundärsektor	Sekundärer Sektor, zweiter Sektor, industrieller Sektor	▸ Weiterverarbeitung der Rohstoffe des Primärsektors ▸ Industrie, Handwerk, Energie- und Wasserversorgung, Baugewerbe ▸ Material- und kapitalintensiver Sektor, da Maschinen und Rohstoffe angeschafft werden müssen, um Rohstoffe verarbeiten zu können.
Tertiärsektor	Tertiärer Sektor, dritter Sektor, Dienstleistungssektor	▸ Verteilung und Verbrauch von Gütern ▸ Banken, Handel, Versicherungen, Ärzte, Verwaltungen etc. ▸ Personalintensiver Sektor, da viele Arbeitskräfte benötigt werden.
Quartärsektor	Quartärer Sektor, vierter Sektor, Informationssektor	▸ Bereitstellung und Verkauf von Informationen, Daten und Wissen ▸ Beratungstätigkeiten ▸ Wirtschaftsberater, Rechtsanwälte etc.

LÖSUNGEN

Lösung zu Aufgabe 4: Urproduktion und Weiterverarbeitung

- Schreinerei Sonnig OHG: Weiterverarbeitung
- Forstbetrieb Waldmann GmbH: Urproduktion.

Lösung zu Aufgabe 5: Güterverteilung und sonstige Dienstleistungen

- Nordost Bank: sonstige Dienstleistungen
- Emsland Holzgroßhandels KG: Güterverteilung.

Lösung zu Aufgabe 6: Primärer Sektor

1. Richtig, zum primären Sektor zählen Land- und Forstwirtschaft, Fischerei und die Gewinnung von Bodenschätzen.
2. Falsch, zum sekundären Sektor gehört das produzierende Gewerbe, Industrie- sowie manche Handwerksbetriebe.
3. Falsch, das Verarbeiten von Rohstoffen zu Produkten gehört zum sekundären Sektor.
4. Falsch, Handels- und Dienstleistungsbetriebe gehören zum tertiären Sektor.
5. Falsch, zum primären Sektor gehören hauptsächlich die Urproduktion, die Land- und Forstwirtschaft, Fischerei und die Gewinnung von Bodenschätzen.

Lösung zu Aufgabe 7: Sekundärer Sektor

1. Falsch, der primäre Sektor wird auch als „Urproduktion" bezeichnet.
2. Falsch, zum primären Sektor gehören die Land- und Forstwirtschaft, die Fischerei und die Gewinnung von Bodenschätzen.
3. Richtig, zum sekundären Sektor zählen Industrie, produzierendes Gewerbe sowie Handwerksbetriebe.
4. Falsch, im tertiären Sektor werden hauptsächlich Dienstleistungen angeboten.
5. Falsch, im tertiären Sektor sind vor allem Ärzte, Dozenten, Banken und Versicherungen tätig.

Lösung zu Aufgabe 8: Tertiärer Sektor

1. Falsch, der primäre Sektor wird auch als „Urproduktion" bezeichnet.
2. Falsch, zum primären Sektor gehören die Land- und Forstwirtschaft, die Fischerei und die Gewinnung von Bodenschätzen.
3. Falsch, zum sekundären Sektor zählen Industrie, produzierendes Gewerbe sowie Handwerksbetriebe.
4. Falsch, im sekundären Sektor werden die vom primären Sektor bereitgestellten Rohstoffe zu Produkten verarbeitet.
5. Richtig, zum tertiären Sektor gehören Handel und Dienstleistungen, er wird auch als Dienstleistungssektor bezeichnet.

Lösung zu Aufgabe 9: Markt: Angebot und Nachfrage

a) 140 €
b) 17.500 · 170 € = 2.975.000 €

Exkurs zu Angebot und Nachfrage
Laut der Volkswirtschaftslehre wird der Preis eines Produktes auf einem Markt grundsätzlich auf Basis des Verhältnisses von Angebot und Nachfrage bestimmt.

Ein **Angebot** stellt eine an eine konkrete Person oder Personengruppe gerichtete Willenserklärung dar, die die Bedingungen festlegt, zu denen der Anbieter bereit ist, bestimmte Waren bzw. Dienstleistungen zu liefern bzw. zu erbringen. Da aus einem Angebot häufig ein gültiger Vertrag hervorgeht, ist neben den Inhalten auch dessen rechtliche Verbindlichkeit zu klären.

Ein Angebot ist grundsätzlich rechtlich verbindlich, so lange es keine entsprechenden Einschränkungen enthält. Für die Verbindlichkeit eines Angebots ist insbesondere ein definierter Adressat notwendig.

ACHTUNG

> Jegliche Form von Werbung in Zeitungen, Zeitschriften, Radio und Fernsehen sowie Katalogen, Prospekten und Auslagen, sind an die Allgemeinheit gerichtet und es liegt kein Angebot, sondern eine **unverbindliche Anpreisung** vor.

Die Verbindlichkeit eines Angebots erlischt, wenn einer der folgenden Fälle eintritt:
- Der Empfänger antwortet nicht auf das Angebot bzw. die Antwort erreicht den Anbieter erst nach Ende der Bindungsfrist.
- Der Empfänger lehnt das Angebot explizit ab.
- Der Anbieter widerruft das Angebot rechtzeitig. Der Widerruf muss jedoch spätestens zum gleichen Zeitpunkt wie das Angebot beim Empfänger eingehen.
- Der Empfänger nimmt das Angebot nur teilweise an, d. h. die Bestellung weicht von den im Angebot ausgewiesenen Vertragsbedingungen ab. Für einen gültigen Kaufvertrag muss nun der Anbieter diesen Abweichungen zustimmen.

Lösung zu Aufgabe 10: Konjunkturlagen berücksichtigen
Nr. 4: Anzahl der Auftragseingänge.

Lösung zu Aufgabe 11: Konjunkturverlauf
1. Falsch, während einer Depression werden keine neuen Arbeitskräfte eingestellt.
2. Falsch, während einer Expansion steigt die Nachfrage.

3. Richtig, während eines Booms verlassen kleine Unternehmen den Markt.
4. Falsch, während einer Rezession sinken die Löhne, die Preise steigen und Zinsen sinken.
5. Falsch, während einer Expansion sinkt die Arbeitslosigkeit, die Beschäftigung steigt.

Lösung zu Aufgabe 12: Konjunkturzyklus

a) 1. Aufschwung/Expansion
   2. Hochkonjunktur/Boom
   3. Abschwung/Rezession
   4. Tiefstand/Depression.

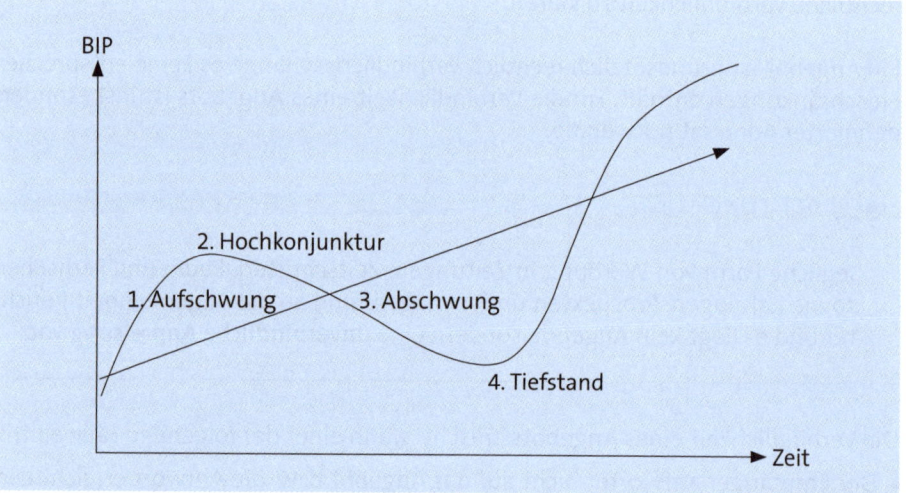

b) Expansion/Aufschwung.

 INFO

Aufschwung/Expansion: In einer Expansionsphase verbessert sich die Wirtschaftslage. Die Unternehmen erhalten mehr Aufträge, die Produktion steigt und die Arbeitslosenzahlen sinken.

Hochkonjunktur/Boom: Während einer Hochkonjunktur wird an der Kapazitätsobergrenze produziert, die Preise steigen ebenso wie die Nachfrage.

Abschwung/Rezession: Die Wachstumsraten stagnieren oder sinken, die Produktion wird verringert und die Arbeitslosenzahlen steigen.

Tiefstand/Depression: Besonders langfristiges Stagnieren oder Absinken von Produktionsauslastung und Auftragslage. Hohe Arbeitslosigkeit.

Lösung zu Aufgabe 13: Marktpreisbildung

1. Richtig, der Markt ist der Ort, an dem Angebot und Nachfrage aufeinandertreffen.
2. Richtig, ein tiefer Preis macht das neue Produkt für viele Käufer erschwinglich.
3. Falsch, denn hat die Spielend Lernen GmbH als einziges Unternehmen am Markt das neue Produkt, so besteht ein Monopol.
4. Richtig, der Preis wird dadurch beeinflusst, ob die Spielend Lernen GmbH mit ihrem neuen Produkt viel, wenig oder gar keine Konkurrenz hat.
5. Falsch, der Marktpreis wird durch Angebot und Nachfrage bestimmt. Kartellbildung ist gemäß § 1 GWB verboten.

Lösung zu Aufgabe 14: Angebotsüberhang und Nachfrageüberhang

a) Nr. 1: Es liegt ein Angebotsüberhang vor.
b) Nr. 2: Es liegt ein Nachfrageüberhang vor.

 INFO

Gibt es mehr Anbieter als Nachfrager, besteht ein sogenannter **Angebotsüberhang**.

Gibt es mehr Nachfrager als Anbieter, besteht ein **Nachfrageüberhang**.

Auf einem vollkommenen Markt sind Angebot und Nachfrage identisch, daraus ergibt sich der sogenannte Gleichgewichtspreis.

Eine **hohe Preiselastizität** wird als **elastische Nachfrage** bezeichnet und bedeutet, dass bereits kleine Preisänderungen zu einer deutlichen Veränderung der Nachfrage führen können. Bei einer **niedrigen Preiselastizität (= unelastische Nachfrage)** wirken sich Preisanpassungen dagegen nur geringfügig auf die abgesetzte Menge aus.

Lösung zu Aufgabe 15: Hochpreisstrategie

1. Falsch, durch hohe Preise kann auch eine höhere Qualität gewährleistet werden.
2. Richtig, hohe Preise können eine schnelle Durchdringung des Marktes verhindern.
3. Richtig, mit hohen Gewinnmargen werden Konkurrenzbetriebe am Markt aufmerksam.
4. Falsch, die Amortisation der Einführungskosten verkürzt sich bei hohen Preisen.
5. Falsch, Preissenkungen können zu jedem Zeitpunkt durchgeführt werden. Der Preis sollte zu jedem Zeitpunkt kundenfreundliches Niveau haben, sonst kaufen die Kunden das Produkt nicht.

Lösung zu Aufgabe 16: Niedrigpreisstrategie

Nr. 2: Kunden könnten mit dem niedrigen Preis schlechte Qualität assoziieren, eine Imageschädigung wäre die Folge.

Exkurs zur Preisstrategie
Bei der Festlegung eines Preises sollten nicht nur wirtschaftliche Messgrößen und schwer beeinflussbare Marktsituationen berücksichtigt werden. Preise können auch strategisch gewählt und somit als Instrument genutzt werden, um Marketingziele bewusst zu fördern.

Diesbezüglich können u. a. die folgenden **Preisstrategien** verfolgt werden:

Hochpreisstrategie	Die Produkte im Sortiment des Unternehmens weisen dauerhaft im Marktvergleich relativ hohe Preise auf und sind somit auf finanzstärkere Kundengruppen ausgerichtet. Die hohen Preise gelten dabei als Qualitätsmerkmal für die Produkte und signalisieren den Nachfragern Exklusivität.
Niedrigpreisstrategie	Das Unternehmen versucht, dauerhaft für die angebotenen Produkte einen möglichst niedrigen Preis festzulegen. Diese Politik soll insbesondere preisbewusste Kunden ansprechen. Die durch die Einzelkosten vorgegebene Preisuntergrenze sollte jedoch unbedingt berücksichtigt werden.
Abschöpfungspolitik/Skimming	Für ein neues Produkt wird ein hoher Einführungspreis festgelegt. Mit steigender Anzahl von Konkurrenten kann dieser Preis dann schrittweise gesenkt werden. Somit richtet sich diese Strategie insbesondere an Kunden mit einem hohen Interesse an Innovationen.
Penetration	Ein neues Produkt wird mit einem niedrigen Preis auf dem Markt eingeführt und soll so möglichst schnell einen großen Marktanteil gewinnen. Ist dieses Ziel erreicht, wird der Preis angehoben. Gegebenenfalls kann der Penetrationspreis kurzfristig auch unter der Summe der Einzelkosten liegen.
Preisbündelung	Mehrere Produkte werden gemeinsam zu einem Komplettpreis angeboten. Wenn dieser Komplettpreis höher ist als die Summe der jeweiligen Einzelpreise, erzielt das Unternehmen einen höheren Umsatz und Gewinn. Außerdem kann diese Preisstrategie dazu führen, dass Kunden Produkte erwerben, die sie ohne die Bündelung nicht gekauft hätten.

Lösung zu Aufgabe 17: Gleichgewichtspreis

Nr. 2: Der Gleichgewichtspreis liegt vor, wenn die angebotene Menge genauso groß ist wie die nachgefragte Menge.

LÖSUNGEN

Lösung zu Aufgabe 18: Käufermarkt

Nr. 1: Gibt es eine große Zahl an Anbietern und Produkten und es herrscht ein Angebotsüberhang, kann sich der Käufer zwischen den vielen Optionen entscheiden, und es besteht ein Käufermarkt.

Lösung zu Aufgabe 19: Verkäufermarkt

Nr. 2: Fragen mehr Kunden das Produkt bei der Spielend Lernen GmbH und ihren Konkurrenten nach, als es Angebote dafür gibt, stellt das einen Nachfrageüberhang und somit einen Verkäufermarkt dar.

Lösung zu Aufgabe 20: Absatzpolitische Ziele

a) **Produktpolitik:**
   - ▶ 2. In der Spielend Lernen GmbH wird der Prototyp eines neuen Produkts entwickelt.
   - ▶ 3. Das Sortiment der Spielend Lernen GmbH soll ausgeweitet werden.
   - ▶ 5. Die Spielend Lernen GmbH verbessert ein bestehendes Produkt um ihren Kunden ein noch attraktiveres Sortiment zu präsentieren.

   Preispolitik:
   - ▶ 1. Die Spielend Lernen GmbH gewährt ihren Großkunden ein langes Zahlungsziel.
   - ▶ 4. Die Spielend Lernen GmbH bietet ihre Produkte saisonbedingt einige Wochen im Jahr unter dem Normalpreis an.

b) **Distributionspolitik:**
   - ▶ 2. Die Vertriebsabteilung in der Spielend Lernen GmbH wird neu organisiert.
   - ▶ 3. Die Spielend Lernen GmbH betraut Handelsvertreter mit der Vermittlung von Geschäften.

   Kommunikationspolitik:
   - ▶ 1. Die Spielend Lernen GmbH organisiert für ihre Außendienstmitarbeiter ein Verkaufstraining.
   - ▶ 4. Die Spielend Lernen GmbH bietet einmal im Jahr Außenstehenden die Möglichkeit einer Betriebsbesichtigung an.
   - ▶ 5. Die Spielend Lernen GmbH beauftragt eine Werbeagentur mit der Herstellung eines TV-Werbespots.

 **INFO**

Absatzpolitische Ziele werden auch absatzpolitische Instrumente genannt und bestehen aus Produktpolitik, Preispolitik, Kommunikationspolitik und Distributionspolitik. Die absatzpolitischen Ziele und deren Erreichen dienen der Gewinnsteigerung sowie der Konkurrenzfähigkeit eines Unternehmens.

Produktpolitik	▸ Produktentwicklung, Ideenfindung, Gestaltung ▸ Produktinnovation/-variation ▸ Diversifikation (Sortimentsverbreiterung) ▸ Differenzierung ▸ Spezialisierung ▸ Verpackungspolitik.
Preispolitik	▸ Strategien: z. B. Markterschließungsstrategie, Abschöpfungsstrategie ▸ räumliche, personelle und zeitliche Preisdifferenzierung ▸ Konditionspolitik (Lieferungsbedingungen, Zahlungsbedingungen und Rabatte).
Kommunikationspolitik	▸ Öffentlichkeitsarbeit/Public Relations (PR) ▸ Werbung.
Distributionspolitik	z. B.: ▸ Absatzorganisation (zentral, dezentral, funktionsorientiert, kundenorientiert, produktorientiert, gebietsorientiert) ▸ direkte oder indirekte Absatzwege ▸ Absatzvermittler (Handelsvertreter, Kommissionäre, Handlungsreisende, Handelsmakler).

Lösung zu Aufgabe 21: Monopol

1. Richtig, wenn ein einzelner Anbieter den Markt allein bedient, handelt es sich um ein Angebotsmonopol.
2. Falsch, wenn wenige Anbieter den Markt unter sich aufteilen und bedienen, handelt es sich um ein Angebotsoligopol.
3. Falsch, beim Monopol gibt es nur einen Anbieter.
4. Richtig, bei einem Monopol entsteht kein Wettbewerb, eine Preisbildung durch Angebot und Nachfrage kommt nicht zustande.
5. Falsch, vollkommene Konkurrenz gibt es nur auf einem vollkommenen Markt.

Lösung zu Aufgabe 22: Oligopol

1. Richtig, wenn wenige Anbieter den Markt unter sich aufteilen und entsprechend bedienen, handelt es sich um ein Angebotsoligopol.
2. Falsch, wenn ein einzelner Anbieter den Markt allein bedient, handelt es sich um ein Monopol.
3. Richtig, bei einem Oligopol gibt es nur wenige Nachfrager und wenige Anbieter.
4. Falsch, bei einem Oligopol entsteht Wettbewerb, die Preisbildung erfolgt durch Angebot und Nachfrage.
5. Falsch, ein Polypol ist durch viele Nachfrager und viele Anbieter gekennzeichnet.

Lösung zu Aufgabe 23: Polypol

1. Richtig, wenn viele Nachfrager vielen Anbietern gegenüberstehen, wird diese Marktsituation als Polypol bezeichnet.
2. Falsch, bei einem Polypol entsteht Wettbewerb, die Preisbildung erfolgt durch Angebot und Nachfrage.
3. Falsch, wenn ein einzelner Anbieter den Markt allein bedient, handelt es sich um ein Monopol.
4. Falsch, bei einem Polypol gibt es viele Anbieter und viele Nachfrager. Bei einem Oligopol gibt es wenige Anbieter und wenige Nachfrager.
5. Das Polypol ist die am häufigsten auftretende Marktform, sie wird auch als vollständige Konkurrenz bezeichnet.

Lösung zu Aufgabe 24: Angebotsmonopol

1. Falsch, es handelt sich um ein Angebotspolypol.
2. Falsch, es handelt sich um ein Angebotsoligopol.
3. Falsch, bei einem Monopol gibt es nur einen Anbieter.
4. Richtig, die Spielend Lernen GmbH ist der einzige Anbieter eines bestimmten Produkts auf dem Markt.
5. Falsch, bei einem Monopol gibt es nur einen Anbieter. Kartellbildung ist gesetzlich nicht erlaubt (§ 1 GWB).

Lösung zu Aufgabe 25: Angebotsoligopol

Nr. 3: Angebotsoligopol.

Lösung zu Aufgabe 26: Angebotspolypol

1. Falsch, es handelt sich hierbei um ein Monopol.
2. Falsch, es handelt sich hierbei um ein Oligopol.

3. Richtig, die Spielend Lernen GmbH teilt sich den Markt mit vielen konkurrierenden Unternehmen.
4. Falsch, es handelt sich hierbei nicht um eine Marktform, sondern um eine Kooperation, um das Sortiment zu erweitern.
5. Falsch, bei nur zwei Anbietern handelt es sich um ein Angebotsoligopol, bei vielen Nachfragern handelt es sich um ein Nachfragepolypol.

Lösung zu Aufgabe 27: Nachfrageoligopol

Nr. 4: Nachfrageoligopol.

Lösung zu Aufgabe 28: Markt- und Wettbewerbssituation

Nr. 1: Angebotspolypol.

Lösung zu Aufgabe 29: Auswirkung der konjunkturellen Lage auf Kundenverhalten

a) Nr. 5: Rezession
b) Nr. 1: Die Nachfrage durch die Kunden geht zurück.

Lösung zu Aufgabe 30: Expansion/Aufschwung

Nr. 5: Reduzierung der Fahrzeuge im Verkaufs-Außendienst.

Lösung zu Aufgabe 31: Stagnation/Stillstand

Nr. 5: Stagnation/Stillstand.

Lösung zu Aufgabe 32: Boom/Höchststand

Nr. 4: Alle Kapazitäten der Spielend Lernen GmbH sind aufgrund starker Nachfrage voll ausgelastet.

Lösung zu Aufgabe 33: Depression/Tiefstand

Nr. 4: Die Spielend Lernen GmbH kämpft mit Liquiditätsengpässen und tätigt keine Investitionen mehr.

Lösung zu Aufgabe 34: Rezession/Abschwung

Nr. 4: Erhöhung des Einkaufsvolumens.

3. Berufsbildung

Lösung zu Aufgabe 1: Ausbildungsvertrag

Nr. 4: Tages- oder Wochenberichte im Ausbildungsnachweis.

Lösung zu Aufgabe 2: Berufsausbildungsvertrag vorbereiten

a) Nr. 2: Berufsbildungsgesetz (BBiG)
b) Nr. 3: Unterschrift der Eltern: muss eingeholt werden.

RECHTSGRUNDLAGEN

Berufsbildungsgesetz

§ 11 Vertragsniederschrift

(1) Ausbildende haben unverzüglich nach Abschluss des Berufsausbildungsvertrages, spätestens vor Beginn der Berufsausbildung, den wesentlichen Inhalt des Vertrages gemäß Satz 2 schriftlich niederzulegen; die elektronische Form ist ausgeschlossen. In die Niederschrift sind mindestens aufzunehmen

1. Art, sachliche und zeitliche Gliederung sowie Ziel der Berufsausbildung, insbesondere die Berufstätigkeit, für die ausgebildet werden soll,
2. Beginn und Dauer der Berufsausbildung,
3. Ausbildungsmaßnahmen außerhalb der Ausbildungsstätte,
4. Dauer der regelmäßigen täglichen Ausbildungszeit,
5. Dauer der Probezeit,
6. Zahlung und Höhe der Vergütung,
7. Dauer des Urlaubs,
8. Voraussetzungen, unter denen der Berufsausbildungsvertrag gekündigt werden kann,
9. ein in allgemeiner Form gehaltener Hinweis auf die Tarifverträge, Betriebs- oder Dienstvereinbarungen, die auf das Berufsausbildungsverhältnis anzuwenden sind,
10. die Form des Ausbildungsnachweises nach § 13 Satz 2 Nummer 7.

(2) Die Niederschrift ist von den Ausbildenden, den Auszubildenden und deren gesetzlichen Vertretern und Vertreterinnen zu unterzeichnen.

(3) Ausbildende haben den Auszubildenden und deren gesetzlichen Vertretern und Vertreterinnen eine Ausfertigung der unterzeichneten Niederschrift unverzüglich auszuhändigen.

(4) Bei Änderungen des Berufsausbildungsvertrages gelten die Absätze 1 bis 3 entsprechend.

LÖSUNGEN

Lösung zu Aufgabe 3: Beginn der Ausbildung

1. Richtig, das Berufsausbildungsverhältnis beginnt mit der Probezeit, die mindestens einen Monat betragen muss und höchstens vier Monate betragen darf.
2. Falsch, das Berufsausbildungsverhältnis beginnt mit der Probezeit, die mindestens einen Monat betragen muss und höchstens vier Monate betragen darf.
3. Falsch, Berufsausbildungsverhältnisse können auch zu anderen Zeitpunkten beginnen.
4. Falsch, das Berufsausbildungsverhältnis beginnt mit der Probezeit, die mindestens einen Monat betragen muss und höchstens vier Monate betragen darf.
5. Falsch, das Berufsausbildungsverhältnis beginnt mit der Probezeit, die mindestens einen Monat betragen muss und höchstens vier Monate betragen darf.

Lösung zu Aufgabe 4: Dauer der Ausbildung

a) Nr. 5: Mit Bestehen der mündlichen/praktischen Prüfung und der Übergabe der Bescheinigung über die bestandene Prüfung an die Auszubildende.
b) Nr. 4: Da Vanessa Davidson ihre Arbeit einfach fortgeführt hat, im Vorfeld kein Gespräch zu Kündigung oder Weiterbeschäftigung stattfand und sie nach Wiederaufnahme ihrer Tätigkeit nicht fortgeschickt wurde, ist ein Arbeitsverhältnis auf unbestimmte Zeit entstanden.

Lösung zu Aufgabe 5: Rechte des Auszubildenden

Nr. 2: Bei Bestehen der Abschlussprüfung hat Martin Schmidt Anspruch auf Weiterbeschäftigung.

Lösung zu Aufgabe 6: Pflichten des Auszubildenden

a) Nr. 4: Berufsfremde Tätigkeiten regelmäßig ausführen.
b) Nr. 2: Im Berufsbildungsgesetz.

 RECHTSGRUNDLAGEN

Berufsbildungsgesetz
Unterabschnitt 2 – Pflichten der Auszubildenden
§ 13 Verhalten während der Berufsausbildung

Auszubildende haben sich zu bemühen, die berufliche Handlungsfähigkeit zu erwerben, die zum Erreichen des Ausbildungsziels erforderlich ist. Sie sind insbesondere verpflichtet,

1. die ihnen im Rahmen ihrer Berufsausbildung aufgetragenen Aufgaben sorgfältig auszuführen,

2. an Ausbildungsmaßnahmen teilzunehmen, für die sie nach § 15 freigestellt werden,

3. den Weisungen zu folgen, die ihnen im Rahmen der Berufsausbildung von Ausbildenden, von Ausbildern oder Ausbilderinnen oder von anderen weisungsberechtigten Personen erteilt werden,

4. die für die Ausbildungsstätte geltende Ordnung zu beachten,

5. Werkzeug, Maschinen und sonstige Einrichtungen pfleglich zu behandeln,

6. über Betriebs- und Geschäftsgeheimnisse Stillschweigen zu wahren,

7. einen schriftlichen oder elektronischen Ausbildungsnachweis zu führen.

Lösung zu Aufgabe 7: Rechte des Ausbildenden

Nr. 3: Der Ausbildende hat das Recht, vom Auszubildenden regelmäßig berufsfremde Tätigkeiten verrichten zu lassen.

Lösung zu Aufgabe 8: Pflichten des Ausbildenden

Nr. 4: Der Ausbildende muss selbst ausbilden.

MERKE

Der Ausbildende muss entweder selbst ausbilden oder einen Ausbilder oder eine Ausbilderin ausdrücklich mit der Ausbildung beauftragen.

RECHTSGRUNDLAGEN

Berufsbildungsgesetz
Unterabschnitt 3 – Pflichten der Ausbildenden
§ 14 Berufsausbildung

(1) Ausbildende haben

1. Dafür zu sorgen, dass den Auszubildenden die berufliche Handlungsfähigkeit vermittelt wird, die zum Erreichen des Ausbildungsziels erforderlich ist, und die Berufsausbildung in einer durch ihren Zweck gebotenen Form planmäßig, zeitlich und sachlich gegliedert so durchzuführen, dass das Ausbildungsziel in der vorgesehenen Ausbildungszeit erreicht werden kann,

2. Selbst auszubilden oder einen Ausbilder oder eine Ausbilderin ausdrücklich damit zu beauftragen,

3. Auszubildenden kostenlos die Ausbildungsmittel, insbesondere Werkzeuge und Werkstoffe zur Verfügung zu stellen, die zur Berufsausbildung und zum Ablegen von Zwischen- und Abschlussprüfungen, auch soweit solche nach Beendigung des Berufsausbildungsverhältnisses stattfinden, erforderlich sind,

4. Auszubildende zum Besuch der Berufsschule anzuhalten,

5. Dafür zu sorgen, dass Auszubildende charakterlich gefördert sowie sittlich und körperlich nicht gefährdet werden.

(2) Ausbildende haben Auszubildende zum Führen der Ausbildungsnachweise nach § 13 Satz 2 Nummer 7 anzuhalten und diese regelmäßig durchzusehen. Den Auszubildenden ist Gelegenheit zu geben, den Ausbildungsnachweis am Arbeitsplatz zu führen.

(3) Auszubildenden dürfen nur Aufgaben übertragen werden, die dem Ausbildungszweck dienen und ihren körperlichen Kräften angemessen sind.

Lösung zu Aufgabe 9: Tägliche Ausbildungszeit

Nr. 2: Die tägliche Arbeits- und Ausbildungszeit ist durch gesetzliche Bestimmungen geregelt. Martins tägliche Arbeits- und Ausbildungszeit sowie die Wochenarbeitszeit darf die zulässigen Höchstgrenzen nicht überschreiten.

 RECHTSGRUNDLAGEN

Gesetz zum Schutze der arbeitenden Jugend (Jugendarbeitsschutzgesetz – JarbSchG)

§ 8 Dauer der Arbeitszeit

(1) Jugendliche dürfen nicht mehr als acht Stunden täglich und nicht mehr als 40 Stunden wöchentlich beschäftigt werden.

(2) Wenn in Verbindung mit Feiertagen an Werktagen nicht gearbeitet wird, damit die Beschäftigten eine längere zusammenhängende Freizeit haben, so darf die ausfallende Arbeitszeit auf die Werktage von fünf zusammenhängenden, die Ausfalltage einschließenden Wochen nur dergestalt verteilt werden, dass die Wochenarbeitszeit im Durchschnitt dieser fünf Wochen 40 Stunden nicht überschreitet. Die tägliche Arbeitszeit darf hierbei achteinhalb Stunden nicht überschreiten.

(2a) Wenn an einzelnen Werktagen die Arbeitszeit auf weniger als acht Stunden verkürzt ist, können Jugendliche an den übrigen Werktagen derselben Woche achteinhalb Stunden beschäftigt werden. [...]

Lösung zu Aufgabe 10: Ausbildungsvergütung

Nr. 2: Martins Ausbildungsvertrag muss geändert werden. Die Ausbildungsvergütung muss mindestens jährlich steigen.

LÖSUNGEN

Lösung zu Aufgabe 11: Urlaubsanspruch ermitteln

Nr. 3: Peter Naumann stehen mindestens 25 Werktage zu, da er zu Beginn des Kalenderjahres das 18. Lebensjahr noch nicht vollendet hat.

 RECHTSGRUNDLAGEN

Gesetz zum Schutze der arbeitenden Jugend (Jugendarbeitsschutzgesetz – JarbSchG)

§ 19 Urlaub

(1) Der Arbeitgeber hat Jugendlichen für jedes Kalenderjahr einen bezahlten Erholungsurlaub zu gewähren.

(2) Der Urlaub beträgt jährlich

1. mindestens 30 Werktage, wenn der Jugendliche zu Beginn des Kalenderjahrs noch nicht 16 Jahre alt ist,

2. mindestens 27 Werktage, wenn der Jugendliche zu Beginn des Kalenderjahrs noch nicht 17 Jahre alt ist,

3. mindestens 25 Werktage, wenn der Jugendliche zu Beginn des Kalenderjahrs noch nicht 18 Jahre alt ist.

[...]

(3) Der Urlaub soll Berufsschülern in der Zeit der Berufsschulferien gegeben werden. Soweit er nicht in den Berufsschulferien gegeben wird, ist für jeden Berufsschultag, an dem die Berufsschule während des Urlaubs besucht wird, ein weiterer Urlaubstag zu gewähren.

Lösung zu Aufgabe 12: Dauer der Probezeit

Nr. 4: Die vereinbarte Probezeit von sechs Monaten ist unzulässig, da mindestens ein Monat, maximal jedoch vier Monate Probezeit vereinbart werden dürfen.

 RECHTSGRUNDLAGEN

Berufsbildungsgesetz
Unterabschnitt 5 – Beginn und Beendigung des Ausbildungsverhältnisses

§ 20 Probezeit

Das Berufsausbildungsverhältnis beginnt mit der Probezeit. Sie muss mindestens einen Monat und darf höchstens vier Monate betragen.

LÖSUNGEN

Lösung zu Aufgabe 13: Kündigungsmöglichkeiten während der Probezeit

Nr. 4: Während der Probezeit kann das Ausbildungsverhältnis jederzeit ohne Einhalten einer Kündigungsfrist von beiden Vertragsparteien gekündigt werden.

Lösung zu Aufgabe 14: Kündigungsmöglichkeiten nach der Probezeit

a) Nr. 1: Da die Probezeit bereits um ist, kann Maria Rhönbach ihren Ausbildungsplatz bei der Spielend Lernen GmbH mit einer Kündigungsfrist von vier Wochen kündigen.

Und

Nr. 3: Maria Rhönbach muss die Kündigung schriftlich einreichen und mindestens einen Kündigungsgrund angeben.

b) Nr. 3: Florian König kann Maria Rhönbach aufgrund mangelnder Leistungen in der Berufsschule fristlos kündigen, da sie ihren Pflichten als Auszubildende nicht genügend nachgekommen ist.

 RECHTSGRUNDLAGEN

Berufsbildungsgesetz

§ 22 Kündigung

(1) Während der Probezeit kann das Berufsausbildungsverhältnis jederzeit ohne Einhalten einer Kündigungsfrist gekündigt werden.

(2) Nach der Probezeit kann das Berufsausbildungsverhältnis nur gekündigt werden

1. aus einem wichtigen Grund ohne Einhalten einer Kündigungsfrist,

2. von Auszubildenden mit einer Kündigungsfrist von vier Wochen, wenn sie die Berufsausbildung aufgeben oder sich für eine andere Berufstätigkeit ausbilden lassen wollen.

(3) Die Kündigung muss schriftlich und in den Fällen des Absatzes 2 unter Angabe der Kündigungsgründe erfolgen.

(4) Eine Kündigung aus einem wichtigen Grund ist unwirksam, wenn die ihr zugrunde liegenden Tatsachen dem zur Kündigung Berechtigten länger als zwei Wochen bekannt sind. Ist ein vorgesehenes Güteverfahren vor einer außergerichtlichen Stelle eingeleitet, so wird bis zu dessen Beendigung der Lauf dieser Frist gehemmt.

Lösung zu Aufgabe 15: Verkürzung der Ausbildungsdauer

Nr. 1: Vanessa Davidson sollte das Gespräch mit ihrem zuständigen Ausbilder oder der Geschäftsleitung suchen, da Ausbildender und Auszubildende den Antrag auf Verkürzung der Ausbildungszeit gemeinsam stellen müssen.

Lösung zu Aufgabe 16: Aufgaben der zuständigen Stelle

Nr. 4: Die zuständige Stelle teilt dem Bundesamt für Justiz Wahrnehmungen mit, die für die Durchführung des Jugendarbeitsschutzgesetzes von Bedeutung sein können.

Lösung zu Aufgabe 17: Beteiligte im dualen Berufsausbildungssystem

Nr. 3: Das duale Berufsausbildungssystem besagt, dass die Ausbildung an zwei Lernorten erfolgt: im Betrieb und in der Berufsschule.

Lösung zu Aufgabe 18: Aufgaben des Ausbildungsbetriebs

Nr. 4, denn Aufgaben, die nicht dem Ausbildungszweck dienen, sind ausbildungsfremde Tätigkeiten. Ein Auszubildender sollte nur mit solchen Aufgaben beschäftigt werden, die dem Ausbildungszweck dienen.

Lösung zu Aufgabe 19: Aufgaben der Berufsschule

Nr. 2: In der Berufsschule werden die Auszubildenden nach dem jeweiligen betrieblichen Ausbildungsplan unterrichtet.

 MERKE

> In der Berufsschule werden die Auszubildenden nach dem jeweiligen Rahmenlehrplan unterrichtet.

Lösung zu Aufgabe 20: Situationsabhängige Zuständigkeiten

a) Nr. 3: Der Unfall muss der Berufsgenossenschaft gemeldet werden.
b) Nr. 1: Die Kosten werden durch die Berufsgenossenschaft übernommen.

Lösung zu Aufgabe 21: Wahlqualifikation festlegen

1. Falsch, die Spielend Lernen GmbH muss ihren Auszubildenden nur die Wahlqualifikationen anbieten, die sie im Rahmen der Ausbildung vermitteln kann.
2. Falsch, die Wahlqualifikationen werden zu Beginn der Ausbildung festgelegt und schriftlich im Ausbildungsvertrag festgehalten.
3. Richtig, da die Spielend Lernen GmbH die Wahlqualifikation „Öffentliche Finanzwirtschaft" nicht ausbildet, kann Maja Heinrichs diese für ihre Ausbildung bei der Spielend Lernen GmbH nicht wählen.

4. Falsch, das Belegen einer dritten Wahlqualifikation ist möglich, wenn der Auszubildende dies anstrebt. Vorgegeben sind jedoch zwei Wahlqualifikationen.

5. Falsch, die Wahlqualifikationen werden im Ausbildungsbetrieb vermittelt.

INFO

Die Ausbildung zum/zur Kaufmann/Kauffrau für Büromanagement beinhaltet zwei Wahlqualifikationen, die aus den folgenden 10 wählbaren Bereichen gewählt werden können:

1. Auftragssteuerung und -koordination
2. Kaufmännische Steuerung und Kontrolle
3. Kaufmännische Abläufe in kleinen und mittleren Unternehmen
4. Einkauf und Logistik
5. Marketing und Vertrieb
6. Personalwirtschaft
7. Assistenz und Sekretariat
8. Öffentlichkeitsarbeit und Veranstaltungsmanagement
9. Verwaltung und Recht
10. Öffentliche Finanzwirtschaft

Das Festlegen der Wahlqualifikationen findet immer gemeinsam mit dem Ausbildungsbetrieb statt, da dieser die Wahlqualifikationen auch anbieten bzw. ausbilden können muss.

Lösung zu Aufgabe 22: Wahlqualifikation wechseln

Nr. 5: Ein Wechsel ist möglich, muss der zuständigen Kammer jedoch spätestens mit der Anmeldung zum Teil 2 der Abschlussprüfung mitgeteilt werden.

Lösung zu Aufgabe 23: Betrieblicher Ausbildungsplan

Nr. 5: Struktur der Lernfelder mit jeweiligen zu vermittelnden Inhalten.

TIPP

Die Struktur der Lernfelder ist im Rahmenlehrplan geregelt, hier können die in der Berufsschule zu vermittelnden Lernfelder und deren Inhalte nachgelesen werden.

Lösung zu Aufgabe 24: Ausbildungsordnung

Nr. 2: Die Ausbildungsordnung stellt die Grundlage für eine geordnete und einheitliche Berufsausbildung sowie die Grundlage des betrieblichen Ausbildungsplans dar.

Lösung zu Aufgabe 25: Ausbildungsrahmenplan

Nr. 2: Der Ausbildungsrahmenplan stellt eine Anleitung zur sachlichen und zeitlichen Gliederung der Fertigkeiten und Kenntnisse des Auszubildenden dar und wird in der Ausbildungsordnung festgelegt.

Lösung zu Aufgabe 26: Ausbildungsziele

1. Falsch, Michael Schmidt erhält die Aufgabe, er plant sie also nicht selbst. Der Personalleiter kontrolliert die formulierte Stellenanzeige, auch hier ist Michael Schmidt nicht vollständig selbstständig.
2. Falsch, Vanessa Davidson erhält ihre Aufgaben mit detaillierter Beschreibung von der Ausbilderin, somit ist sie nicht vollständig selbstständig.
3. Falsch, Lennard Fischer hat große Pläne, aber eine tatsächliche Umsetzung hat noch nicht stattgefunden.
4. Richtig, die Auszubildende Daniela Mayerhoff plant die Umstrukturierung der Offene-Posten-Bearbeitung in der Spielend Lernen GmbH, da ihr einige Schwachstellen aufgefallen sind. Da unbezahlte Rechnungen sich negativ auf das Unternehmen auswirken können, entwickelt sie Lösungsmöglichkeiten, testet diese und reflektiert den Vorgang.
5. Falsch, Maya Heinrichs führt hier eine Routinetätigkeit aus, für die es keine besondere Planung benötigt.

Lösung zu Aufgabe 27: Sachliche und zeitliche Gliederung der Ausbildung

a) Nr. 2: In der sachlichen und zeitlichen Gliederung der Ausbildung.
b) Nr. 5: Angaben zu Tagen, in denen die Vermittlung von Tätigkeiten vorgesehen ist.

Lösung zu Aufgabe 28: Besuch der Berufsschule

Nr. 2, denn auch volljährige Auszubildende müssen im Rahmen ihrer Ausbildung regelmäßig die Berufsschule besuchen. Dies gehört zu ihren Pflichten als Auszubildende.

Lösung zu Aufgabe 29: Jugend- und Auszubildendenvertretung (JAV)

Nr. 4: Die Jugend- und Auszubildendenvertretung wird in offener, unmittelbarer Wahl gewählt.

 MERKE

Die Jugend- und Auszubildendenvertretung wird in geheimer, unmittelbarer Wahl gewählt.

Lösung zu Aufgabe 30: Bildung und Aufgaben einer JAV

a) Nr. 4: Ein Betrieb beschäftigt mindestens fünf Arbeitnehmer, die das 18. Lebensjahr noch nicht vollendet haben, oder Auszubildende, die das 25. Lebensjahr noch nicht vollendet haben.

b) 1. Richtig, die 19-jährige Auszubildende Maria Rhönbach hat den Eindruck, aufgrund ihres Geschlechts von ihrem Ausbilder benachteiligt zu werden.
   2. Falsch, Thorsten Naumann ist Arbeitnehmer. Er kann sich an den Betriebsrat wenden.
   3. Falsch, dies ist kein Fall für die JAV. Nadine Meier kann nach Beendigung ihrer Ausbildung das Unternehmen verlassen und eine andere Ausbildung in einem anderen Ausbildungsbetrieb absolvieren.
   4. Richtig, der 23-jährige Auszubildende Bernd Stielkamp wird dauerhaft mit Aufräumarbeiten im Lager beschäftigt, obwohl er eine Ausbildung zum Kaufmann für Büromanagement absolviert.
   5. Falsch, Bahar Özgül befindet sich nicht mehr in der Ausbildung, sondern ist Arbeitnehmerin. Somit kann sie sich an den Betriebsrat wenden.

Lösung zu Aufgabe 31: Wählbarkeit zur JAV

Nr. 2: Alle Arbeitnehmer der Spielend Lernen GmbH, die das 25. Lebensjahr noch nicht vollendet haben, es sei denn, die Wählbarkeit wurde durch eine strafgerichtliche Verurteilung verwirkt.

Lösung zu Aufgabe 32: Wahlberechtigung zur JAV

Nr. 5, denn Bahar Özgül hat das 25. Lebensjahr überschritten. Somit ist sie weder wahlberechtigt noch wählbar.

 RECHTSGRUNDLAGEN

Betriebsverfassungsgesetz
Betriebliche Jugend- und Auszubildendenvertretung
§ 60 Errichtung und Aufgabe

(1) In Betrieben mit in der Regel mindestens fünf Arbeitnehmern, die das 18. Lebensjahr noch nicht vollendet haben (jugendliche Arbeitnehmer) oder die

zu ihrer Berufsausbildung beschäftigt sind und das 25. Lebensjahr noch nicht vollendet haben, werden Jugend- und Auszubildendenvertretungen gewählt.

(2) Die Jugend- und Auszubildendenvertretung nimmt nach Maßgabe der folgenden Vorschriften die besonderen Belange der in Absatz 1 genannten Arbeitnehmer wahr.

§ 61 Wahlberechtigung und Wählbarkeit

(1) Wahlberechtigt sind alle in § 60 Abs. 1 genannten Arbeitnehmer des Betriebs.

(2) Wählbar sind alle Arbeitnehmer des Betriebs, die das 25. Lebensjahr noch nicht vollendet haben […]. Mitglieder des Betriebsrats können nicht zu Jugend- und Auszubildendenvertretern gewählt werden.

§ 62 Zahl der Jugend- und Auszubildendenvertreter, Zusammensetzung der Jugend- und Auszubildendenvertretung

(1) Die Jugend- und Auszubildendenvertretung besteht in Betrieben mit in der Regel

5 bis 20 der in § 60 Abs. 1 genannten Arbeitnehmer aus einer Person,

21 bis 50 der in § 60 Abs. 1 genannten Arbeitnehmer aus 3 Mitgliedern,

51 bis 150 der in § 60 Abs. 1 genannten Arbeitnehmer aus 5 Mitgliedern,

151 bis 300 der in § 60 Abs. 1 genannten Arbeitnehmer aus 7 Mitgliedern,

301 bis 500 der in § 60 Abs. 1 genannten Arbeitnehmer aus 9 Mitgliedern,

501 bis 700 der in § 60 Abs. 1 genannten Arbeitnehmer aus 11 Mitgliedern,

701 bis 1.000 der in § 60 Abs. 1 genannten Arbeitnehmer aus 13 Mitgliedern,

mehr als 1.000 der in § 60 Abs. 1 genannten Arbeitnehmer aus 15 Mitgliedern.

(2) Die Jugend- und Auszubildendenvertretung soll sich möglichst aus Vertretern der verschiedenen Beschäftigungsarten und Ausbildungsberufe der im Betrieb tätigen in § 60 Abs. 1 genannten Arbeitnehmer zusammensetzen.

(3) Das Geschlecht, das unter den in § 60 Abs. 1 genannten Arbeitnehmern in der Minderheit ist, muss mindestens entsprechend seinem zahlenmäßigen Verhältnis in der Jugend- und Auszubildendenvertretung vertreten sein, wenn diese aus mindestens drei Mitgliedern besteht.

§ 70 Allgemeine Aufgaben

(1) Die Jugend- und Auszubildendenvertretung hat folgende allgemeine Aufgaben:

1. Maßnahmen, die den in § 60 Abs. 1 genannten Arbeitnehmern dienen, insbesondere in Fragen der Berufsbildung und der Übernahme der zu ihrer Berufsausbildung Beschäftigten in ein Arbeitsverhältnis, beim Betriebsrat zu beantragen;

1a. Maßnahmen zur Durchsetzung der tatsächlichen Gleichstellung der in § 60 Abs. 1 genannten Arbeitnehmer entsprechend § 80 Abs. 1 Nr. 2a und 2b beim Betriebsrat zu beantragen;

2. darüber zu wachen, dass die zugunsten der in § 60 Abs. 1 genannten Arbeitnehmer geltenden Gesetze, Verordnungen, Unfallverhütungsvorschriften, Tarifverträge und Betriebsvereinbarungen durchgeführt werden;

3. Anregungen von in § 60 Abs. q genannten Arbeitnehmern, insbesondere in Fragen der Berufsbildung, entgegenzunehmen und, falls sie berechtigt erscheinen, beim Betriebsrat auf eine Erledigung hinzuwirken. Die Jugend- und Auszubildendenvertretung hat die betroffenen in § 60 Abs. 1 genannten Arbeitnehmer über den Stand und das Ergebnis der Verhandlungen zu informieren;

4. die Integration ausländischer, in § 60 Abs. 1 genannter Arbeitnehmer im Betrieb zu fördern und entsprechende Maßnahmen beim Betriebsrat zu beantragen.

(2) Zur Durchführung ihrer Aufgaben ist die Jugend- und Auszubildendenvertretung durch den Betriebsrat rechtzeitig und umfassend zu unterrichten. Die Jugend- und Auszubildendenvertretung kann verlangen, dass ihr der Betriebsrat die zur Durchführung ihrer Aufgaben erforderlichen Unterlagen zur Verfügung stellt.

Lösung zu Aufgabe 33: Ruhepausen einhalten

Nr. 4: Sowohl die Pausenzeitregelung der Spielend Lernen GmbH als auch das Untersagen an Martina Brinkmann, die Pausen an ihrem Arbeitsplatz zu verbringen, sind rechtlich einwandfrei, daher sollte sich Martina Brinkmann an die Regelungen halten.

Lösung zu Aufgabe 34: Arbeitszeitvorgaben einhalten

a) Nr. 1: Diese Arbeitszeitregelung ist unzulässig, als Jugendliche darf Lisa Eschweiler nicht mehr als acht bis achteinhalb Stunden täglich beschäftigt werden.

Hinweis: Siehe auch § 8 JArbSchG Dauer der Arbeitszeit, (Rechtsgrundlagen auf Seite 196).

b) Nr. 2: Lisa Eschweiler stehen mindestens 27 Werktage zu.

Hinweis: Siehe auch Rechtsgrundlagen auf Seite 196 f. (bei Lösung zu Aufgabe 11).

Lösung zu Aufgabe 35: Ärztliche Untersuchungen

a) 1. Falsch, Lisa Eschweiler ist als Auszubildende beschäftigt. Eine geringfügige Beschäftigung liegt nicht vor.

2. Richtig, Lisa Eschweiler muss bei einem Arzt eine Erstuntersuchung durchführen lassen und die Bescheinigung hierfür der Spielend Lernen GmbH vorlegen.

3. Falsch, die Bescheinigung über die Erstuntersuchung muss bei Beginn der Ausbildung vorliegen. Die Untersuchung selbst darf nicht länger als 14 Monate zurückliegen.
4. Falsch, als jugendliche Auszubildende muss Lisa Eschweiler eine Erstuntersuchung durchführen lassen.
5. Falsch, die Bescheinigung über die Erstuntersuchung ist nicht dem Arzt vorzulegen, sondern dem Ausbildungsbetrieb.

b) Nr. 5: Die erste Nachuntersuchung muss drei Monate nach Aufnahme der Ausbildung durchgeführt werden, die Spielend Lernen GmbH muss Lisa Eschweiler auffordern, die Nachuntersuchung in diesem Zeitraum durchführen zu lassen.

Lösung zu Aufgabe 36: Fortbildungsmöglichkeiten

Nr. 2: Gut ausgebildete Mitarbeiter haben eine fundierte Wissensbasis für das Erledigen ihrer Aufgaben und können ggf. auch gute Ideen einbringen.

Und

Nr. 3: Mitarbeiter, die regelmäßig an Weiterbildungen teilnehmen, bekommen Anregungen von außen, somit wird einer allgemeinen Betriebsblindheit vorgebeugt.

Und

Nr. 5: Die Spielend Lernen GmbH kann ihre Mitarbeiter an sich binden, wenn sie beispielsweise die Weiterbildung finanziert oder in zeitlichem Rahmen unterstützt.

Lösung zu Aufgabe 37: Personalförderung

a) Nr. 4, denn eine Rationalisierung der Arbeitsplätze bedeutet, dass die Arbeitsplätze weniger werden. Somit werden Mitarbeiter entlassen. Durch die Entlassung haben sie dann mehr Zeit, weil sie keinen Arbeitsplatz mehr haben. Dies ist keine Personalförderung.

b) Nr. 2: Die Umfrage kann anonym erfolgen, Kritik wird anonym eher geäußert.

Lösung zu Aufgabe 38: Traineeprogramme

1. Falsch, hierbei handelt es sich um Mentoring.
2. Falsch, hierbei handelt es sich um Job-Rotation.
3. Falsch, hierbei handelt es sich um Coaching.
4. Falsch, hierbei handelt es sich um 360-Grad-Feedback.
5. Richtig, Aufbau einer studierten Nachwuchskraft anhand aufeinander abgestimmter Aufgaben in ausgewählten Abteilungen, Seminaren sowie auf Netzwerkveranstaltungen.

Lösung zu Aufgabe 39: Coaching

3 · 15.000 € = 45.000 €

Lösung zu Aufgabe 40: Mentoring

Nr. 3, denn einen Mentor kann man grundsätzlich immer haben, auch bereits zur Schulzeit oder ohne entsprechendes Studium oder eine bestimmte Ausbildung. Ein Mentor ist eine Person, die mehr Erfahrung und fachliches Wissen besitzt, als ihr Mentee. Der Mentor gibt sein Wissen weiter, begleitet den Mentee und gibt Ratschläge.

INFO

Maßnahmen der Personalförderung

Assessment Center/ E-Assessments	Ein Assessment Center stellt ein Auswahlverfahren während des Einstellungsverfahrens neuer Mitarbeiter dar. Mehrere Bewerber durchlaufen gemeinsam das Assessment Center und müssen währenddessen z. B. Präsentationen halten, an einer Gruppendiskussion oder einem Rollenspiel teilnehmen.
Coaching	Ein Coaching stellt eine professionelle Begleitung, Beratung und Unterstützung einer Person durch einen Coach dar. Das Ziel eines Coachings ist dabei die Weiterentwicklung persönlicher und/oder beruflicher Fähigkeiten.
360-Grad-Feedback	360-Grad-Feedback oder auch 360-Grad-Beurteilung stellt die Beurteilung der verschiedenen Kompetenzen einer Person aus unterschiedlichen Blickwinkeln dar. Dabei wird die Person, meist ein Mitarbeiter, von anderen Mitarbeitern, Vorgesetzten, Teammitgliedern oder Kunden beurteilt und muss zudem eine Selbsteinschätzung vornehmen.
Job Rotation	Job Rotation stellt einen Wechsel von Aufgaben oder Funktionen eines Mitarbeiters durch das Rotationsprinzip dar. Job Rotation kann planmäßig und regelmäßig an den Arbeitsplätzen stattfinden.
Laufbahnplanung	Die Laufbahnplanung stellt die strategische Karriereplanung eines Mitarbeiters dar. Die Initiative geht hierbei vom Unternehmen oder dem Vorgesetzten des Mitarbeiters aus.
Mentoring	Mentoring stellt die Weitergabe von fachlichem Wissen und eigenen Erfahrungen durch einen Mentor an einen Mentee dar.
Nachwuchsführungskräftetrainings/ Junior-Management-Trainings	Nachwuchsführungskräftetrainings oder auch Junior-Management-Trainings stellen die Qualifizierung eines Mitarbeiters zur künftigen Führungskraft dar. Hierbei stehen die sozialen und methodischen Kompetenzen im Fokus.

Traineeprogramme	Ein Traineeprogramm stellt den Aufbau einer studierten Nachwuchskraft anhand aufeinander abgestimmter Aufgaben in ausgewählten Abteilungen, Seminaren sowie Netzwerkveranstaltungen dar.
Off the job-Trainings	Off the job-Trainings stellen die Aus-, Fort- oder Weiterbildung von Mitarbeitern außerhalb des Unternehmens dar. Hierbei werden z. B. betriebsübergreifende Kompetenzen vermittelt.
(berufliche) Weiterbildungsmaßnahmen	Berufliche Weiterbildungsmaßnahmen stellen die Weiterbildung mit dem Ziel, alte Qualifikationen zu erhalten, zu festigen und neue aufzubauen, dar.

Lösung zu Aufgabe 41: Fortbildungsmaßnahmen vorschlagen

a) Nr. 1: Im Jahr 2010 haben sich vergleichsweise wenig Mitarbeiter der Spielend Lernen GmbH zu einer Fortbildung entschlossen, nämlich nur 10 %.

Und

Nr. 2: Verglichen mit 2010 hat sich die Zahl der Mitarbeiter, die an betrieblichen Fortbildungsmaßnahmen teilnehmen, um fast 40 % gesteigert.

Und

Nr. 3: Besonders in den Jahren 2019 und 2020 ist ein deutlicher Zuwachs zu erkennen, immer mehr Mitarbeiter der Spielend Lernen GmbH nehmen an Fortbildungsmaßnahmen teil.

 MERKE

Zu 4: Die Zahl der Mitarbeiter, die sich regelmäßig weiterbilden, ist auf kleine Abweichungen stetig gestiegen.

Zu 5: Verglichen mit 2015 gab es in 2017 bereits 10 % mehr Mitarbeiter, die an Fort- und Weiterbildungsmaßnahmen teilgenommen haben.

b) Nr. 4: Eine Fortbildung kann viel Zeit in Anspruch nehmen, für die ggf. Zeit mit Familie und Freunden reduziert werden muss oder aber Arbeitsaufgaben nicht wie gewohnt abgearbeitet werden können und daher nachgearbeitet werden müssen.

Lösung zu Aufgabe 42: Berufsbildungsgesetz

1. Falsch, da das Berufsbildungsgesetz u. a. auch die Pflichten von Auszubildenden, Regelungen zur Probezeit und weitere ausbildungsrelevante Regelungen enthält, gilt das BBiG trotz noch nicht erlangter Volljährigkeit auch für Vanessa Davidson.
2. Richtig, da das Berufsbildungsgesetz u. a. auch die Pflichten von Auszubildenden, Regelungen zur Probezeit und weitere ausbildungsrelevante Regelungen enthält, gilt das BBiG trotz noch nicht erlangter Volljährigkeit auch für Vanessa Davidson.

LÖSUNGEN

3. Falsch, das Jugendarbeitsschutzgesetz kann für Ausbildungsfragen herangezogen werden. Ebenso besagt es nicht, dass Jugendliche keine Arbeitstätigkeit aufnehmen dürfen.
4. Falsch, das Berufsbildungsgesetz enthält wichtige Gesetze, die Grundsätzliches in der Ausbildung regeln.
5. Falsch, das JArbSchG und das BBiG enthalten unterschiedliche Regelungen. Sie ergänzen einander.

Lösung zu Aufgabe 43: Jugendarbeitsschutzgesetz

Nr. 4, Regelungen zur Abkürzung und Verlängerungen der Ausbildungszeit.

INFO

Abkürzung und Verlängerung der Ausbildungszeit werden in § 8 BBiG geregelt.

Lösung zu Aufgabe 44: Betriebsverfassungsgesetz

Nr. 4, denn Projektgruppen werden innerbetrieblich zusammengestellt und unterliegen keiner gesetzlichen Regelung.

Lösung zu Aufgabe 45: Tarifvertragsgesetz

Nr. 2: Die Seitenzahl, Schriftform und Schriftgröße des Tarifvertrags.

INFO

Tarifverträge werden zwischen der Gewerkschaft und dem Arbeitgeberverband geschlossen und enthalten die Rechte und Pflichten der Tarifvertragsparteien. Der Arbeitgeberverband vertritt dabei die Arbeitgeber, die dem Arbeitgeberverband angehören. Die Gewerkschaft vertritt alle Arbeitnehmer, die in einer Gewerkschaft sind.

Ein **Rahmentarifvertrag** regelt die Festlegung von Lohn- und Gehaltsgruppen, die entsprechenden Gruppenmerkmale und die Ausgestaltung der Leistungsentlohnung. Ein Rahmentarifvertrag hat meist eine Laufzeit von mehreren Jahren.

Der Rahmentarifvertrag wird oft auch als Lohn- und Gehaltsrahmentarifvertrag bezeichnet.

Ein **Manteltarifvertrag** regelt die Arbeitsbedingungen mit Ausnahme der Entlohnung. Im Manteltarifvertrag werden Arbeits- und Pausenzeiten, Erholungs- und Sonderurlaub, Einstellungs- und Kündigungsbestimmungen, Arbeitsbewertungsverfahren, Zuschläge und Bestimmungen zum Rationalisierungsschutz geregelt. Diese Regelungen werden bei Bedarf angepasst. Manteltarifverträge haben oft eine unbefristete Laufzeit. Da der Manteltarifvertrag für längere Zeit unbefristet gilt und die Arbeitsbedingungen wie Arbeits- und Pausenzeiten, Sonderurlaub, Einstellungs- und Kündigungsbestimmungen regelt, ist er von besonderer Bedeutung. Ein Manteltarifvertrag kann von kurzfristigen Tarifverträgen ergänzt werden.

Es gibt verschiedene Arten von Tarifverträgen:
- Branchen- und Flächentarifverträge
- Rahmentarifverträge
- Firmentarifverträge
- Anschlusstarifverträge
- Manteltarifverträge
- Lohn- und Gehaltstarifverträge
- Entgelttarifverträge
- Paralleltarifverträge
- Notlagen- und Sanierungstarifverträge.

Branchen- und Flächentarifverträge gelten für ganze Branchen und festgelegte, regionale Bereiche.

Rahmentarifverträge regeln u. a. die Festlegung von Lohn- und Gehaltsgruppen sowie die entsprechenden Einstufungskriterien und haben eine Laufzeit von mehreren Jahren.

Firmentarifverträge enthalten oft die Inhalte der branchenspezifischen Verbandstarifverträge und sind in einzelnen Punkten auf spezielle Belange des Unternehmens angepasst.

Anschlusstarifverträge treten in Kraft, sobald ein vorheriger Tarifvertrag ausgelaufen und/oder eine Kündigung eingetreten ist.

Manteltarifverträge gelten für einen längeren Zeitraum unbefristet und regeln die grundsätzlichen Vereinbarungen zu den Arbeitsbedingungen.

Lohn- und Gehaltstarifverträge haben eine kurze Laufzeit und sind in der Regel auf ein Jahr befristet. Sie regeln die Lohn- und Gehaltshöhe sowie die Höhe von Ausbildungsvergütungen.

Entgelttarifverträge haben eine kurze Laufzeit und sind in der Regel auf ein Jahr befristet. Sie regeln die Höhe der Entgelte.

Paralleltarifverträge sind Tarifverträge mit gleichlautendem Inhalt, die zwischen Gewerkschaften und Arbeitgeberverbänden vereinbart werden.

Notlagen- und Sanierungstarifverträge werden vereinbart, um wirtschaftliche Notsituationen zu überstehen oder eine Insolvenz auszuschließen. Notlagen- und Sanierungstarifverträge enthalten Vereinbarungen, die über einen bestimmten Zeitraum eine Abweichung von den eigentlichen Tarifstandards darstellen.

Lösung zu Aufgabe 46: Sozialgesetzbuch – Bundesausbildungsförderungsgesetz

Nr. 4, denn die Ausbildungsförderung wird nur geleistet, wenn Maximilian Steiner das 30. Lebensjahr noch nicht vollendet hat.

 RECHTSGRUNDLAGEN

Bundesgesetz über individuelle Förderung der Ausbildung (Bundesausbildungsförderungsgesetz – BaföG)

§ 10 Alter

[...]

(3) Ausbildungsförderung wird nicht geleistet, wenn der Auszubildende bei Beginn des Ausbildungsabschnitts, für den er Ausbildungsförderung beantragt, das 30. Lebensjahr, bei Studiengängen nach § 7 Absatz 1a das 35. Lebensjahr vollendet hat. [...]

4. Sicherheit und Gesundheitsschutz bei der Arbeit

Lösung zu Aufgabe 1: Gesundheitsförderung am Arbeitsplatz

a) Nr. 3, denn die persönliche Ernährung der Mitarbeiter ist Privatsache, diese darf nicht durch den Arbeitgeber kontrolliert werden. Eine Sanktionierung ungesunder Ernährungsgewohnheiten ist generell abwegig.

b) Nr. 4: 36,36 %

MERKE

110.000 € = 100 %

100 % : 110.000 € • 150.000 € = 136,36 %.

136,36 % des ursprünglichen Betrags stehen zur Verfügung, also eine Steigerung von 36,36 %.

Lösung zu Aufgabe 2: Gefährdungen am Arbeitsplatz feststellen

a) Nr. 2: Sobald ein Betrieb mehr als 20 Beschäftigte hat, muss ein Sicherheitsbeauftragter bestellt werden.

RECHTSGRUNDLAGEN

Siebtes Buch Sozialgesetzbuch – Gesetzliche Unfallversicherung (Artikel 1 des Gesetzes vom 07.08.1996, BGBl. I S. 1254)

§ 22 Sicherheitsbeauftragte

(1) In Unternehmen mit regelmäßig mehr als 20 Beschäftigten hat der Unternehmer unter Beteiligung des Betriebsrates oder Personalrates Sicherheitsbeauftragte unter Berücksichtigung der im Unternehmen für die Beschäftigten bestehenden Unfall- und Gesundheitsgefahren und der Zahl der Beschäftigten zu bestellen. [...] In Unternehmen mit besonderen Gefahren für Leben und Gesundheit kann der Unfallversicherungsträger anordnen, dass Sicherheitsbeauftragte auch dann zu bestellen sind, wenn die Mindestbeschäftigtenzahl nach Satz 1 nicht erreicht wird. Für Unternehmen mit geringen Gefahren für Leben und Gesundheit kann der Unfallversicherungsträger die Zahl 20 in seiner Unfallverhütungsvorschrift erhöhen.

(2) Die Sicherheitsbeauftragten haben den Unternehmer bei der Durchführung der Maßnahmen zur Verhütung von Arbeitsunfällen und Berufskrankheiten zu unterstützen, insbesondere sich von dem Vorhandensein und der ordnungsgemäßen Benutzung der vorgeschriebenen Schutzeinrichtungen und persönlichen Schutzausrüstungen zu überzeugen und auf Unfall- und Gesundheitsgefahren für die Versicherten aufmerksam zu machen.

(3) Die Sicherheitsbeauftragten dürfen wegen der Erfüllung der ihnen übertragenen Aufgaben nicht benachteiligt werden.

b) Nr. 3, denn ein Sicherheitsbeauftragter ist für die Sicherheit im eigenen Unternehmen zuständig, nicht für die Sicherheit in benachbarten Unternehmen.

Lösung zu Aufgabe 3: Gefährdungen am Arbeitsplatz vermeiden
Nr. 4, denn führen die Mitarbeiter der Spielend Lernen GmbH ihre Arbeiten so schnell wie möglich aus, kann das durch Unachtsamkeit, Hektik und Eile zu Gefahrensituationen und Gefährdungen führen.

Lösung zu Aufgabe 4: Arbeitsschutzhinweise
Nr. 5, denn Fluchtwege sind unabhängig von einer Benutzerzahl und müssen immer ausreichend breit sein.

Lösung zu Aufgabe 5: Gefahrenzeichen
Nr. 2: Reinigungsmittel, auf deren Verpackung eines der beiden Piktogramme abgebildet ist, können bei falschem Umgang gesundheitsschädlich/gesundheitsgefährdend sein.

Lösung zu Aufgabe 6: Sicherheitszeichen

1.	 Rettungszeichen (Quelle: https://de.wikipedia.org/wiki/Sammelplatz_(Brandschutz))
2.	 Verbotszeichen (Quelle: https://www.bghm.de/arbeitsschuetzer/praxishilfen/sicherheitszeichen/verbotszeichen/)
3.	Brandschutzzeichen (Quelle: https://www.bghm.de/arbeitsschuetzer/praxishilfen/sicherheitszeichen/brandschutzzeichen/)

4.  Warnzeichen (Quelle: https://www.bghm.de/arbeitsschuetzer/praxishilfen/sicherheitszeichen/warnzeichen/)
5.  Gebotszeichen (Quelle: https://de.wikipedia.org/wiki/Gebotszeichen)

Lösung zu Aufgabe 7: Rettungszeichen

Nr. 2: Hier befinden sich Erste-Hilfe-Materialien.

Lösung zu Aufgabe 8: Warnzeichen

1.  Rauchen ist an dieser Stelle verboten (Quelle: https://www.bghm.de/arbeitsschuetzer/praxishilfen/sicherheitszeichen/verbotszeichen/)
2.  Hier findet sich ein Feuerlöscher (Quelle: https://de.wikipedia.org/wiki/Brandschutzzeichen)
3.  Kennzeichnung von Fluchtwegen und Notausgängen (Quelle: https://www.kroschke.com/kroschke-blog-arbeitssicherheit-kennzeichnung/rauf-runter-geradeaus-wo-ist-denn-hier-der-notausgang--blog.html)

4.

Die Handynutzung ist an dieser Stelle verboten (Quelle: https://www.bghm.de/arbeitsschuetzer/praxishilfen/sicherheitszeichen/verbotszeichen/)

Lösung zu Aufgabe 9: Verbotszeichen

1. Richtig, in den Produktionsräumen der Spielend Lernen GmbH darf nicht gegessen oder getrunken werden.
2. Falsch, dort, wo das Schild hängt, darf generell nicht gegessen oder getrunken werden. Mitarbeiter oder Besucher oder die Art der Lebensmittel spielen dabei keine Rolle.
3. Falsch, dort, wo das Schild hängt, darf generell nicht gegessen oder getrunken werden. Nicht mit Teller und Besteck und nicht ohne.
4. Falsch, dort, wo das Schild hängt, darf generell nicht gegessen oder getrunken werden.
5. Falsch, dieses Schild sagt nichts aus über die Trinkwasserverfügbarkeit im Pausenraum der Spielend Lernen GmbH.

Lösung zu Aufgabe 10: Berufsbezogene Arbeitsschutzbestimmungen

1. Falsch, Arbeitsschutzmaßnahmen müssen immer beachtet werden.
2. Richtig, im Sinne der Arbeitsschutzbestimmungen muss die Spielend Lernen GmbH dafür sorgen, dass die Temperatur in den Büroräumen angemessen ist.
3. Falsch, für die Größe und Gegebenheiten von Büroarbeitsplätzen gibt es einzuhaltende Vorgaben im Sinne des Arbeitsschutzes.
4. Richtig, die den Mitarbeitern durch die Spielend Lernen GmbH zur Verfügung gestellten Bürostühle müssen den Vorschriften zum Arbeitsschutz im Büro entsprechen.
5. Falsch, die Arbeitsstättenverordnung sagt dazu im Anhang unter 3.7: „In Arbeitsstätten ist der Schalldruckpegel so niedrig zu halten, wie es nach der Art des Betriebes möglich ist. Der Schalldruckpegel am Arbeitsplatz in Arbeitsräumen ist in Abhängigkeit von der Nutzung und den zu verrichtenden Tätigkeiten so zu reduzieren, dass keine Beeinträchtigungen der Gesundheit der Beschäftigten entstehen." Ein konkreter dB(A)-Wert wird nicht angegeben.

Lösung zu Aufgabe 11: Arbeitsschutzmaßnahmen

1. Richtig, die betreffenden Mitarbeiter sollen personenbezogene Taschen für ihre eigene persönliche Schutzausrüstung erhalten.
2. Falsch, die konkreten Verbesserungsmaßnahmen müssen von allen Mitarbeitern im Unternehmen umgesetzt werden, nicht nur von der Geschäftsführung.
3. Richtig, durch regelmäßige Mitarbeiterbesprechungen und Unterweisungen soll das Sicherheitsbewusstsein der Mitarbeiter in der Spielend Lernen GmbH gefördert werden.
4. Richtig, künftig sollen in der Spielend Lernen GmbH Tätigkeiten, die nicht den Routine-Aufgaben der Mitarbeiter entsprechen, vorab detailliert besprochen werden um zu überlegen, welche Gefährdungen zu erwarten sind.
5. Falsch, eine empfehlenswerte Maßnahme zur Förderung des Arbeitsschutzes ist die Ausbildung möglichst vieler Mitarbeiter des Unternehmens in Erster Hilfe.

Lösung zu Aufgabe 12: Flucht- und Rettungswege

Nr. 3: Hinweise zu im Notfall mitzunehmenden Gegenständen, z. B. externe Festplatten mit Datensicherungen.

Lösung zu Aufgabe 13: Kennzeichnung von Flucht- und Rettungswegen

a) Nr. 1: Alle im Gebäude befindlichen Personen können sich in Gefahrensituationen schnell an den Fluchtplänen orientieren.

Und

Nr. 2: Bei baulichen Veränderungen sollten Flucht- und Rettungspläne aktualisiert bzw. erneuert werden. Dies gewährleistet insbesondere bei großflächigen Gebäuden Übersichtlichkeit.

 MERKE

Flucht- und Rettungspläne
Flucht- und Rettungspläne enthalten einen Grundriss des Gebäudes oder des jeweiligen Geschosses. Durch die farbige Darstellung und die Verwendung von Bildern und Plänen wird das Verständnis eines solchen Plans vereinfacht.

Die Vorgaben für das Verhalten im Brandfall oder anderen Gefahrensituationen sind klar definiert und kurz und prägnant formuliert.

b) Nr. 5: Die Spielend Lernen GmbH muss jedem Mitarbeiter einen eigenen Flucht- und Rettungsplan in gedruckter Form aushändigen.

Lösung zu Aufgabe 14: Aushangpflichtige Gesetzestexte

1. Richtig, für Unfallverhütungsvorschriften und Mutterschutzgesetz besteht Aushangpflicht.
2. Richtig, für arbeitsrechtliche Vorschriften des BGB besteht Aushangpflicht.
3. Falsch, für das vollständige BGB besteht keine Aushangpflicht.
4. Falsch, für das vollständige HGB besteht keine Aushangpflicht.
5. Richtig, für das Jugendarbeitsschutzgesetz besteht Aushangpflicht.

Lösung zu Aufgabe 15: Berufsbezogene Unfallverhütungsvorschriften

Nr. 4, denn Schreibtisch- und Rollcontainer-Schubladen sollten zur Sicherheit der Büromitarbeiter stets geschlossen sein. Das verringert die Gefahr, dagegenzulaufen oder daran hängen zu bleiben.

Lösung zu Aufgabe 16: Planung einer Mitarbeiterschulung zur Unfallverhütung

2,8 Unfälle.

INFO

2 + 3 + 6 + 8 + 9 = 28 Unfälle insgesamt.

28 Unfälle geteilt durch 10 Jahre ergibt 2,8 Unfälle pro Jahr.

Es gab in der Spielend Lernen GmbH durchschnittlich 2,8 Unfälle pro Jahr.

Lösung zu Aufgabe 17: Melden von Unfällen

a) Nr. 1: Arbeitsunfälle sind meldepflichtig, wenn der Arbeitnehmer getötet wurde oder die Verletzung des Arbeitnehmers so schwer ist, dass er mehr als drei Tage arbeitsunfähig ist.

b) Nr. 1: Die Unfallanzeige ist innerhalb von drei Tagen zu erstatten, nachdem das Unternehmen von dem Unfall Kenntnis erlangt hat.

RECHTSGRUNDLAGEN

Siebtes Buch Sozialgesetzbuch – Gesetzliche Unfallversicherung
§ 193 Pflicht zur Anzeige eines Versicherungsfalls durch die Unternehmer

(1) Die Unternehmer haben Unfälle von Versicherten in ihren Unternehmen dem Unfallversicherungsträger anzuzeigen, wenn Versicherte getötet oder so verletzt sind, dass sie mehr als drei Tage arbeitsunfähig werden. [...]

(4) Die Anzeige ist binnen drei Tagen zu erstatten, nachdem die Unternehmer von dem Unfall oder von den Anhaltspunkten für eine Berufskrankheit Kenntnis erlangt haben. Der Versicherte kann vom Unternehmer verlangen, dass ihm eine Kopie der Anzeige überlassen wird.

Lösung zu Aufgabe 18: Freihalten von Rettungswegen

Nr. 3: Die Notausgänge sollten Türen haben, die sich nach innen hin öffnen.

 MERKE

Notausgänge sollten Türen haben, die sich nach außen hin öffnen. So kann in einer Notfall- oder Gefahrensituation ein Gebäude schneller verlassen werden.

Lösung zu Aufgabe 19: Vorbeugender Brandschutz

Nr. 1: Heiner Kampmann hat recht, Brandschutztüren dürfen nicht verkeilt, verstellt oder festgebunden werden.

Lösung zu Aufgabe 20: Feuerlöscherprüfung

Nr. 3: Neu gekaufte Feuerlöscher besitzen automatisch einen Instandhaltungsnachweis.

 MERKE

Neu gekaufte Feuerlöscher besitzen nicht auch automatisch einen Instandhaltungsnachweis. Gegebenenfalls muss nach dem Kauf eine Prüfung des Feuerlöschers durch einen sachkundigen Prüfer durchgeführt werden.

Lösung zu Aufgabe 21: Handeln im Brandfall

1. Brand melden
    a)  und c)

2. In Sicherheit bringen

   b)

3. Löschversuch unternehmen

   d)

Lösung zu Aufgabe 22: Maßnahmen zur Brandbekämpfung

4. Ich hole den nächstgelegenen Feuerlöscher.
2. Ich entsichere den Feuerlöscher.
5. Ich gebe kurze Pulverstöße gegen den Brand ab.
1. Ich beobachte die gelöschte Brandstelle und prüfe, ob sie vollständig gelöscht ist.
3. Ich gebe den Feuerlöscher zur Wiederbefüllung und Prüfung in einen Fachbetrieb.

5. Umweltschutz

Lösung zu Aufgabe 1: Betriebsbedingte Umweltbelastungen

Nr. 5, denn ein sinnvoller Vorschlag wäre, das Verpackungsmaterial zu reduzieren oder Recyclingmaterial zu verwenden.

INFO

Umweltmanagement nach EMAS
Die EMAS-Verordnung regelt die freiwillige Teilnahme von Organisationen an einem Gemeinschaftssystem für Umweltmanagement und Umweltbetriebsprüfung. Umweltmanagementsysteme wie die EMAS-Verordnung, die Umweltmanagementnorm ISO 14001, der Qualitätsverbund umweltbewusster Betriebe (QuB) oder auch ÖKOPROFIT geben Unternehmen das Gerüst eines Umweltmanagementsystems vor und geben Organisationen die Möglichkeit, sich zertifizieren zu lassen.

Lösung zu Aufgabe 2: Umsetzung von Umweltschutzmaßnahmen in der Praxis

a) 1. Richtig, es werden keine Plastiktüten mehr ausgegeben, stattdessen wird den Kunden umweltfreundlicheres Verpackungsmaterial angeboten. Die Spielend Lernen GmbH bietet das ihren Kunden an und handelt so aktiv.
2. Falsch, die Spielend Lernen GmbH soll agieren, nicht die Kunden.
3. Falsch, die Spielend Lernen GmbH soll agieren, nicht die Kunden.
4. Falsch, die Spielend Lernen GmbH soll agieren, nicht ihre Lieferanten.
5. Falsch, die Spielend Lernen GmbH soll agieren, nicht die Kunden.

b) Nr. 3, denn Füllmaterialien belasten die Umwelt zusätzlich. Deshalb sollten sie reduziert werden oder Füllmaterial aus Recyclingprodukten verwendet werden.

c) Nr. 5, denn Umweltschutzmaßnahmen und Pausenzeiten der Mitarbeiter sind unabhängig voneinander.

Lösung zu Aufgabe 3: Ursachen von Umweltbelastungen

1. Falsch, Fahrgemeinschaften wären ein Versuch, die Umwelt nicht zu belasten.
2. Falsch, Mülltrennung wäre ein Versuch, die Umwelt nicht zu belasten.
3. Falsch, Wald zu pflanzen wäre ein Versuch, die Umwelt nicht zu belasten.
4. Richtig, die Mitarbeiter der Spielend Lernen GmbH trinken überwiegend Kranwasser und füllen vom Unternehmen bereitgestellte Glasflaschen mehrfach nach.
5. Falsch, E-Mails nur auszudrucken, wenn es wirklich notwendig ist, wäre ein Versuch, die Umwelt nicht zu belasten. Papier zweiseitig zu bedrucken ist umweltschonender, als einseitige Ausdrucke, weil so weniger Papier benötigt wird.

Lösung zu Aufgabe 4: Regelungen des Umweltschutzes

Nr. 4, denn das Nachsorgeprinzip besagt, dass Menschen erst nach entstandenen Belastungen oder Schäden für die Umwelt oder die menschliche Gesundheit tätig werden. Erst, wenn durch wissenschaftliche Studien eine Gefährdung oder schädliche Auswirkungen nachgewiesen wurden, werden die Menschen bzw. wird der Staat aktiv. Die Umwelt wird so nicht geschützt. Schäden werden zugelassen und herbeigeführt.

 INFO

Prinzipien des Umweltschutzes:

- Vorsorgeprinzip
- Gemeinlastprinzip
- Verursacherprinzip
- Zukunftsprinzip
- Kooperationsprinzip
- Grundsatz der Nachhaltigkeit
- Prinzip der Eigenverantwortlichkeit
- Prinzip des grenzüberschreitenden Umweltschutzes.

Lösung zu Aufgabe 5: Kreislaufwirtschaftsgesetz

a)
1. Falsch, möglichst wenig Kosten sind vorteilhaft für das Unternehmen, aber nicht zwingend für die Umwelt.
2. Falsch, Produkte in möglichst kurzer Zeit herzustellen bedeutet nicht gleichzeitig, dass durch die kurze Herstellungszeit Menschen und Umwelt besonders geschützt wären.
3. Falsch, Produktverantwortung bedeutet auch, dass die Ziele der Kreislaufwirtschaft angestrebt und eingehalten werden.
4. Richtig, die sogenannte Produktverantwortung bedeutet, dass bei der Herstellung und dem Gebrauch von Produkten die Entstehung von Abfällen verhindert wird und nach dem Gebrauch entstandene Abfälle umweltverträglich verwertet oder beseitigt werden sollen.
5. Falsch, schadstoffhaltige Erzeugnisse müssen gekennzeichnet werden.

b) Nr. 2: Gesetz zur Förderung der Kreislaufwirtschaft und Sicherung der umweltverträglichen Bewirtschaftung von Abfällen.

INFO

Wichtige Rechtsverordnungen des Kreislaufwirtschaftsgesetzes sind bspw.:
- Abfallverzeichnis-Verordnung (AVV)
- Altfahrzeugverordnung (AltfahrzeugV)
- Altholzverordnung (AltholzV)
- Altölverordnung (AltölV)
- Bioabfallverordnung (BioAbfV)
- Deponieverordnung (DepV)
- Entsorgungsfachbetriebeverordnung (EfbV)
- Gewerbeabfallverordnung (GewAbfV)
- Klärschlammverordnung (AbfKlärV)
- Nachweisverordnung (NachwV)
- PCB/PCT-Abfallverordnung (PCBAbfallV)
- Transportgenehmigungsverordnung (TgV)
- Verpackungsverordnung (VerpackV)
- Versatzverordnung (VersatzV).

Lösung zu Aufgabe 6: Verpackungsverordnung

a) Nr. 1: Einkaufsverpackungen
b) Nr. 5, denn jedes Unternehmen darf Verpackungsabfälle produzieren. Im Sinne des Umweltschutzes sollten diese jedoch so gering wie möglich gehalten werden.

Lösung zu Aufgabe 7: Umweltzeichen

1. Falsch, bei Logos und Bildern aus dem Internet muss die Genehmigung des Urhebers eingeholt werden. Sie dürfen nicht einfach kopiert und auf ein Produkt gedruckt werden.
2. Falsch, bei Logos und Bildern aus dem Internet muss die Genehmigung des Urhebers eingeholt werden. Sie dürfen nicht einfach kopiert und auf ein Produkt gedruckt werden. Auch nicht, wenn die Produkte umweltfreundlich hergestellt werden.
3. Richtig, die Nutzung des Logos muss schriftlich und unter Einhaltung vorgeschriebener Vergabekriterien beantragt werden.
4. Falsch, die Nutzung des Logos muss schriftlich und unter Einhaltung vorgeschriebener Vergabekriterien beantragt werden.
5. Falsch, die Nutzung des Logos auf diesen Stoffen kann gestattet werden, grundsätzlich muss die Nutzung des Logos jedoch zunächst beantragt werden.

Lösung zu Aufgabe 8: Entsorgungszeichen

Nr. 3: Bei dem Piktogramm handelt es sich um das allgemeine Recyclingzeichen.

	Dargestellt werden hier eine Dose und eine Flasche, unter denen ein geschwungener Pfeil zu sehen ist. Dieser Pfeil bedeutet, dass es sich um ein **Einwegprodukt** handelt.
	Für **Mehrwegprodukte** gibt es verschiedene Zeichen, z. B. das links abgebildete. Mehrwegprodukte werden gesäubert und wiederverwendet, somit stellen sie eine umweltfreundliche Alternative zu Einwegprodukten dar.
	Hierbei handelt es sich um den **Grünen Punkt**. Produkte, die mit dem Grünen Punkt gekennzeichnet sind, können in der gelben Tonne bzw. dem gelben Sack entsorgt werden. Die so entsorgten Produkte werden ordnungsgemäß gesammelt, sortiert und verwertet. Produkte mit dieser Kennzeichnung können wieder zu Kunststoffgranulat verarbeitet werden, aus denen neue Produkte hergestellt werden.
	Hierbei handelt es sich um das **allgemeine Recyclingzeichen**. Es bedeutet, dass ein Produkt grundsätzlich recycelt werden kann.

Quelle: https://www.plastikalternative.de/zeichenlexikon/

Lösung zu Aufgabe 9: Nachhaltige Energie- und Materialverwendung

1. Richtig, bei der Erweiterung des Betriebs und der Herstellung der neuen Produkte sollen ökologische Aspekte wie Ressourcenschonung und Abfallvermeidung prioritär behandelt werden, ohne dabei soziale und ökonomische Ziele vollständig zu vernachlässigen.
2. Falsch, regelmäßig an Schulungen teilzunehmen, bedeutet nicht, dass auch die Inhalte umgesetzt werden.
3. Falsch, Kinderarbeit ist verboten.
4. Falsch, den Kriterien der Nachhaltigkeit wird nicht entsprochen, wenn Mitarbeiter entlassen und Arbeitsplätze gestrichen werden.
5. Im Sinne der Nachhaltigkeit müssen alle drei Aspekte berücksichtigt werden: ökologische, ökonomische und soziale Ziele.

LÖSUNGEN

 MERKE

Kriterien der Nachhaltigkeit
Sollen die Kriterien der Nachhaltigkeit berücksichtigt werden, müssen die folgenden drei Bereiche Beachtung finden:

- Ökologie
- Ökonomie
- Soziales.

Besonders zwei Modelle sind hier zu unterscheiden: das Drei-Säulen-Modell der Nachhaltigkeit und das Vorrangmodell der Nachhaltigkeit.

Im Drei-Säulen-Modell der Nachhaltigkeit gilt jeder der drei Bereiche als gleich wichtig. Nachhaltigkeit kann nur erreicht werden, wenn alle drei Bereiche zu gleichen Teilen berücksichtigt werden.

Die beiden häufigsten Darstellungen des Drei-Säulen-Modells der Nachhaltigkeit:

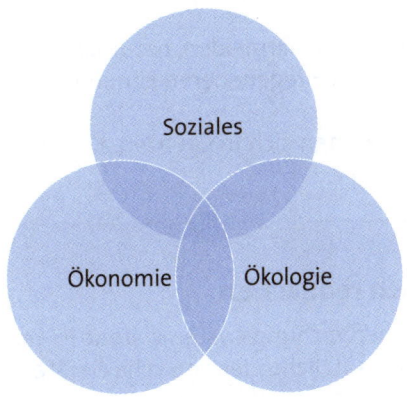

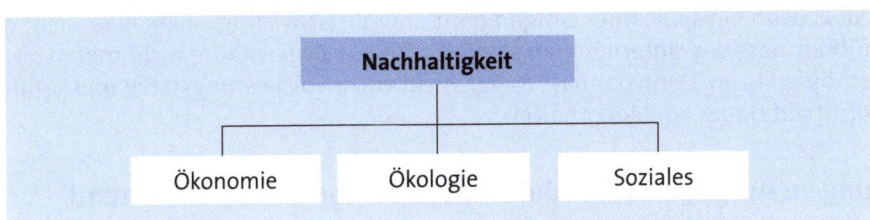

LÖSUNGEN

Im Vorrangmodell der Nachhaltigkeit werden die drei Bereiche in ihrer Beziehung zueinander und in Abhängigkeit voneinander dargestellt.

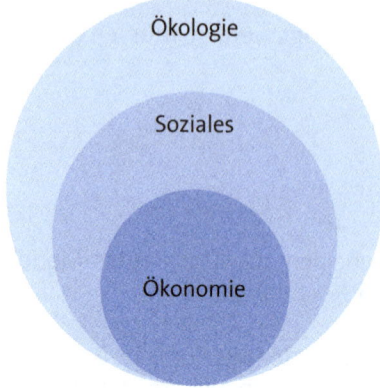

Vorrangmodell der Nachhaltigkeit
Ökonomische Nachhaltigkeit: wirtschaftlich angemessenes Handeln, welches dauerhaft fortgeführt werden kann, ohne dadurch nachfolgende Generationen negativ zu beeinflussen.

Ökologische Nachhaltigkeit: Raubbau an der Natur vermeiden, natürliche Ressourcen nur so weit beanspruchen, dass diese sich regenerieren können.

Soziale Nachhaltigkeit: Soziale Spannungen halten sich in Grenzen, Konflikte werden friedlich gelöst, statt zu eskalieren.

Lösung zu Aufgabe 10: Energieverbrauch reduzieren

a) Nr. 2, denn die Installation eines Kameraüberwachungssystems steht in keinem Zusammenhang zur Nachhaltigkeit. Durch zusätzliche elektronische Geräte steigt auch der Stromverbrauch.

b) Nr. 2, denn ein sparsamer Umgang mit Energie ist wichtig, sollte aber nicht dazu führen, dass das Unternehmen seine Produktionskapazitäten nicht mehr voll ausschöpfen kann. Denn dann ist es ggf. nicht mehr voll leistungsfähig und kann sich nicht auf Dauer am Markt halten.

Lösung zu Aufgabe 11: Produktionsverfahren umweltschonend gestalten

Nr. 3: Die Spielend Lernen GmbH setzt auf den verstärkten Ausstoß von CO_2 und anderen Gasen, die zur Luftverschmutzung beitragen.

Lösung zu Aufgabe 12: Energiebilanz/Energieeffizienz von Maschinen bewerten

2. Identifikation der Energieflüsse
3. Energiesparpotenzial erkennen
1. Konkretes Einsparpotenzial ermitteln
4. Konkrete Einsparmaßnahmen durchführen.

Lösung zu Aufgabe 13: Mehrfachnutzung von Transportbehältnissen

1. Falsch, die Kunden der Spielend Lernen GmbH sollten nicht die Lieferanten des Unternehmens kennen, vor allem nicht, wenn es sich um Wiederverkäufer handelt.
2. Falsch, Stoffbeutel sollten zu einem möglichst attraktiven Preis angeboten werden, um die Kunden zu bestärken, sich für den wiederverwendbaren Stoffbeutel statt für die Plastiktüte zu entscheiden.
3. Richtig, durch die Wiederverwendung von Kartonagen werden auch die Kunden der Spielend Lernen GmbH für das Thema Umweltschutz sensibilisiert.
4. Falsch, Stoffbeutel preisgünstiger, indischer Baumwollplantagen lassen den Schluss zu, dass keine fairen Preise bezahlt werden und dass hier Ausbeutung stattfindet.
5. Richtig, die Spielend Lernen GmbH spart Kosten für die Anschaffung von Verpackungsmaterialien und Transportbehältnissen.

Lösung zu Aufgabe 14: Nachwachsende Rohstoffe

Nr. 2: Für die Nutzung nachwachsender Rohstoffe werden in der Landwirtschaft überwiegend Energiepflanzen angebaut, welche eine einseitige Bodennutzung gewährleisten.

INFO

Als nachwachsende Rohstoffe werden land- und forstwirtschaftlich erzeugte Produkte bezeichnet, die nicht als Nahrungs- oder Futtermittel verwendet werden, sondern stofflich oder zur Erzeugung von Wärme, Strom oder Kraftstoffen eingesetzt werden. Nachwachsende Rohstoffe sind beispielsweise: Industriestärke, Pflanzenöl, Arznei- und Farbstoffe, technische Pflanzenöle.

Einseitige Bepflanzung und Nutzung von Bodenflächen ist nicht gut für die Erde, da ihr so wichtige Nährstoffe entzogen werden und durch die einseitige Bodennutzung nicht wieder zugeführt werden. Deshalb sollte auf Bodenflächen, auf denen Energiepflanzen angebaut werden, im Wechsel mit der Energiepflanze, z. B. Mais, eine andere Pflanze angebaut werden.

Lösung zu Aufgabe 15: Umweltgerechter Materialeinsatz

Nr. 4, denn es sollten möglichst alle Mitarbeiter bei der Implementierung und Ausführung des Energiemanagements integriert werden.

Lösung zu Aufgabe 16: Entsorgungsmaßnahmen

Nr. 4, denn als Abfallbeauftragter muss Herr Meyer keine Strafanzeige stellen. Es ist seine Aufgabe, die Geschäftsführung über die Abfälle im Unternehmen zu informieren, Maßnahmen zur Verringerung des Abfallaufkommens vorzuschlagen und auf umweltfreundliche, abfallärmere Produktionsverfahren im Unternehmen hinzuwirken.

RECHTSGRUNDLAGEN

Begriffsbestimmung Recycling aus dem Kreislaufwirtschaftsgesetz (KrWG)

§ 3 Abs. 25:

Recycling [...] ist jedes Verwertungsverfahren, durch das Abfälle zu Erzeugnissen, Materialien oder Stoffen entweder für den ursprünglichen Zweck oder für andere Zwecke aufbereitet werden; es schließt die Aufbereitung organischer Materialien ein, nicht aber die energetische Verwertung und die Aufbereitung zu Materialien, die für die Verwendung als Brennstoff oder zur Verfüllung bestimmt sind.

Wiederverwendung: Ein Produkt wird zum gleichen Verwendungszweck mehrfach genutzt. Bsp.: Getränkeflaschen.

RECHTSGRUNDLAGEN

§ 3 Abs. 21 KrWG

Wiederverwendung [...] ist jedes Verfahren, bei dem Erzeugnisse oder Bestandteile, die keine Abfälle sind, wieder für denselben Zweck verwendet werden, für den sie ursprünglich bestimmt waren.

Weiterverwendung: Das ursprüngliche Produkt wird zu einem anderen als dem vorher bestimmten Zweck eingesetzt. Bsp.: Müllverbrennung zur Energiegewinnung.

Wiederverwertung: Ein Produkt wird in seine einzelnen Bestandteile zersetzt und aufbereitet. Im Anschluss werden die gewonnenen Altstoffe zur Erzeugung neuer, ggf. anderer Produkte aus dem gleichen Rohstoff/Altstoff gebraucht. Bsp.: Aus Altpapier werden Bestandteile für neues Papier gewonnen, Glas wird geschmolzen und zu einem anderen Glasprodukt.

Weiterverwertung: Altstoffe durchlaufen einen neuen Produktionsprozess, wodurch Produkte mit anderen Eigenschaften entstehen. Bsp.: Ein Senfglas wird nach Gebrauch als Trinkglas genutzt.

RECHTSGRUNDLAGEN

§ 3 Abs. 23 KrWG

Verwertung [...] ist jedes Verfahren, als dessen Hauptergebnis die Abfälle [...] einem sinnvollen Zweck zugeführt werden, indem sie entweder andere Materialien ersetzen, die sonst zur Erfüllung einer bestimmten Funktion verwendet worden wären, oder indem die Abfälle so vorbereitet werden, dass sie diese Funktion erfüllen. [...]

ACHTUNG

Die Begriffe Weiterverwendung und Weiterverwertung liegen nah beieinander und werden in der Praxis oft gleichgesetzt.

Lösung zu Aufgabe 17: Vermeidung von Abfall

Nr. 1, denn wenn die Leerung der Abfallbehälter von täglich auf wöchentlich reduziert wird, bedeutet das nicht automatisch, dass die Mitarbeiter deswegen auch weniger Abfall produzieren.

Lösung zu Aufgabe 18: Recycling von Abfällen

a) Nr. 1: Durch den Prozess des Recyclings werden Abfallprodukte aller Art wiederverwertet, wiederverwendet oder weiterverwendet.

b) Nr. 2: Die Spielend Lernen GmbH entsorgt regelmäßig Restabfälle durch Verbrennen, wodurch besonders im Winter nützliche Gase und Wärme produziert werden können.

Lösung zu Aufgabe 19: Trennung von Abfällen

1. Falsch, die Mülltrennung verschiedener Materialien sollte beachtet werden.
2. Richtig, weiterverwertbare, wiederverwendbare und wiederverwertbare Abfälle müssen getrennt werden.
3. Falsch, die Mülltrennung sollte bereits am Entstehungsort, in der Spielend Lernen GmbH, vorgenommen werden.

4. Richtig, Abfälle sollten direkt am Entstehungsort, der Produktionshalle der Spielend Lernen GmbH, getrennt werden.
5. Falsch, auch für andere Abfälle, wie z. B. defekte Elektrogeräte oder Batterien besteht Trennbedarf.

Lösung zu Aufgabe 20: Abfalltrennung einhalten
Nr. 4, denn Mischabfälle sind keine getrennten Abfälle.

Lösung zu Aufgabe 21: Wiederverwendung
Nr. 1: Ein Produkt wird zum gleichen Verwendungszweck mehrfach genutzt.

Lösung zu Aufgabe 22: Wiederverwertung
Nr. 3: Ein Produkt wird in seine einzelnen Bestandteile zersetzt und aufbereitet. Die im Anschluss gewonnenen Altstoffe werden zur Erzeugung neuer, ggf. anderer Produkte aus dem gleichen Rohstoff/Altstoff genutzt.

Lösung zu Aufgabe 23: Weiterverwendung
Nr. 2: Das ursprüngliche Produkt wird zu einem anderen als dem vorher bestimmten Zweck eingesetzt.

Lösung zu Aufgabe 24: Prinzipien des Umweltschutzes
Nr. 2, denn das ökonomische Prinzip bedeutet, dass ein Unternehmen seine Gewinne maximiert. Es ist ein wirtschaftliches Prinzip, kein Prinzip des Umweltschutzes.

INFO

Prinzipien des Umweltschutzes

Vorsorgeprinzip	Das Vorsorgeprinzip spielt im Rahmen des Umweltschutzes eine wichtige Rolle. Es besagt, dass Schäden und Belastungen für die Umwelt bereits im Vorfeld vermieden oder so weit wie möglich verringert werden sollen. (Abfallvermeidung ist besser als Abfallbeseitigung.)
Verursacherprinzip	Nach dem Verursacherprinzip werden Kosten, die mit der Vermeidung oder Beseitigung von Umweltschäden in Verbindung stehen, direkt dem Verursacher angelastet. (Im Gegensatz zum Gemeinlastprinzip.)
Kooperationsprinzip	Nach dem Kooperationsprinzip gelten der Umweltschutz, die Vermeidung und Beseitigung von Umweltschäden und die Pflege der Umwelt als gemeinsame Aufgabe von Staat, Unternehmen und Bürgern.

LÖSUNGEN

Gemeinlastprinzip	Nach dem Gemeinlastprinzip werden Kosten, die mit der Vermeidung oder der Beseitigung von Umweltschäden in Verbindung stehen, der Allgemeinheit angelastet. (Im Gegensatz zum Verursacherprinzip.)
Zukunftsprinzip	Handeln nach dem Zukunftsprinzip bedeutet, beim Umweltschutz auch verantwortungsvoll an zukünftige Generationen zu denken.
Grundsatz der Nachhaltigkeit	Erneuerbare Ressourcen (z. B. nachwachsende Baumbestände, sich erholende Fischpopulationen etc.) dürfen eine gewisse Abbaurate nicht übersteigen, ausgestoßene Schadstoffmengen dürfen die Aufnahmemöglichkeit der Natur nicht übersteigen.
Prinzip der Eigenverantwortlichkeit	Das Prinzip der Eigenverantwortlichkeit besagt, dass jede Person für ihr eigenes Handeln verantwortlich ist.
Prinzip des grenzüberschreitenden Umweltschutzes	Das Prinzip des grenzüberschreitenden Umweltschutzes besagt, dass Umweltschutz international/global stattfinden muss und nicht an nationalen Grenzen aufhören darf.

Lösung zu Aufgabe 25: Vorsorgeprinzip

a) Nr. 2: Das Vorsorgeprinzip besagt, dass Schäden und Belastungen für die Umwelt bereits im Vorfeld vermieden oder so weit wie möglich verringert werden sollen.

b) Nr. 2, denn im Nachhinein bedeutet hinterher, anschließend. Vorzusorgen bedeutet, dass es das Unternehmen gar nicht erst zur Wasserverunreinigung kommen lässt.

Lösung zu Aufgabe 26: Verursacherprinzip

a) Nr. 1: Das Verursacherprinzip besagt, dass Kosten, die mit der Vermeidung oder Beseitigung von Umweltschäden in Verbindung stehen, direkt dem Verursacher angelastet werden.

b) Nr. 2: Der Anbau der Spielend Lernen GmbH nimmt eine große Fläche in Anspruch. Da es sich hierbei um besonders versiegelte Flächen handelt, zahlt die Spielend Lernen GmbH einen Ausgleichsbetrag. Des Weiteren muss sie Ausgleichsgrünflächen schaffen.

Lösung zu Aufgabe 27: Kooperationsprinzip

Nr. 3: Nach dem Kooperationsprinzip gelten der Umweltschutz, die Vermeidung und Beseitigung von Umweltschäden und die Pflege der Umwelt als gemeinsame Aufgabe von Staat, Unternehmen und Bürgern.

Lösung zu Aufgabe 28: Gemeinlastprinzip

Nr. 1: Nach dem Gemeinlastprinzip werden Kosten, die mit der Vermeidung oder der Beseitigung von Umweltschäden in Verbindung stehen, der Allgemeinheit angelastet.

Lösung zu Aufgabe 29: Zukunftsprinzip

Nr. 4: Handeln nach dem Zukunftsprinzip bedeutet, beim Umweltschutz auch verantwortungsvoll an zukünftige Generationen zu denken.

Lösung zu Aufgabe 30: Grundsatz der Nachhaltigkeit

Nr. 2: Der Grundsatz der Nachhaltigkeit besagt, dass erneuerbare Ressourcen eine gewisse Abbaurate nicht übersteigen dürfen. Die Aufnahmemöglichkeit der Natur von Schadstoffen darf ebenfalls nicht überschritten werden.

Lösung zu Aufgabe 31: Prinzip der Eigenverantwortlichkeit

Nr. 2: Das Prinzip der Eigenverantwortlichkeit besagt, dass jede Person für ihr eigenes Handeln verantwortlich ist.

Lösung zu Aufgabe 32: Prinzip des grenzüberschreitenden Umweltschutzes

Nr. 5: Das Prinzip des grenzüberschreitenden Umweltschutzes besagt, dass Umweltschutz international/global stattfinden muss und nicht an nationalen Grenzen aufhören darf.

STICHWORTVERZEICHNIS

A

Abfall	
-, Recycling	139, 227
-, Trennung	139, 227
-, Vermeidung	138, 227
Abfalltrennung	140, 228
Ablaufdiagramm	60, 179
Ablauforganisation	47, 169
-, Prozessorganisation	169
Ablaufplanung	
-, Pufferzeit	61, 179
Absatzpolitisches Ziel	
-, Distributionspolitik	77, 189
-, Kommunikationspolitik	77, 189
-, Preispolitik	77, 189
-, Produktpolitik	77, 189
Abschwung	82, 192
Angebotsmonopol	78, 191
Angebotsoligopol	79, 191
Angebotspolypol	79, 191
Angebotsüberhang	73, 187
Arbeitsplatz	
-, Gefährdung	111, 211
-, Gefährdung vermeiden	112, 212
-, Gesundheitsförderung	111, 211
-, Sicherheitsbeauftragter	211
Arbeitsprozess	178
-, Prozesskette	60
Arbeitsschutzbestimmung	118, 214
Arbeitsschutzhinweis	113, 212
Arbeitsschutzmaßnahme	118, 215
Arbeitsunfall	122, 216
Arbeitszeit	196
Arbeitszeitvorgabe	102, 204
Ärztliche Untersuchung	103, 204
Aufbauorganisation	47, 168 f.
Aufschwung	81, 192
Ausbildender	
-, Pflichten	87, 195
-, Rechte	86, 195
Ausbildung	
-, Beginn	84, 194
-, Dauer	84, 194
Ausbildungsbetrieb	
-, Aufgabe	93, 199
Ausbildungsordnung	95, 201
Ausbildungsrahmenplan	96, 201
Ausbildungsvergütung	88, 196
Ausbildungsvertrag	83, 193
Ausbildungszeit	87, 196
Ausbildungsziel	96, 201
Ausführende Stelle	48, 169
Aushangpflichtiger Gesetzestext	120, 216
Außenfinanzierung	38, 162
Auszubildender	
-, Pflichten	86, 194
-, Rechte	85, 194

B

Berufsausbildungsvertrag	83, 193
Berufsbildungsgesetz (BBiG)	108, 207
-, § 8 Abkürzung und Verlängerung der Ausbildungszeit	91
-, § 13 Verhalten während der Berufsausbildung	194
-, § 14 Berufsausbildung	195
-, § 22 Kündigung	198
Berufsschule	98, 201
-, Aufgabe	93, 199
Beteiligungsfinanzierung	41, 163
Betrieb	
-, Abgrenzung zu anderen Wirtschaftszweigen	27, 155
-, Aufgabenfeld	23, 153
-, betrieblicher Bereich	23
-, Stellung	27, 155
Betriebliche Organisation	46, 167
Betrieblicher Ausbildungsplan	95, 200
Betriebliches Ziel	17, 149
-, Ertragsziel	150
-, Leistungsziel	150
-, Marktziel	149
-, Sachziel	149
Betriebsmittel	26, 154
Betriebsverfassungsgesetz	109, 208
Boom	81, 192
Brandbekämpfung	125, 218
Brandfall	124, 217
Brandschutz	123, 217
Bundesausbildungsförderungsgesetz	210
-, BAföG	110

C

Coaching	106, 206

D

Darlehen	40, 163
Depression	82, 192

STICHWORTVERZEICHNIS

Dienstleistungsbetrieb	67, 182
Disposition	48, 170 f.
Dispositive Arbeit	26, 155
Duales Berufsausbildungssystem	92, 199

E

Eigentumsvorbehalt	44, 165
Einfacher Eigentumsvorbehalt	166
Einliniensystem	53 f., 177
Einzelunternehmung	30, 158
-, Geschäftsführung	33, 159
-, Gewinnverteilung	34, 161
-, Haftung	34, 160
Energiebilanz	136, 225
Energieeffizienz	136, 225
Energie- und Materialverwendung	134, 222
Energieverbrauch	135, 224
Entsorgungsmaßnahme	138, 226
Entsorgungszeichen	133
-, allgemeine Recyclingzeichen	222
-, Einwegprodukt	222
-, Grüner Punkt	222
-, Mehrwegprodukt	222
Erweiterter Wirtschaftskreislauf	28, 156
Expansion	81, 192

F

Factoring	42, 164
Feuerlöscherprüfung	123, 217
Finanzierung	36, 161
Finanzierungsart	162
-, unterscheiden	36, 162
Fluchtweg	119, 215
Fortbildungsmaßnahme	107, 207
Fortbildungsmöglichkeit	104, 205
Fremdfinanzierung	37 f., 162 f.

G

Gefahrenzeichen	113, 212
Gemeinlastprinzip	144, 230
Geschäftsprozess	178
-, Prozesskette	60
Gewinnverteilung	
-, Regelung	32, 159
Gewinnverteilung vornehmen	35, 161
Gleichgewichtspreis	75, 188
Gliederung der Ausbildung	
-, sachliche	97, 201
-, zeitliche	97, 201

GmbH	
-, Geschäftsführung	33, 160
-, Gewinnverteilung	35, 161
-, Haftung	34, 160
Grundpfandrecht	166
Grundsatz der Nachhaltigkeit	145, 230
Grundschuld	45, 166
Güterverteilung	69, 184

H

Haftung	
-, Regelung	32, 159
Handelsregister	29
-, Abteilung A	157
-, Abteilung B	157
-, deklaratorische Eintragung	157
-, konstitutive Eintragung	157
Hochpreisstrategie	74, 187
Höchststand	81, 192
Homeoffice	181

I

Improvisation	48, 170
Indifferentes Ziel	20 f., 152
Innenfinanzierung	37, 162
Instanz	48, 169
Investition	36, 161

J

Job Enlargement	64, 180 f.
Job Enrichment	64, 180 f.
Job Rotation	66, 180 f.
Jugendarbeitsschutzgesetz	
(JArbSchG)	109, 208
-, § 8 Dauer der Arbeitszeit	196
-, § 11 Ruhepausen, Aufenthaltsräume	101
-, § 19 Urlaub	197
Jugend- und Auszubildendenvertretung	
(JAV)	98, 202
-, Aufgabe	99, 202
-, Bildung	99, 202
-, Wählbarkeit	100, 202
-, Wahlberechtigung	100, 202

K

Kapitalgesellschaft	30, 158
Käufermarkt	76, 189

STICHWORTVERZEICHNIS

Komplementäres Ziel	22 f., 152
Konjunkturelle Lage	
-, Auswirkung auf Kundenverhalten	80, 192
Konjunkturlage	71, 185
Konjunkturverlauf	71, 185
Konjunkturzyklus	186
-, Konjunkturphase	72
-, Konjunkturverlauf	72
Konkurrierendes Ziel	21 f., 152
Kontokorrentkredit	39, 163
Kooperationsprinzip	144, 229
Kreditfinanzierung	38, 163
Kreditsicherung	44, 165
Kreditzinsen	
-, berechnen	40, 163
Kreislaufwirtschaftsgesetz	130, 220
-, Recycling	226
-, Verwertung	227
-, Wiederverwendung	226
Kündigungsmöglichkeit	
-, nach der Probezeit	90, 198
-, während der Probezeit	89, 198

L

Leasing	41, 164
Leistungsfaktor	153
-, Arbeitskraft	24
-, Betriebsmittel	24
-, Dienstleistung	24
-, Werkstoff	24
Leistungsspektrum	67, 182
Leitungssystem	50, 175
Lieferantenkredit	39, 163
Linienorganisation	53, 176
Lombardkredit	45, 166

M

Markt	
-, Angebot	70, 185
-, Nachfrage	70, 185
Marktpreisbildung	73, 187
Marktsituation	80, 192
Materialeinsatz	137, 226
Mehrfachnutzung	
-, Transportbehältnis	136, 225
Mehrliniensystem	54, 56, 177
Melden von Unfällen	122, 216
Mentoring	106, 206
Mitarbeiterschulung	121, 216
Mittelherkunft	42, 164
Mittelverwendung	42, 164
Monopol	77, 190

N

Nachfrageoligopol	79, 192
Nachfrageüberhang	73, 187
Nachhaltigkeit	
-, Kriterien	223
-, ökologische	224
-, ökonomische	224
-, soziale	224
-, Vorrangmodell	224
Nachwachsender Rohstoff	137, 225
Niedrigpreisstrategie	75, 188

O

Ökologisches Ziel	17 f., 149 f.
Ökonomisches Ziel	19, 149 f.
Oligopol	78, 191
Optimale Finanzierungsart finden	42, 164
Organigramm	58, 176, 178
-, Nachteil	175
-, Vorteil	175
Organisation	48, 170 f.
Organisationsanlass	
-, Neuorganisation	46, 167
-, Reorganisation	46, 167
Organisationssystem	
-, Zusammenfassung	176

P

Personalförderung	105, 205
-, 360-Grad-Feedback	206
-, Assessment Center/E-Assessment	206
-, (Berufliche) Weiterbildungs-maßnahme	207
-, Coaching	206
-, Job Rotation	206
-, Laufbahnplanung	206
-, Mentoring	206
-, Nachwuchsführungskräftetraining/ Junior-Management-Training	206
-, Off the job-Training	207
-, Traineeprogramm	207
Personengesellschaft	30, 158
Pflicht der Ausbildenden	195
Pflicht der Auszubildenden	194

STICHWORTVERZEICHNIS

Polypol	78, 191
Primärer Sektor	69, 184
Prinzip der Eigenverantwortlichkeit	145, 230
Prinzip des grenzüberschreitenden Umweltschutzes	146, 230
Prinzip des Umweltschutzes	
-, Gemeinlastprinzip	229
-, Grundsatz der Nachhaltigkeit	229
-, Kooperationsprinzip	228
-, Prinzip der Eigenverantwortlichkeit	229
-, Prinzip des grenzüberschreitenden Umweltschutzes	229
-, Verursacherprinzip	228
-, Vorsorgeprinzip	228
-, Zukunftsprinzip	229
Probezeit	
-, Dauer	89, 197
Produktionsfaktor	
-, dispositiver Faktor	25, 154
-, Elementarfaktor	25, 153 f.
Produktionsverfahren	135, 224
Produktverantwortung	131
Projektarbeit	180 f.
-, Projektphase	65
Projektorganisation	59, 178
Projektverlauf	59, 178
Prozesskette	
-, ereignisgesteuerte	63, 179
Pufferzeit	62

R

Rechtsform	17, 28, 30, 149, 156
-, Auswirkung bei Aufträgen	30, 158
Rettungsweg	119, 122, 215, 217
Rettungszeichen	116, 213
Rezession	82, 192
Ruhepause	100, 204

S

Sachleistungsbetrieb	67, 182
Sach- und Dienstleistungsbetrieb	
-, Unterscheidung	67, 182
Sachziel	19, 151
Sekundärer Sektor	70, 184
Selbstfinanzierung	37, 40, 162 f.
Selbstschuldnerische Bürgschaft	45, 166
Sicherheit	43, 165 f.
Sicherheitszeichen	114, 212
Sicherungsübereignung	45, 166

Soziales Ziel	18, 149 f.
Sozialgesetzbuch	210
-, BAföG	110
Spartenorganisation	57, 177
Stablinienorganisation	56, 177
Stabsstelle	48, 169
Stagnation	81, 192
Stellung	
-, Betrieb	27
Stillstand	81, 192

T

Tarifvertragsgesetz	110
-, Anschlusstarifvertrag	209
-, Branchen- und Flächentarifvertrag	209
-, Entgelttarifvertrag	209
-, Firmentarifvertrag	209
-, Lohn- und Gehaltstarifvertrag	209
-, Manteltarifvertrag	208 f.
-, Notlagen- und Sanierungstarifvertrag	210
-, Paralleltarifvertrag	210
-, Rahmentarifvertrag	208 f.
-, Tarifvertrag	208
Telearbeit	65, 180 f.
Tertiärer Sektor	70, 184
Tiefstand	82, 192
Traineeprogramm	106, 205
Transportbehältnis	136

U

Umweltbelastung	127, 129, 219
Umweltschutz	127, 129, 219 f.
-, Prinzip	142, 220, 228
Umweltschutzmaßnahme	127, 219
Umweltzeichen	133, 221
Unfallanzeige	122, 216
Unfallverhütungsvorschrift	120, 216
Unternehmensform	29, 157
Urlaubsanspruch	88, 102, 197
Urproduktion	69, 184

V

Verbotszeichen	117, 214
Verkäufermarkt	76, 189
Verkürzung	91, 199
Verpackungsgesetz (VerpackG)	132
Verpackungsverordnung	131, 221
Vertretung	

STICHWORTVERZEICHNIS

-, Regelung	31, 159	Wiederverwendung	141, 228
Verursacherprinzip	143, 229	Wiederverwertung	141, 228
Vollmacht	49, 172	Wirtschaftssektor	68 f., 182
Vorsorgeprinzip	142, 229	-, Primärsektor	183
		-, Quartärsektor	183
		-, Sekundärsektor	183
		-, Tertiärsektor	183

W

Z

Wahlqualifikation			
-, festlegen	94, 199		
-, wechseln	95, 200		
Warnzeichen	116, 213	Zielharmonie	22, 152
Weiterverarbeitung	69, 184	Zielkonflikt	20 f., 151 f.
Weiterverwendung	141, 228	Zielneutralität	20, 152
Werkstoff	25, 154	Zukunftsprinzip	145, 230
Wettbewerbssituation	80, 192	Zuständige Stelle	92, 199